U1071006

本书为2018年度国家社科基金特别委托项目“‘一带一路’与妈祖文化传承发展研究”（项目编号18@ZH008）资助成果

“一带一路”视野下妈祖文化传承发展研究
编纂人员名单

学术指导：王震中（中国社科院学部委员、历史研究所原副所长）

陈支平（厦门大学国学研究院院长）

林国平（福建师范大学海峡两岸文化发展协同创新中心首席专家）

方宝璋（江西财经大学首席教授）

主　　编：宋建晓（莆田学院党委书记、教授、博士生导师、福建省妈祖文化研究会会长）

副 主 编：姚志平　林明太　陈衍德　刘婷玉　赵庆华

孟建煌　陈祖芬　许元振　陈建武　帅志强

编　　委：方圣华　李宏伟　阳　阳　李　东　王晓平　吴怡瑾　汤晓琳

陈春阳　曾　伟　连晨曦　陈金亮　许更生　张宁宁　刘　志

庄美莲　蔡加珍　周翔华　俞黎媛　刘恒军　潘真进　林连华

林孟蓉　于明华　潘剑英　柯　力　林　晶　黄秀琳　吉　峰

编撰单位：莆田学院妈祖文化研究院

福建省妈祖文化传承与发展协同创新中心

福建省社会科学研究基地莆田学院妈祖文化研究中心

福建省高校新型特色智库 · 莆田学院妈祖文化研究院

福建省高校人文社科研究优秀基地（莆田学院妈祖文化研究中心)

福建省妈祖文化研究会

“一带一路”视野下妈祖文化传承发展研究

| 综合卷 |

主 编　宋建晓

人 民 出 版 社

责任编辑:翟金明
封面设计:周方亚

图书在版编目(CIP)数据

“一带一路”视野下妈祖文化传承发展研究. 综合卷/宋建晓主编. —北京:人民出版社,2021.3
ISBN 978-7-01-022142-7

Ⅰ. ①一… Ⅱ. ①宋… Ⅲ. ①神-文化传播-研究-中国 Ⅳ. ①B933

中国版本图书馆 CIP 数据核字(2020)第 086573 号

“一带一路”视野下妈祖文化传承发展研究(综合卷)
“YIDAIYILU”SHIYEXIA MAZUWENHUA CHUANCHENG FAZHAN YANJIU
(ZONGHEJUAN)

宋建晓 主编

人民出版社 出版发行
(100706 北京市东城区隆福寺街 99 号)

环球东方(北京)印务有限公司印刷 新华书店经销

2021 年 3 月第 1 版 2021 年 3 月北京第 1 次印刷
开本:710 毫米×1000 毫米 1/16 印张:17
字数:297 千字

ISBN 978-7-01-022142-7 定价:58.00 元

邮购地址 100706 北京市东城区隆福寺街 99 号
人民东方图书销售中心 电话 (010)65250042 65289539

版权所有 · 侵权必究
凡购买本社图书,如有印制质量问题,我社负责调换。
服务电话:(010)65250042

目　录

序　一

发轫于福建莆田地区的妈祖文化已成为具备世界影响力的文化符号。在长期的传播发展过程中，妈祖藉因其丰富的文化内涵，成为中华传统文化的“金名片”。妈祖文化与海洋文化深度契合，是海洋文明开拓性与包容性的集中体现。它作为文化交流的重要纽带，随着时代的进步不断演进。妈祖文化与海上丝绸之路的拓展轨迹有着惊人的一致性，不仅成为中国海洋文明发展的重要部分，也是促进各个地域之间文化融合、族群互信的重要因素，在新时代背景下焕发出越来越灿烂的光彩。

自古以来，人类命运便与海洋相伴而生。黑格尔认为“人类在大海的无限里感到自己的无限的时候，他们就被激起了勇气，要去超越这有限的一切。大海邀请人类从事征服、从事掠夺，但是同时也鼓励人类追求利润、从事商业”（《历史哲学》）。敢于冒险、奔赴远方固然是获得利润的重要条件，但保证海运安全性却是持续获利的必要前提。妈祖信俗正是为保护海上生灵、确保海运财产安全而生。

海洋为沿海居民带来了丰厚的物质利益，是海洋经济贸易的重要助力。妈祖宫庙成为沿海民众展现生活风俗、商议群体性活动的重要场所。每逢妈祖诞辰日或妈祖升天日，妈祖宫庙都会举行盛大的祭祀典礼，各地举行的妈祖绕境出巡活动及妈祖庙会活动，敲锣打鼓，热闹非凡，并兼有各类文艺表演，包括秧歌、舞狮、戏剧等。这也使得妈祖宫庙成为地方商业文化活动的中心地带。如澳门莲峰庙在历史上不仅被作为当地官府的客栈，且藉由庙宇的调动，庙宇周围迅速成为人口聚居区和商业区。而在厦门，怀德社、和凤社、前园保、黄厝保、丹霞宫路、福海宫巷等地名均与妈祖有关，是妈祖信仰推动港口城市发展的重要历史见证。

在长期的文化传播过程中，妈祖文化圈的形成与扩大逐渐成为中华文化传播的重要方式。妈祖文化传播依赖群体传播模式。妈祖文化始于宋代、成于元代、兴盛于明清、繁荣近现代，是中华文化的绚丽瑰宝之一，其与海洋文化高度契合。如澳门地区现有妈阁庙及天后宫、天妃庙二十余座，每逢妈祖诞辰，人们张灯结彩，搭建戏台，邀请广东、香港等地的粤剧名伶来澳唱戏，并经常出版邮票、画册等多种宣传妈祖文化的纪念品。此外，妈祖文化更是两岸交流的重要纽带，两岸藉由多层级的妈祖文化机构，构建相辅相成的文化合作关系。

在促进经贸文化交流方面，妈祖文化在海洋贸易和文化产业发展上均扮演着重要的角色。我国早期商业活动多以陆路为重心，而自宋代以来，随着经济重心的南移，以东南沿海为中心的海外贸易体系逐渐发展成熟。自明清时期开始的下南洋移民潮则使得海外华人商业活动达到高潮。海神妈祖成为广大移民心中的寄托，有着恒久的文化价值。

随着时代的发展，妈祖正突破传统的文化形态，以创新的价值理念来面对新的挑战。如台湾地区大甲镇澜宫、北港朝天宫、台南大天后宫、台北慈佑宫等台湾地区宫庙不仅拥有庞大的信众群体，也具有丰富的观光资源。近年来各妈祖庙更是积极将自身资源与文创产业相结合，推出各式别致多样的创意产品，从庙宇商店的文化产品、客家桐花节、云林偶戏节等节庆文化产物，到妈祖绕境的衍生文化商品，数量逐年增加。当然，妈祖文化模式的多元化运作也离不开政府的支持，得益于此，妈祖文化通过现代化的传播媒介，向各地传递和谐理念，积极参与各类政经活动。

妈祖文化作为海洋文化的构成部分，依托其在庙宇建设、习俗演替等方面的多重作用，已成为不同地域间文化交流的重要媒介。妈祖文化圈以其巨大的辐射力，对周边地域的政治生态和文化环境形成了深刻、长远的影响。1987 年，台湾地区大甲镇澜宫妈祖藉由“妈祖升天千年”，突破重重阻碍，前往莆田湄洲岛妈祖祖庙进香祭拜，以两岸民间信仰交流的方式“撬开”了海峡两岸的第一块坚冰；2000 年，规模更大、两岸沟通更为全面的湄洲进香活动再次顺利举行。大甲镇澜宫妈祖“回娘家”，使镇澜宫一举成为两岸关系中的先锋和“媒介”，拥有了在岛内经济、传媒等方面日益增加的“话语权”。这是两岸经贸往来和文化交流日趋频繁所产生的必然结果。总体而言，以“和平女神”妈祖为联系纽带的两岸民间信仰文化交流体系，不断突出两岸文化中长期共存的和平属性，是“两岸一家亲”理念的基础。

客观而言，妈祖文化圈的扩散与传播有其地区性与历史延续性，而海上丝绸之路沿岸国家与地区无疑是妈祖文化传播的重点区域。妈祖文化体系作为建立在世界海洋文化之上的民族文化，其内涵与海洋文化有着高度的一致性。妈祖在向外传播的过程中，不仅将中国沿海的生产要素及传统文化带到世界各地，且积极吸收借鉴各地文化，形成了一套积极的文化互动交流范式，为人类文明的进步提供了助力。与此同时，妈祖作为华人共同历史记忆，成为一代又一代民众参与构筑海上丝绸之路的重要集体记忆。这无疑为当前我国“一带一路”倡议的推广与落实、推动海峡两岸经济文化交流发展创造了有利条件。

本书作为国家社科基金特别委托项目“‘一带一路’与妈祖文化传

承发展研究”成果，是在党中央高度重视妈祖文化传承发展，福建省加快建设21世纪海上丝绸之路核心区的背景下完成的。该成果的问世，对于推动国家“一带一路”建设，促进民心相通，构建人类命运共同体，传承弘扬妈祖文化具有重要的理论和现实意义。

全国政协委员

中国社会科学院学部委员

中国社会科学院大学人文学院学术委员会主任

王震中

2020年5月20日

序　二

在中国本土的神灵信仰中，妈祖之受民众崇拜，堪称与三清教主、关帝并峙雄居前列。三清教主与关帝出身显赫，生前功业卓著，而妈祖出身于下层渔民之家，不见经传，而其受到民众如此崇高的崇拜与传播，这是很值得我们予以认真探索的。

一、妈祖文化传播的一般情景

根据一般的说法，妈祖本姓林，“（福建莆田）湄洲屿人。初，以巫祝为事，能预知人祸福。既殁，众为立庙于本屿”①。在这之后不久，在莆田县以及相邻的仙游、惠安县的一些地方，陆续出现了崇祀妈祖的庙宇。北宋宣和五年（1123），给事中路允迪奉使高丽还，奏获神佑，御赐“顺济”庙额，妈祖得到官方承认和宣扬。其后历代朝廷都曾陆陆续续给予妈祖敕封，使其神格不断得到提升。政府的敕封对于妈祖文化的传播起到了重要的作用。

到了南宋时期，妈祖文化除了在兴化军一带继续扩展之外，开始沿着福建海岸线向北方和南方沿海一带传播。福建以泉州的传播较为突

① （宋）廖鹏飞：《圣墩祖庙重建顺济庙记》，见蒋维锬编校：《妈祖文献资料》，福建人民出版社1990年版，第1页。

出，而在省外，则主要传播于江浙与广东等地。据有明确年代的记载，乾道年间（1165—1173），广东的海陆丰和浙江的嘉兴、钱塘一代，创建了妈祖庙。淳熙至嘉定年间（1174—1224），广州城南、杭州城南，以至江苏淮安、江阴、苏州一带，也出现了妈祖庙。端平至景炎年间（1234—1278），浙江舟山及於潜、江苏镇江及华亭、广东顺德及揭阳等地都有妈祖庙建造。其他具体年代不详的妈祖庙还有不少。

元代，妈祖传播继续沿着海岸线向各地扩展。至元四年（1267），山东牟平县创建妈祖庙，延祐年间（1314—1320）天津大直沽建成天妃庙，海运都漕万户黄头公奉旨创建山东荣城成山天妃庙。广东省海南岛内的海口、崖州、感恩等地也先后募建了天妃庙。

明代，妈祖文化继续在东海岸线一带传播，并开始进入内陆地区以及海外地区。洪武年间，在广西的合浦县和河北山海关海口，建造了妈祖庙。永乐年间（1403—1424）郑和下西洋之后，妈祖文化再度得到朝野的关注，其在国内传播的速度有所加快。妈祖文化逐渐向安徽、江西、北直隶、陕西、辽东、广西等内陆地区推进。大约在嘉靖、万历年间（1522—1620），澎湖岛内也兴建了妈祖庙。永乐二十二年（1424），由于明朝与东南琉球国的关系密切，琉球国于是年创建了弘仁普济天妃之宫于那霸天使馆之东，俗称下天妃宫，此为外国首建妈祖庙。明代后期的隆庆元年（1567），首任甲必丹华人郑芳扬创建马六甲青云亭，为南洋群岛最早的妈祖庙。大致与此同时，日本的萨南野间岳和菲律宾的吕宋岛，也出现了天妃庙。

清代是福建省等沿海民众迁移台湾的高峰期，随着大陆移民的大量迁居于台湾各地，妈祖文化随着移民迅速地在台湾岛内传播开来。早在康熙七年（1668），台湾南部安平、西港等地，已经建造了天妃庙。清朝收复台湾之后，台湾的妈祖庙进入大发展时期，至清代后期，台湾的妈祖庙，数量大致有300—500座之多。日据时期，妈祖文化一度受到日本侵略者的抑制，陷入低潮。台湾光复以后，台湾的妈祖文化迅速恢复，并且发展得更加迅猛。根据1960年的统计，台湾全省妈祖庙有383座，1981年增加至500多座，到20世纪末，台湾妈祖庙有800多座。如果加上以妈祖与其他神祇共祀的庙宇，台湾的妈祖庙有1000余座。台湾的妈祖庙主要分布在台湾西部地区。

我国香港、澳门地区的妈祖庙，可能在明代时期已经建造。康熙八年（1669），澳门凼仔岛创建天妃庙。十六年（1677），澳门路环岛创建天妃庙。二十三年（1684），香港新界元朗凤池乡天后古庙创建。二十七年（1688），香港元朗大井建天后庙。其后在香港、澳门地区又有所增建。

至于妈祖文化在大陆的传播，则继续向内地扩展，几乎遍布于清王朝的所有行省。根据2001年出版的《莆田市志》的不完全统计，至20世纪末，中国总计有妈祖庙2346座。其中台湾827座，福建806座，广东190座，北京8座，天津21座，辽宁30座，内蒙古1座，湖北15座，山东37座，江苏74座，上海33座，江西3座，安徽1座，湖南1座，四川2座，贵州1座，广西38座，海南41座，香港56座，澳门3座。这一统计数字，明显低于各地妈祖庙的实际数量。中国全境包含港澳台在内，妈祖庙的总数大致达到3000座。

清代，妈祖文化向海外传播的步伐加快。康熙二十九年（1690），日本祝町、矶滨、玑原创建天妃祠。康熙三十五年（1696），日本大船主伊藤五左卫在大北半岛大间村创建天妃祠。其后，在日本华侨、华人比较聚集的地方，也有一些妈祖庙出现。如乾隆元年（1736）日本长崎唐人坊兴建天后宫，二十一年（1756）琉球姑米岛山上在建一座天后宫。嘉庆年间（1796—1820）福建侨商在日本长崎建八闽会馆天后宫。马来西亚槟城广福宫、马六甲天福宫、丁加奴和安宫等妈祖庙相继建成。闽粤船帮在缅甸丹老创建了天后宫。道光年间（1821—1850），新加坡先后建造了宁阳会馆天后宫和福建会馆天福宫。广东侨商则在印度孟买兴建天后宫。印度尼西亚东爪哇于道光十一年（1831）创建了南旺慈惠宫，崇祀天后。咸丰元年（1851），海南籍华侨在泰国曼谷石龙军路兴建妈祖庙。从清代后期至清末民初，是妈祖文化传播到东南亚及日本、朝鲜半岛一带的高峰期，妈祖文化庙宇分布在亚洲各地的数量，超过100座。

清代后期，随着华侨华人向世界各地迁移，妈祖文化也开始走出亚洲，传播到亚洲之外的区域。如在咸丰年间（1851—1861），广东侨商就率先在美国旧金山创建中华会馆天后宫。妈祖文化在欧洲、美洲以及非洲的传播规模和速度，虽然远远不能与亚洲各地相比，但是其分布的区域非常广阔。到了20世纪末，从太平洋的夏威夷、非洲的开普敦，到北美欧洲，都有一定数量的妈祖庙存在，根据不完全的统计数字，分布在亚洲之外的妈祖庙，大约有30座左右。

二、妈祖文化传播的社会基础

从妈祖文化的起源以及其传播的历程中，我们不难看出这一神明信仰的核心是对于外出行旅与航海的护佑。因此，学者们基本上认为妈祖文化的兴起，根植于福建海洋文化与巫觋文化的深厚土壤。因此之故，人们又往往尊称妈祖为“海洋女神”或“行旅之神”。

妈祖文化之所以出现在宋代的福建沿海地区，绝不是偶然的。福建面临大海，早在先秦时期就有所谓闽人善舟的传说。唐宋时期，福建人以其面临大海的自然优势，甘冒风涛之险，向海洋发展，进行国际间的商业贸易活动。南宋莆田人刘克庄曾经用诗句描述当时沿海一带勇于出海的社会现象和民众心理，他说："闽人务本亦知书，若不耕樵必业儒。惟有桐城南郭外，朝为原宪暮陶朱。海贾归来富不赀，以身殉货绝堪悲。似闻近日鸡林相，只博黄金不博诗。"①

福建民众从事海上贸易活动固然是一种赢利较高的行业，但是同时也是一种风险极高的行业。在唐宋时期造船业和航海业技术水平相对原始的情况下，出海谋生的人们，经常会遇到风涛的袭扰，海难事件时有发生。这正像上引刘克庄诗句中所感叹的那样，"以身殉货绝堪悲"。在这种既可赢利却又充满风险的处境下，人们自然希望有一种神明出现，对于漂泊在外的商民，予以护佑，使之平安归来。于是，恰恰是在北宋时期福建区域社会经济开始较快发展、海外贸易活动逐渐兴起的重要时刻，以航海女神形象出现的妈祖文化，在福建沿海的湄洲岛上兴起了。

妈祖文化的兴起，与三清教主和关圣帝君的信仰不同。三清教主有着2000年的信仰文化积累，被后世称为"道教"之主；而关圣帝君出身东汉侯爵，身份显赫，以忠义而闻名于世。妈祖出身于一个社会下层的渔民之家，没有多少文化教育和济世功业，在其短暂的一生中，主要是从事医巫之业，方便于基层社会民众，得到大家的尊重，去世之后，遂被当地民众奉祀为神。从妈祖文化起源的最初经历上看，并没有多少值得后世夸耀的丰功伟绩，但是这一信仰起源的经历，又正体现了福建区域长期的另外一种民间文化传承，这就是所谓的巫觋文化。

福建的巫觋文化积累，可以追溯到古代闽越土著时期。上古时期闽中地区远处边缘偏僻之地，社会生产力低下，土著闽越人有"信巫尚

---

① （宋）刘克庄：《后村集》卷12《泉州南郭》，《景印文渊阁四库全书》第1180册，台湾商务印书馆1982年版。

鬼”的习俗。[①] 当时的“越巫”，颇闻名于中原地区，《史记》载西汉时朝廷盛称：“越人俗信鬼，而其祠皆见鬼，数有效。……乃令越巫立越祝词，安台无坛，亦祠天神上帝百鬼，而以鸡卜。上信之。”[②] 汉晋时期，北方汉民开始迁入闽中，当时闽中不少地方仍是山高林深、瘴雾弥漫的原始状态，为了解决生存问题，对一些难于理解的自然、社会现象作出解释，人们在努力开发生产的同时，不得不寄托于神灵的护佑。这样，入迁的汉民部分继承了闽越土著“信巫尚鬼”的传统。此外，北方汉民入闽后的生存竞争以及唐宋以后的冒险航海活动，人们普遍产生了“有求必应”的宗教信仰观念，于是，福建地区就逐渐形成了极为丰富多样的民间宗教信仰现象。

妈祖文化的起源，与这种巫觋文化的关系是十分密切的，妈祖生前以巫为业。莆田人、南宋状元黄公度曾经为顺济妈祖庙题了一首诗，诗中就明确指出妈祖与巫媪的关系，他的诗句是这样的：“枯木肇灵沧海东，参差宫殿崒晴空。平生不厌混巫媪，已死犹能效国功。万户牲醪无水旱，四时歌舞走儿童。传闻利泽至今在，千里危樯一信风。”[③] 南宋黄岩孙的《仙溪志》在记述妈祖顺济庙时亦云：“顺济庙，本湄洲林氏女，为巫，能知人祸福，没而人祠之，航海者有祷必应。”[④]

在福建海洋文化与巫觋文化的交互作用下，一位神通灵验而又能够保护海上航行平安的神明，就这样在福建的海边乡村中问世了。然而，这种解释只能说明妈祖文化出现在福建沿海以及受到福建沿海民众崇拜

① （清）黄仲昭：《八闽通志》卷3《地理·风俗》。

② 《史记》卷12《孝武本纪》。

③ （宋）黄公度：《莆阳知稼翁文集》卷5《诗·题顺济庙》。此诗现在依然镌刻在湄洲妈祖祖庙大门的右侧。

④ （宋）黄岩孙：《仙溪志》卷9《三妃庙》。

的某些社会必然性，无法解释妈祖文化形成之后，为何能够超越全国各地的无数的地方民间信仰神明，成为具有全国性乃至世界性的神明信仰。我认为要比较恰当地解释妈祖文化得到中国社会的普遍认同，还必须从唐宋以来中国的社会经济基础来分析。

长期以来，研究中国封建社会历史的学者，往往根据西方中世纪历史的演化模式，来印证中国古代历史发展的所谓必然轨迹。于是，中国的封建社会，被描述为一种犹如欧洲中世纪封闭的自然经济模式，被束缚在土地上的农民，安土重迁，缺乏自主迁移的自由，等等。这样的历史叙述，其实与中国古代社会的实际情景，差异很大。中国古代的实际情景是至少从西周以来，就较少存在严格限制民众迁移和禁止民众从事农业之外生业的制度，民众的迁移、转业、兼业的现象古已有之。到了唐宋时期，上古时期的诸侯领主制度以及汉晋时期的世家门阀制度已经消失瓦解，中国逐渐进入到士人平民为主体的社会结构。整个社会的身份地位相对平等（皇室贵族除外），可以互相转换。一般民众可以自由选择士、农、工、商的种种行业，也可以比较自由地进行社会流动与迁移。与此同时，宋代的海外贸易活动比起前代有了更快的发展，广州、泉州、四明等地，成了中国对外交通的著名口岸。从事航海活动的人数也有大幅度提升。

尽管如此，在交通条件和科技水平比较落后的唐宋社会，人们外出经商从贾、越洋航海，毕竟存在着很大的生命财产风险。在现实情况的逼迫下，人们不能不产生一种精神上的期望，这就是渴望出现一种可以护佑出外平安、航行顺利的神明。恰在其时，北宋年间的福建湄洲岛上，妈祖神明横空出世，福建的士民们崇拜祭祀，推波助澜，迅速传播。于是，这种具有护佑出外平安、航行顺利的神明信仰，不仅仅是航海之神，而且进一步演化为行旅之神，她率先沿着中国的海岸带向外扩展，并且逐渐进入到内陆的某些地区。到了明清时期，中国的社会经济特别是商品经济更加进步，这种具有护佑出外平安、航行顺利的航海之神、行旅之神，就这样随着社会经济特别是商品经济进步的步伐，传播到国内的大部分区域，以至于亚洲各国以及海外。

三、妈祖文化传播的精神依托

妈祖文化演化至明清以来，妈祖已经不仅仅是航海之神、行旅之神，而是成为诸如保境安民、赐福致祥、姻缘家庭、生儿育女、同乡相助等等的多种神灵功能，以至于御敌、剿寇一类的战争之神。妈祖文化功能的扩大，我们认为似乎还应该从妈祖文化传播的精神依托以及中国民间宗教信仰的特征来加以解释。

中国汉族是一个多神崇拜或者说杂神崇拜的民族，人们对于神明的崇拜，更多的动因是出于某种功利的考虑。换言之，不管是何种神明，只要“有求必应”，自我精神上感觉较有灵验，就是好神，必须倍加拜祭。这种感觉在民众之中相互感染，彼此呼应，久而久之，某种神明就成了某个区域内最受民众崇拜的神明了。

佛教传进中国之后，在各地得到迅速的传播，佛教寺庙各地多有，在一般民众的认知中，从释迦牟尼到门神、韦陀，固然佛法无边，无所不能，但是这些佛家菩萨需要管辖的地方和事情太多，对于民众的一般琐事，恐怕是无暇顾及、管不过来。因此，一般的民众，除了佛教信徒之外，基本上是参拜有礼、泛泛祈求，不敢有过多的琐事相烦。即使是面目和善、大慈大悲、救苦救难的观世音菩萨，民众家里多有祈拜，但是观世音菩萨一定很忙，究竟能否管到乡里及家中的事情，实在没有把握。

道教的三清教主也是如此，既然贵为教主，该管的事情很多，想必不能来到家中或海上途中来做些具体的事务。道教之中的神明很多，各有神通，但是包括三清教主在内，他们似乎更关心的是驱邪镇魔，因此民间有什么阴风鬼火、狐妖暗祟的事情，就必须请出这班尊神，予以严厉镇压、收服归山。至于求福一门，这些神仙大多没有兴趣。

再如关帝圣君，声名显赫，佛道双栖，有伏魔、招财、义气、战斗之神的多种功能，特别是关圣帝君所具备的“招财”“义气”的神通，与一般民众的基本需求密切相关。正因为如此，人们对于他的崇拜也就比较盛行，关圣帝君也就成为中国民间宗教信仰中深受崇拜的主要神祇之一。但是关圣帝君毕竟出身豪门，显得高高在上，不大愿意管些过细的事情。从历史记载上看，关圣帝君还是较少参与一些比较具体的战斗，也很少看到有关关帝圣君送来财物或帮助协调人际关系的记载。尽管如此，由于关圣帝君具备了太多的神通，可以给予一般民众更多的精神依托，因此他之所以受到民众的较为普遍崇拜，是有其一定的精神因素社会心理基础的。

妈祖文化的神祇形象则不同。在一般的基层民众心目中，她出生于下层普通的家庭，与一般民众没有门第与社会地位的差异；她生前没有立德、立功、立言，本身就是下层社会的一分子，慈祥和善，与下层民众极易沟通；她生前以巫为业，乡邻遇到生老病死、诸事不顺的时候，都会找她排解，想必她具有一身多能的功力。在这样的社会认知中，妈祖文化就往往会被一般民众视为贴近自己、平易待人、有求必应的平民之神。这种与下层民众较为亲近的平民之神，理所当然地为民间所接受。因此从神祇的功能上看，民间需要驱邪伏魔消除灾霾的时候，一般求助于关圣帝君、玄天上帝以及三太子、王爷一类的道教神祇，而对于妈祖的拜祀，则主要是祈福、保平安及求子、求姻缘等等的事情。

妈祖文化的这一社会心理与精神依托，更主要是体现在以妈祖故乡为核心的闽台社会里。妈祖文化虽然传播到国内的大部分地区，以及海外，但是其推动传播的主体，基本上是以福建省籍的商人及外出的民众为核心力量。妈祖文化不断向福建省外传播扩展，在很大程度上是依赖于福建省籍商人及外出民众的足迹所及。当这些福建省籍商人及外出民众到了某地之后，往往率先倡导并且时而联络其他的外地商人兴建那里的妈祖庙，作为护佑外出平安、联络乡谊的场所。庙宇兴建之后，由于妈祖所具有的这种亲民和善的神格，逐渐也就为当地民众所接纳，从而超越福建等东南沿海商人及外出民众的界限，演化成为当地的一种神祇崇拜，融入当地的社会之中。

如前所述，唐宋以来福建的海洋文化与巫觋文化，培植了妈祖文化的起源、形成与传播。同时，宋代以来，福建地区又是一个十分注重宗族关系与乡族关系的社会，乡土观念相当浓厚。福建籍的商人及外出民众，或许从精神心理上认为，自己家乡的神祇，一定能够更加尽心尽力地护佑自己。这种神明崇拜的社会心理与精神依托，造就了台湾地区妈祖文化的普及化和后来居上。在我们上引的全国妈祖庙宇统计数字中，台湾地区妈祖庙的数量，已经超出了福建省的数量，占有全国妈祖庙的三分之一。而闽台二地的妈祖庙，占有全世界妈祖庙的三分之二。而在闽台社会的海洋文化、巫觋文化、乡族文化的共同作用下，妈祖文化的形象，就逐渐成为亲近民间、慈祥和善、一身多能、有求必应的赐福、保平安的神祇，而不仅仅只是航海之神、行旅之神了。这种亲近民间、慈祥和善、一身多能、有求必应的赐福、保平安的神祇形象，是妈祖得以在全国各地以至海外传播的一个重要因素。

四、妈祖文化传播的世界文化意义

妈祖文化是一种以福建地域文化为基本特质的文化，妈祖文化在全国各地的传播，在某种程度上也可以说是福建地域文化向全国各地传播的一种过程。从中国历史的发展进程上看，中华文化的形成及其演化，本身就是一种不同区域文化相互传播与交流的过程。因此，妈祖文化向全国各地传播扩展，从一个侧面丰富了中华文化宏伟而又多姿多彩的内涵。

如果我们把妈祖文化的对外传播放到世界文化传播史的视野来考察，我们就不难看到，妈祖文化的对外传播，在中华文化的对外传播史与交流史上，具有不可替代的重要意义。

迄今为止，学界对于中华文化对世界文化的影响，习惯性地认为是在上层文化即中华经典文化特别是儒家文化的对外传播史之上，而忽视了中华民间文化特别是中国东南沿海区域民间文化对于世界的传播。这种看法无疑是十分偏颇的，事实上，从明清以降，中国东南沿海区域民间文化的对外传播，已经逐渐成为中华文化对外传播的主体。

我们要厘清这一问题，首先应该把中国明清时期的历史放到世界历史的发展进程中去考察。明代中后期即公元十五、十六世纪之后，是中国历史从“区域史”迈进“世界史”的关键时期。明代中后期，中国社会经济出现激烈变动，在与早期西方殖民主义势力的碰撞过程中，东西方之间的文化交流也出现了前所未有的态势。尽管中国文化的对外传播，可以追溯至汉唐时期，但是那个时期的中国文化对外传播的影响力主要局限于亚洲的相邻国家，对于欧洲等西方国家的影响则极为间接且相对薄弱。到明代中后期，情景有所不同。中西双方不仅在贸易经济上产生了直接、具有一定对抗性的交往，且西方大批耶稣会士的东来，使双方在文化领域也发生了直接的交往。尽管当时西方耶稣会士是带着宗教传教目的东来。传教士往往对于所谓“异教徒”的文化，具有某种程度的蔑视心态。但是面对较为开放的中国社会与文化环境，这批西方耶稣会士敏锐地意识到中国传统文化的博大精深，很少有人轻视中国文化。这种较为平等的文化比较心态，使明代后期来华的耶稣会士们，在一部分中国上层知识分子的协助下，开始较为系统地向欧洲译介中国古代的文化经典。比如，入华耶稣会士先驱利玛窦撰述中国札记，以丰富的资料，向西方“开启了一个新世界，显示了一个新的民族”，在这种较为平等心态的中西文化交流与文化传播中，中国的文化在西方受到了应有的尊重。我们回顾历史上中国与西方的文化交流历程，不能不得出这样的结论：明代中后期以至明末清初，是中国文化对外传播的黄金时期。而这一黄金时期的出现，正是建立在明代社会在面对世界变化时所持有的包容开放的姿态基础之上的。

然而，如果我们仅仅把中华文化的对外传播局限在以儒家学说为核心的带有意识形态意味的政治文化之上，是远远不能涵盖明代中后期以来中华文化对外传播的固有面貌的。我以为，明代中国文化的对外传播，至少还应该包含一般民众的生活方式即民间文化对外传播的这一路径。明代中后期是中国传统朝贡贸易转为民间私人海上贸易的重要变更时期。16世纪初叶，西方葡萄牙人、西班牙人相继东来，他们各以满剌加、吕宋为根据地，逐渐将其势力伸张于中国沿海。欧洲人的东来，刺激了东南沿海地区商人的海上贸易。伴随着明代中期社会经济尤其是商品市场经济的发展，中国的商人们也开始突破传统经济格局和官方朝贡贸易的限制，“犯禁”走出国门，投身于海上贸易的浪潮之中。与此同时，随着这种中西方碰撞交融的深入，中国的对外移民也成为一种常态。这种带有家族、乡族连带关系性质的海外移民，必然促使他们在海外新的聚居地，较多地保留其原来在祖家的生活方式。于是，家族聚居、乡族聚居的延续，民间宗教信仰的传承，风尚习俗与方言的保存，文化教育与艺能娱乐偏好的追求，都随着一代又一代的言传身教，艰难存继，而得到了顽强的承继。

明清以来这种由民间传播至海外的普通民众的生活方式及其文化传播，逐渐在海外发展为富有中国特色的文化象征。

18世纪以来，世界格局产生了显著变化，明代中后期以来中国文化对外传播表现为两个层面与两种途径，即由西方传教士及中国上层知识分子翻译介绍到欧洲的以儒家经典为核心的意识形态文化，以及由沿海商民迁移海外所传播过去的普通民众生活方式的基层文化。随着历史的推移以及世界文明格局的变化，这两种文化传播的层面与途径，并没有殊途同归，而是经历了不同的艰辛挣扎的发展历程。以儒家经典为核心的意识形态文化对外传播，在明清易代之后，仍然持续了一段时间的开放局面。清代中期，清政府采取了较为保守封闭的对外政策，特别是逐渐压制中西方在思想文化领域的交流。这种保守封闭的政策对中国文化的对外传播产生了一定的阻碍。更为重要的是，随着西方资本主义革命不断取得胜利和工业革命的巨大成功，"欧洲中心论"的文化思维已经在西方社会牢固树立。欧洲一般的政治家和知识分子们也逐渐失去了过去对于中华文化的那种平等的敬畏之心，延至近代，虽说仍有一小部分中外学者继续对外翻译介绍中国文化经典，但是在绝大部分西方人士的眼中，所谓的中华文化成为落后民族的低等文化的代名词。尽管他们的先哲们，也许在不同的领域提及并且赞美过中国的儒家思想，然而到了这一时期，并没有多少人肯于承认他们的高度文明思想，跟远在东方的中国儒家文化有着怎样的联系。时过境迁，从19世纪以后，中国以儒家经典为核心的意识形态文化影响力之于世界文化整体格局中大大下降，其作用日益衰微。

反观同时期由沿海商民迁移海外所传播过去的一般民众生活方式基

层文化的这一途径，则相对通畅一些。尽管清政府采取了较为保守封闭的对外政策，但是对于海外贸易，一方面是相对宽容，另一方面也无法予以有效的禁止。这种情景下，沿海居民继续从事海外贸易和移民的活动。特别是在向海外移民方面，随着国际间交往的扩大和资本主义市场的网络化，其数量及所涉及的地域均比以往有所增长。到了近现代，中国东南沿海向外移民的足迹，已经深入到亚洲之外的欧洲和美洲各地，乃至非洲。经过数百年来中华海外移民的艰难挣扎，世界各地逐渐形成了具有显著特征而又不可替代的“唐人街”“中国城”。世界各地的“唐人街”“中国城”，充满着中华文化浓郁气息的建构与特征，具有高度的一致性。这种一致性的建构与特征，正显示了由沿海商民迁移海外所传播过去的一般民众生活方式基层文化在海外的成功保留与发展。到了20世纪上半叶，在普通西方人眼里的中华文化，基本上就是等同于分布在世界各地的“唐人街”“中国城”了。即使在今天，遍布在海外各地的“唐人街”“中国城”，依然在传播中华文化的道路上，发挥着极其重要的桥梁纽带作用。

从文化传播史的角度来考察明代以来的中国社会，以往被人们所忽视的由沿海商民迁移海外所传播过去的一般民众生活方式基层文化的文化传播途径，实际上成了18世纪以后中华文化向海外传播的主流渠道。我们只有认识到这一点，才能对于中华文化的海外传播历史，有一个更为切合实际的了解与一个更加广阔的崭新体会。我们回过头再来考察妈祖文化的海外传播历史。妈祖文化作为福建沿海地区民间文化的重要组成部分，她在海外的传播历程，基本上是与十五、十六世纪以来中国沿海居民的向外移民以及福建等沿海民间文化的向外传播是同时进行的，妈祖庙往往成为世界各地唐人街内华人华侨的共同信仰场所。妈祖文化在海外各地所起到的作用，更加超出了国内所具有的航海之神、行旅之神、民众之神的界限，成为华人华侨在移居地相互团结、标识存在的文化象征和精神家园。妈祖文化庙宇及其信仰文化，也成为外国人认识中华文化的主要形象标志。正因为如此，我们今天讨论中国的海上丝绸之路，讨论中华文化在世界各地的传播历史以及中华文化对于世界文化所产生的影响，是无论如何无法回避妈祖文化在中华文化对外传播史上所应有的重要地位。妈祖文化对外传播的文化意义是世界性的，妈祖文化是中国海上丝绸之路赖于传承延续的重要文化精神支柱之一。如果我们今天忽视了这一点，那么我们奢谈中国海上丝绸之路，无疑是十分无知、十分缺憾的。

厦门大学国学院院长

中国明史学会会长

陈支平

2020 年 5 月 20 日

前　言

古代的航海者将妈祖作为自己的保护神，对妈祖的信仰是他们战胜海上危难的精神力量。妈祖文化是中华海洋文明的重要象征之一，也是远离家园的海外华人华侨文化认同的重要标志。妈祖文化的传播源远流长。自宋代以来，妈祖文化伴随着海上丝绸之路的开拓和发展，传播到“一带一路”沿线国家和地区，与当地文化产生交流和融合，并在不同族群、社会阶层、区域文化之间形成了广泛共识。当前，妈祖文化已在“一带一路”沿线国家和地区落地生根，并逐渐融入当地社会生活，在促进民心相通、资源整合、社会和谐方面发挥着重要作用，成为“一带一路”沿线国家和地区民众的共同文化记忆。

“一带一路”倡议为妈祖文化赋予了新的时代内涵。在21世纪海上丝绸之路建设过程中，妈祖文化是“一带一路”沿线国家和地区民心相通的载体，是海上丝绸之路各种文化交流的纽带和推动人们和平互惠交往的文化桥梁，其所追求的和谐共荣与全球治理目标高度一致。“充分考虑和包含以妈祖文化为代表的海洋文化，构建21世纪海上丝绸之路文化纽带”，已经写入文化部《“一带一路”文化发展行动计划（2016—2020年）》，妈祖文化在“一带一路”建设中的独特价值进一步得到彰显。在全球治理视野下，我们应该大力传承和弘扬妈祖文化，充分发挥其在“一带一路”建设中文化使者的作用，让和平的薪火代代相传，让发展的动力源源不断，让文明的光芒熠熠生辉，为世界贡献中国智慧和力量。

妈祖文化的核心——妈祖信俗是我国台湾地区最有影响力的民间信俗之一。台湾民众对妈祖的虔诚信仰，不仅寄托着他们祈福消灾的心愿，也反映了他们强烈的寻根意识、忧患意识和统一愿望。长期以来，妈祖文化也成为海峡两岸同胞交流的重要精神纽带。习近平总书记对发挥妈祖文化促进两岸交流的作用，做了多次的重要指示。习近平总书记在福建工作时就高度重视妈祖文化在两岸沟通和推进祖国和平统一大业中的特殊作用，指出妈祖文化是凝聚两岸同胞的一条纽带，要充分发挥其在促进两岸交流合作中的重要作用，嘱托莆田要保护好湄洲岛。实现祖国的完全统一，是海内外中华儿女的共同心愿，是中华民族的根本利益所在。发挥妈祖信俗这一特有的文化基因在促进两岸交流合作方面的作用，必将为实现祖国和平统一大业贡献力量。在新的历史形势下，我们有必要通过对国内外妈祖文化调查与传承的研究，探讨在“一带一路”建设过程中，如何发挥妈祖文化在促进“一带一路”沿线国家和地区间民心相通、情感交融、经贸合作、全球治理等方面的独特作用，如何借助妈祖文化的交流，进一步加强台湾同胞的文化认同，推动实现两岸和平发展与祖国统一大业。

本书将妈祖文化放在“一带一路”建设背景下进行综合考察，在对国内外妈祖文化历史与现状进行充分分析基础上，立足于把学术研究与现实关怀相结合，充分发挥妈祖文化的目标引领作用，探索妈祖文化在“一带一路”建设中的独特价值，为弘扬中华民族优秀传统文化，实现祖国和平统一，联络海内外中华儿女，促进经贸合作，构建“一带一路”文化纽带，完善全球治理机制，推动构建人类命运共同体提供精神资源。全书分为六章，第一章为妈祖文化与文化认同，着重论述妈祖文化与中华文化的关系，分析妈祖文化对中华民族文化认同、民族认同、国家认同的作用和价值。第二章为妈祖文化与祖国和平统一，主要分析当前祖国和平统一面临的困境与挑战，指出妈祖文化在祖国和平统一中的特殊作用和促进实现祖国和平统一的路径。第三章为妈祖文化与“一带一路”沿线国家和地区的民心相通，主要分析妈祖文化与“一带一路”沿线国家和地区民众的文化融合状况，探讨如何为“一带一路”沿线国家和地区的民众搭建“民心相通”之桥，推动相互之间的民心相通。第四章为妈祖文化在“一带一路”建设中的经贸合作价值，主要分析妈祖文化在推进“一带一路”经贸合作中的作用及其制约因素，提出实现妈祖文化在“一带一路”建设中经贸合作价值的设想与建议。第五章为妈祖文化在“一带一路”建设中的社会发展价值，主要分析妈祖文化在“一带一路”沿线国家和地区的传播发展状况及其对“一带一路”沿线国家和地区华人华侨的影响，提出妈祖文化在“一带一路”沿线国家和地区区域合作中发挥作用的路径。第六章为妈祖文化在“一带一路”建设中的全球治理价值，分析了妈祖文化在推动世界海洋和平与构建新型国际关系中的作用，探讨如何弘扬妈祖文化，为共建人类命运共同体服务。

第一章　妈祖文化与文化认同

文化是人类在社会历史发展过程中所创造的物质财富和精神财富的总和，特指精神财富，如文学、艺术、教育、科学等。妈祖文化是中华民族传统文化的瑰宝之一，在全球华人中有着重要的影响。华人将妈祖文化带到了世界的各个角落，也使得妈祖文化在全球华人中逐渐成为一个比较特殊的认同符号。华人对于妈祖文化的认同，进一步促进了其对中华民族传统文化的认同。在华人世界里，妈祖文化由于亲缘、地缘、业缘等种种因素的关联，被赋予了新的功能。民族认同和民族凝聚是妈祖文化当代功能中的重要方面，妈祖文化可以成为中华民族文化认同的重要基础。当今时代，不管是海峡两岸的关系，还是"一带一路"沿线国家和地区华人的合作发展，都需要中华民族文化认同这一精神力量作为重要的心灵纽带。

第一节　中华文化与妈祖文化认同

一、中华文化与妈祖文化的内涵

1. 中华文化的内涵

中华文化是一个文化综合体，是中国各地区文化的总称，是中华民族在长期融合发展中共同创造形成的。因此可以说，中华文化是中华民族在一个相当长的历史发展进程中形成的各种优秀传统文化的总和。中华文化最主要的内容是中国优秀传统思想文化形态，也包含了各种各样体现中华文化的艺术形式和物质实体。[①] 中华文化是中华民族共同价值观的主要载体，是中华民族精神的重要体现。

中华传统文化包含了多种多样的文化，但其最重要、最核心的特色主要体现在儒、释、道文化之中。要找寻中华文化的内涵，就必须深入探寻儒、释、道的精髓和要义。儒家文化的精髓更多体现在进取的入世精神上，而道家文化的精髓则更加侧重于逍遥的出世精神。释家文化更多地讲求觉悟、注重精神自由，这和道玄精神有暗合之处。释家文化源自域外，但又对中国传统文化特质的形成起到了重要推动作用。儒、释、道三家文化在中国长期的历史发展过程中，有抗衡也有交融，三者在互补融合的复杂过程中，勾勒出中国传统文化的精神特质。[②]

2. 妈祖文化的内涵

从学术意义上讲，妈祖文化是一个年轻的研究主题，但是关于妈祖文化的定义，不管是学术界还是民间基本已经达成了共识。所谓妈祖文化，是指基于妈祖事迹而形成的，以颂扬妈祖精神为核心，以妈祖宫庙为主要活动场所的一种民俗文化。妈祖文化最本质的内涵是妈祖立德、行善、大爱的高尚情操，这种高尚情操体现了中华民族的传统美德和价值观念。[③]

---

① 陈文华：《海峡两岸文化认同的现实考量与因应之策》，《福建江夏学院学报》2017 年第 6 期。

② 钟星星：《现代文化认同问题研究》，博士学位论文，中共中央党校 2014 年。

③ 林国良主编：《妈祖文化简明读本》，海风出版社 2014 年版，第 289—295 页。

妈祖文化的主旨就是妈祖信仰这个核心，而妈祖文化的载体是多种多样的，包括世界各地的妈祖宫庙、形式各异的祭祀活动、流传甚广的各种传说故事、各种书籍字画等。妈祖文化的发展也融合了其他的各种文化元素。这些文化元素的来源是非常广泛的，包含政治、经济、社会、宗教、建筑、体育、医学、军事、外交等多个层面。① 妈祖文化与诸多文化形态相互交融，是社会文明发展的重要成果。

二、文化认同与中华文化认同

1. 认同的涵义

“认同”问题是西方社会学研究的基本概念之一，在 20 世纪 90 年代的时候进入了国内的研究学界。“认同”一词译自英语名词“Identity”及其具有动态含义的衍生词汇“Identification”，因此同时具备“认同感”与“认同行为”的含义。“认同”问题在西方学者研究中，最早是出现在哲学与逻辑领域中，然后由弗洛伊德引入心理学研究领域。之后，埃里克森在弗洛伊德研究的基础上进一步深化了“认同”问题在心理学领域的研究。他指出认同不仅仅是个体的，群体和社会也有认同的内容。认同就是在人与人、群体与群体的交往中所发现的差异、特征及其归属感。②

根据对现有研究的总结，认同实际上就是要对“我或我们是谁”这一问题进行比较有效的回答。可以说认同是对自我与他人之间关系的一种认定，是人们在社会存在中的一种基本自我定位。认同问题对于民族和国家问题的解决有着重要的意义，特别是对青少年的教育方面，有

---

① 黄瑞国主编：《妈祖学概论》，人民出版社 2013 年版。

② 刘克曼、卢梭：《以文化认同促进台湾民众的民族认同和国家认同》，《广东省社会主义学院学报》2014 年第 4 期。

着特殊的作用。①

研究认同问题的学者提出，认同其实存在着不同层次，主要包含原生性认同和建构性认同两个层面。原生性认同也可以称为本质性认同，这种认同是人类社会化早期的一种最基础的认同。原生性认同是出于一种原始的情感认同，是指某社群对该社群最原始的认同。这种对自身群体的认同主要靠语言、文字、习俗、集体记忆等形成。而建构性认同则是通过后天有意识地培育和建构所形成的认同。建构性认同也是建立在本群体共有知识的基础上形成的，但这种认同体现了更多的教育和教化的成分在内。当我们谈论文化认同问题的时候，不但要关注原生性的文化认同，也要探讨建构性的文化认同。

2. 文化认同

文化认同是基于文化而来的概念。通常而言，一个社会里面的成员在长期受到一种文化因子潜移默化的影响之后，往往会慢慢构建出一个比较统一的交往习惯、信仰体系和生活理想，这些最后会共同形成比较明确的文化认同。② 郑晓云认为，“文化认同是人类对于文化的倾向性共识与认可，也是人类对自己文化的归属性意识。人类的文化认同可以从一个民族、一个地方、一个国家，扩大到全人类共同文化的认同”③。

一般说来，文化认同是指特定的个体和群体对其民族或国家的历史渊源、文化特征、价值观念和人文底蕴在认识上有共同点或相似点，从而促进彼此之间的亲和与凝聚。文化认同最重要的特征是其独特性和排

---

① 刘凌斌：《两岸大交流背景下台湾青年的“国家认同”研究》，《台湾研究》2014 年第 5 期。

② 吴新文：《中国复兴的文化基础的重建及其世界意义》，人民出版社 2005 年版，第 147 页。

③ 郑晓云：《文化认同论》，中国社会科学出版社 1992 年版。

他性，这种排他性能够强有力地将个体整合起来形成一个有着统一文化定义的群体。文化认同在维系群体成员中具有不可替代的作用，而且还可以超越经济、政治、地域等空间层面。由于任何民族都不能离开文化而存在，所以文化是一个民族存在和发展的根基。民族内部的认同是通过文化要素表现出来的，这些文化要素包括语言、宗教、图腾崇拜、神话史诗、节日习俗等。①

也有学者认为，文化认同指的是人们对某种文化的认可、接受和自觉实践，并按照该文化形成自身的思想体系，以确认自我身份、融入同类群体和追寻价值意义。一方面，文化认同是一个内化的过程，是把外在文化变成自身知识体系和价值评判体系，并最终用来定义自身的本质。另一方面，文化认同也有外化的过程，因为人们在认可接受文化并内化之后，也会在平常生活实践中，将这种已内化的力量展现出来，在这种展现外化的过程中，又对文化形成了反向的影响。所以说，文化认同从发生发展来看，是一个双向影响的过程。这种双向影响互动是不断循环前进的，人们就在这个相互作用的过程中发展了自身、改变了社会。②

3. 中华文化认同

中华文化是维系全球华人团结与和谐的重要精神纽带，是全体华人在生活方式和精神价值上共同遵循的一种约定。中华文化是全球华人同胞共同的精神家园。中华文化认同在"一带一路"沿线国家和地区有着众多生动的体现。构建人类命运共同体，加强"一带一路"沿线国

---

① 陈文华：《海峡两岸文化认同的现实考量与因应之策》，《福建江夏学院学报》2017 年第 6 期。

② 钟星星：《现代文化认同问题研究》，博士学位论文，中共中央党校 2014 年。

家和地区的文化交流、增进中华文化认同，有利于建设全球华人共同的精神家园。文化是一种深入人心的力量，渗透于人们日常生活的方方面面，很难被短期的政治操作所轻易改变。不管世界如何变化，政治气候如何变迁，中华文化始终是指导全球华人日常行动的重要价值规范。①

中华文化自信对中华文化认同有重要推动作用，文化自信使得文化认同更加坚固。自秦汉时期开始，中华文化就成为中华民族一个强大的“软实力”，并逐渐向周边地区传播，很早就形成了“中华文化圈”。中华民族的繁荣昌盛印证了中华文化的先进，而先进的中华文化进一步促进了中华民族的强盛。这种良性循环的发展必然形成中华文化自信。这样的自信也促进了人们对中华文化形成认同。这种文化认同是一个自觉的过程。新时代中国特色社会主义建设取得了各方面的巨大成就，中国道路、中国模式在全球的影响力愈加明显，这给中华民族带来了强大的文化自信。人们对中华文化的认同更加深刻，更加坚定不移。②

4. 妈祖文化认同

妈祖文化是中华文化中一个重要组成部分，在全球华人中有着重要影响。妈祖文化在世界范围内得到广泛传播，华人将妈祖文化带到了全球各个角落，这使得妈祖文化在全球华人中逐渐形成了一个比较特殊的认同符号。在现代社会，妈祖文化的认同功能也在进一步拓展和延伸，已经完全超出了“海神”的原初信仰定位。在华人世界里，妈祖文化由于亲缘、地缘、业缘等种种因素的关联，被赋予了新的功能，民族认同和民族凝聚是妈祖文化当代功能中的重要价值，华人对于妈祖文化的

---

① 王鹤亭:《和平发展与统一进程中的两岸文化整合》,《广西师范大学学报(哲学社会科学版)》2013 年第 5 期。

② 齐万良:《中华文化认同探微——中华文化、中华民族、中国大一统的辩证》,《新疆师范大学学报（哲学社会科学版）》2018 年第 5 期。

认同，进一步促进了对中华文化的认同。

人类学专家陈兴贵认为，妈祖文化认同功能和符号建构可以从两个方面来体现。一方面，妈祖文化是建立在世界范围内华人的众多妈祖信众基础上而形成的全球华人认同符号；另一方面，则是建立在大陆与台湾地区都有广泛信仰基础之上的海峡两岸民族认同的符号。① 妈祖文化使得全球各地的华人信众具有了更加强烈的认同感，将全球华人信众的精神联结起来。妈祖文化具有这么强烈的认同作用，正是因为妈祖文化本身所体现的“真善美”的深刻价值。这种文化内核是顺应人性的，只有这样的文化才能够富有生机地世代繁衍传播下来。妈祖文化有着广泛的认同群体基础，文化内容随着传承发展被不断丰富，使得妈祖文化的发展更加生机勃勃。

三、妈祖文化是中华文化的体现

在妈祖短短二十八年的一生中，表现出“立德、行善、大爱”等多个方面的高尚人格。她身上所体现出来的中华民族传统美德对人们而言是一种巨大的精神鼓舞。所以，在妈祖升天之后，人们才会想要把这种高尚的精神力量传承下去，把妈祖的慈悲大爱进一步神化，赋予她更多新的精神内涵，目的就是想以此教育自己的子孙后代，让他们也进一步弘扬这种精神。自宋代以来，不管是官方还是民间，都非常重视妈祖文化的教化功能，希望更好地发挥妈祖文化这一重要民间信俗的作用，成为促进中华民族团结进步的重要推动力量。因此，妈祖文化是中华传统文化里非常有特色的一项传承内容，是中华文化深厚底蕴的一种重要体现，是中华民族最重要的优秀文化遗产之一，并且在当代社会依然发

① 陈兴贵：《神圣与世俗　妈祖信仰的社会文化功能演变》，《中国宗教》2009年第12期。

挥着重要的文化影响力。

1. 妈祖文化体现“仁”的精神

仁的范围相当广泛。儒家主张的“仁”是一种用以规范人们行为的最高道德规范，并用这种规范来调节各种社会关系。什么是“仁”？孔子认为“仁者爱人”。儒家这种“仁者爱人”的思想，具有人道主义的精神。几千年来，中华民族就是在“仁者爱人”这一人道主义精神下互敬互爱，形成了中华民族特有的凝聚力。

妈祖的“仁爱”之心所施惠于民的历史故事非常多，在民间传说里大部分都是关于妈祖仁爱救人的故事，这也是妈祖文化能够在民间传承千年的最重要原因之一。妈祖的仁爱之心首先体现在以血缘关系为出发点的“仁者人也，亲亲为大”。一个人只有首先对自己的亲人仁义，才会真正施仁义与他人。《天妃显圣录》中所记载的“机上救亲”这个故事，就是对这种亲人之仁的重要体现。对亲人的“仁”让妈祖能够通过由己及人，帮助更多的广大民众，弘扬了以仁惠民的博爱精神。《天妃显圣录》记述了很多妈祖“危难相帮”、使落难者及时脱险的故事。当民众遇到大旱时，妈祖给人们带来了及时雨；当人们遭遇到饥荒时，妈祖会出来赈济饥民；当百姓碰到瘟疫流行时，妈祖便施舍神水治病救人；当钱塘修堤出现困难时，妈祖也积极参与保堤。妈祖文化中所体现出来的“仁”也是中华传统文化当中最重要的特质。①

2. 妈祖文化体现“忠”的精神

妈祖文化中还体现了“忠”的重要精神力量。这种精神也是中华民族历来所推崇的一种优秀文化品质。在《天妃显圣录》中，妈祖的神迹体现“忠贞卫国”的有神佑路允迪出使朝鲜，庇护郑和七下西洋，

① 林文豪：《海内外学人论妈祖》，中国社会科学出版社 1992 年版。

协助官军征浙江温、台两州草寇，协助朝廷清剿强盗周六四、陈长五。同时在护国战争中，妈祖也能大显神通，著名的神迹有“涌泉济师”等。另外，明朝奸相严嵩在朝廷作恶多端，妈祖默佑忠良，托梦除奸。

妈祖的上述种种神迹，集中体现了儒家为国尽忠的精神。这种精神从总体上分析是忠君的，带有一定的封建思想，但是我们需要从当时的情境来分析这种精神。客观上来说，妈祖文化所体现出来的这种“忠”起到了维护祖国统一、抵御外国侵略、剪除破坏社会治安的强盗、清除误国害民奸臣的进步作用。从这一点来分析，这种“尽忠”的精神是有其非常进步的一面，这也是当代人们把妈祖塑造为“和平女神”的重要根源。妈祖文化作为两岸中国人共有的文化认同，在促进两岸和平统一的进程上发挥着重要的作用。

3. 妈祖文化体现“和”的精神

妈祖文化和其他民间信仰的不同之处，还在于妈祖文化中处处体现出来的宽容和谐的精神。“和”的观念深深植根于中国人的思想意识深处。中华文化中的“和”有着多层含义，包括了人与人之间的和、人与社会的和、人与自然的和，以及人内心的和。中国人一直以来的观念就是，当达到这样的四个方面的“和”的时候，也就是太平盛世来临的时候。儒家主张“和”，《礼记·中庸》说“致中和，天地位焉，万物育焉”。道家更加强调“和”，道家经典《周易》认为“和”是宇宙之法则，天地间万物“和”为最可贵。[①]“和”的精神在中国的哲学历史上具有非常重要的地位，是中国传统哲学思想体系中的重要内容之一。

元代黄渊在《圣墩顺济祖庙新建蕃厘殿记》一文中对妈祖和其他

① 黄瑞国主编：《妈祖学概论》，人民出版社 2013 年版。

神灵做了一些对比阐述，他认为：“他所谓神者，以死生祸福惊动人，唯妃生人、福人，未尝以死与祸恐人，故人人事妃，爱敬如生母。”妈祖是通过宽容以及和谐来庇佑人们的，而不是通过生死或者祸福来威慑人类的。妈祖的这种“和”的精神特性，让妈祖的母爱色彩得到了更加充分的彰显，让人们觉得这尊神有了更多亲和力。在各种有关妈祖的神话传说中，妈祖对于兴风作浪的妖怪也往往是以德服之，将其感化并收为己用，而不是将其打入十八层地狱。比如“高里鬼具体现形”“奉圣旨锁获双龙”“破魔道二嘉伏地”等这些流传广泛的神话传说，都体现了妈祖“和”的精神。

4. 妈祖文化体现“孝悌”之道

儒家所倡导的孝悌之道，是封建社会赖以调整家庭关系和社会关系的润滑剂。儒家的这一主张，顺应了历史潮流。孟子的“善事父母曰孝，敬弟与兄曰悌”是儒家的基本伦理观点。“夫孝，德之本也，教化之所由生也。”因此，孟子主张“谨庠序之教，申之以孝悌之义”。孔子对孝悌之道的主张是“弟子入则孝，出则悌”。而妈祖文化中关于“孝悌”之道，也是重要内容之一。[①]

《天妃显圣录》妈祖神迹第二则开宗明义提出：“秋九月，父与兄渡海北上。时西风正急，江上狂涛震起，妃方织，忽于机上闭睫游神，颜色顿变，手持梭，足踏机轴，状若有所挟而唯恐失者。母怪，急呼之，醒而梭坠，语曰：阿父无恙，兄受矣。顷而报至，果然。”这则关于妈祖“机上救亲”的生动故事描述，体现了儒家“孝悌”之道的真髓。而且这种精神教化不是通过僵硬的说教来达成的，而是通过妈祖的生动故事来传达的，这样就可以起到一种润物细无声的教育作用。不管

① 林文豪：《海内外学人论妈祖》，中国社会科学出版社 1992 年版。

是古代还是当代，血缘关系都是华人最重视的社会纽带，子女对父母尽孝，兄弟姐妹互敬互爱依然是我们所大力倡导的。

四、妈祖文化对传播中华文化的作用

1. 妈祖文化倡导开放包容

妈祖文化传播中华文明，正在不断融入世界文化之中。妈祖文化的传播跨越了不同的社会制度和政治体制，不仅能够增强中华民族的向心力、凝聚力，也在某种程度上促进了与世界各地的友好交往。妈祖信众相互之间进行文化交流，在不同的族群和社会阶层之间展开。这种超越了地域界限和文化差异的交流，正是体现了妈祖文化的开放性和包容性。妈祖文化所倡导的这种开放包容的价值观念，是符合当代世界共同的价值观的，也是全世界人民所共同期盼的和平文明观念。①

因此，我们也可以说，妈祖文化既是中华民族文化的一部分，也在一定程度上是全人类和平发展的一种重要文化因素。日本妈祖文化研究学者下野敏见教授认为，妈祖对世界文化是有贡献的，妈祖文化不仅是中国的和东南亚的，而且也是世界性的一种重要民间信俗。② 妈祖的开放包容精神，能够让不同皮肤、不同信仰、不同祖籍的人互相融合在一起，把全世界人民共同联结起来，更加有效地发挥群体团结的力量，带动社会经济的发展。如今，随着妈祖文化在全世界的传播，走进全世界各地妈祖宫庙的不单单有华人，还有当地的其他人群，当他们了解妈祖文化之后，也更加有利于他们与当地华人的交流和合作。

---

① 黄瑞国主编:《妈祖学概论》，人民出版社 2013 年版。

② 吴连海、王琪、陈丽红:《妈祖文化的功能探究——基于软实力视角》，《地域文化研究》2017 年第 2 期。

2. 妈祖文化传播和平理念

和谐外交理念有助于构建以民主平等、协调合作为基础的国际政治新秩序。当今世界，和平与发展是主要潮流，只有合作共赢才能够更好地促进全人类的发展。中国人向来比较推崇和平共处的理念，而妈祖作为“海上和平女神”形象，也已经得到了人们的认同。“世界妈祖同一人，天下信众共一家”，妈祖文化在精神世界上引领人们更好地和平共处，天下一家。秉承“和而不同”理念的妈祖文化，推动中华文化与全球其他文化之间的交流融合，更加能够维护区域和世界的和平稳定。

中华文化是中国历史上各地域、各民族共同创造的文化，向来鼓励多元文化和平共处。中华文化的这种价值理念也借助妈祖文化在全世界有更好传播。1986 年，两名移民美国的我国台湾人从台湾云林县北港朝天宫分灵了一尊妈祖金身，奉祀于美国旧金山，命名为美国妈祖庙。而从 1992 年起，美国妈祖庙每年参加旧金山新年游行活动，吸引越来越多的非华裔美国人参与到游行活动中。华人通过参与妈祖文化的活动，让中华文化在美国社会也得到了良好的展示与传播。通过举办和参与各类妈祖文化活动，能够让越来越多的外国人认识妈祖文化，使中华文化核心价值观得到更好的宣传。在“一带一路”沿线国家和地区中，越来越多的海外华人也开展多种多样的妈祖文化活动，让其他国家的民众能够认识妈祖文化、认识中华文化。正是通过妈祖文化活动这一重要的载体，让全世界能够更好、更近距离地观察和认识中华文明。①

3. 妈祖文化彰显海洋文明

妈祖文化所展示的海洋文明特色也是对中华文明的一种生动体现。“海神”妈祖的形象是人们最初信奉妈祖文化的最重要渊源。妈祖是海

---

① 范正义：《妈祖信仰仪式与“一带一路”》，《世界宗教文化》2018 年第 5 期。

上渔民和其他航海者的重要保护神，是航海者能够战胜各种艰难险阻的精神力量。正是受到“海神”妈祖的精神庇佑，一代又一代的中国人才能够勇敢地远离家园、走向海外，所以妈祖文化是中华海洋文明的重要形象符号。

作为中华海洋文明的重要标志，妈祖文化经由海上丝绸之路传播到了海内外不同区域，并影响到了丝绸之路沿线各个国家和地区的民众，成为华人华侨与当地民众交流沟通的重要纽带之一。作为“海上保护神”，妈祖“大爱无疆”的崇高境界是适用于世界的。因此，妈祖不单在中国有着重要的影响，在全世界其他沿海国家和地区也有着一定传播，产生了较大的影响力，并鼓舞着全世界的航海人。①

五、妈祖文化对中华文化认同的价值

在中国人走向世界各地的历史过程中，妈祖作为人们心中的海神，跟随着中国人的脚步走向了世界各地，特别是海上丝绸之路沿线的各个国家和地区。目前，全世界 40 多个国家和地区的成规模供奉的妈祖分灵庙，总数量达到了近一万座。全世界妈祖信众超过 3 亿人，受到妈祖文化影响的华人更是不计其数。可以说，中国人的脚步走到哪里，妈祖文化就传播到哪里，在世界各地的华人世界里有着重要的地位，对世界认同中华文化也发挥了独特作用。在“一带一路”倡议中，妈祖文化也能够拥有重要的力量，发挥更大的推动作用。②

1. 妈祖文化进一步强化了中华文化认同

文化是根，文化是魂。文化能联络感情、沟通思想、凝聚人心，具

---

① 王震中：《发挥妈祖文化三大功能，服务我国当前发展战略》，《福建日报》2016 年 11 月 15 日理论周刊。

② 范正义：《妈祖信仰仪式与“一带一路”》，《世界宗教文化》2018 年第 5 期。

有不可分割的特性。妈祖文化是“一带一路”沿线国家和地区华人共同传承发展的民间文化，具有不可分割的传统联系，是维系华人与祖国的重要纽带之一。妈祖文化与人们的日常生活紧密联系，在文化交流中能起到“润物细无声”的特殊作用，能更好地拉近世界各地华人民众之间的距离。在华人世界中，妈祖不但是人们战胜风浪、开发海洋、与自然灾害及各种敌人作斗争的精神支柱，同时还代表着“根”，代表着家乡的一切。世界各地的华人通过“拜妈祖、怀故乡”，开辟了同祖国密切交流与合作的新途径。如今，深深地扎根于华人民众精神生活中的妈祖文化，正以其独特的魅力拨动华人的心弦，拉近了“一带一路”沿线国家和地区人们的距离，加深了“一带一路”沿线国家和地区华人的中华情结，增进了全世界华人对中华民族和中华文化的认同感，增强了全世界华人的向心力和凝聚力。①

2. 妈祖文化是维系中华儿女的情感纽带

“一带一路”沿线国家和地区华人共同的妈祖信俗其实是华人共同价值理念的生动体现，这其中不单单蕴含着共同的血缘联结和民族观念，更是一种文化认同。华人文化的主体是中华文化。共同的文化基础所反映的是华人一家亲。“乡愁”是走到全世界各个角落的华人的共同心声。共同的“乡愁”将华人情感紧紧地联系在一起。妈祖文化在促进华人凝聚交流过程中是一个重要的文化使者，可以进一步促进“一带一路”沿线国家和地区民心相通、共同发展。妈祖文化作为维系中华儿女的情感纽带，在海峡两岸的民间交流中，也是举足轻重的一项重要内容。这种交流不单单是情感交流，更可以激发中华儿女共同的民族情怀。

3. 妈祖文化的传承促进华人的同胞认同

华人之间的同胞认同，不单单是黑眼睛黄皮肤的外在认同，更是中

---

① 黄瑞国主编：《妈祖学概论》，人民出版社 2013 年版。

华文化的内在认同。早期的华人捧着作为渡海保护神的妈祖下南洋谋生，移民后先安奉妈祖神祇，建宫庙后围绕妈祖宫庙组织成立华侨会馆。这样的妈祖宫庙组织和华侨会馆对于华人同胞的凝聚和认同起到了非常重要的作用。如今，妈祖文化在这些地方已经融入了华侨华人的日常生活，也凝聚了人们的血脉认同，增进了彼此之间的信任和沟通，寻求共同帮助、共同发展。在外华侨华人为了加强互相之间的文化交流，组织了各种形式的妈祖文化交流活动，这种文化交流活动往往都和其他的中华传统文化融合在一起，进一步增强了下一代华人华侨的中华文化认同和华人同胞认同。

4. 妈祖文化是海外华侨华人凝聚的桥梁

妈祖文化是海外华人凝聚力的重要纽带之一。妈祖信俗已经深深扎根于华人的精神生活当中。每年举办的“妈祖回娘家”到湄洲进香等活动，名为祭祀妈祖，实际上是一种返乡“寻根”活动。正是因为海外华人具有深厚的妈祖“寻根”文化。这种“寻根”信念，使妈祖文化具有了强大的生命力和凝聚力。众多的妈祖文化研究者都认为，妈祖文化作为一种生动的文化力量，链接着炎黄子孙，加强了华人华侨的团结，增强了中华民族的凝聚力。① 对妈祖起源地的“寻根”，祖国信众之间的亲近与信任，加强了华人之间的文化交流和经济合作，从而成为促进“一带一路”建设的重要推力。

5. 妈祖文化推动形成区域的共同价值观

“一带一路”倡议是世界经济发展新形势下的一种重要发展新动力，可以为沿线国家和地区的人民生活带来重要的活力。当然，“一带一路”建设的过程中不单只是经济的合作、生活的交融，更是各种文化

---

① 陈兴贵：《神圣与世俗　妈祖信仰的社会文化功能演变》，《中国宗教》2009年第12期。

的交流。这种交流可能带来碰撞，也可能带来融合与发展。随着不同文化的深入交流，在这些区域也会产生一些共同的价值观念。中国社会科学院张江认为，妈祖文化是实施“一带一路”构想特别是海上丝绸之路构想最直接、最便捷、最广泛的文化交流纽带，所以我们应该站在世界的角度来认识妈祖文化，发展妈祖文化。妈祖文化不仅是我们大力倡导建设 21 世纪海上丝绸之路的重要文化资源，更是一种推动文明前进的力量，未来必将成为海上丝绸之路沿线国家与地区的共同文化记忆。①

如今，妈祖“立德、行善、大爱”的精神得到了更加大力弘扬和传播，包括两岸民众、海外华人在内的世界各地的人们都更加广泛和深入地认同妈祖文化。所以妈祖文化有着深厚的历史渊源和广泛的现实基础，对于中华文化的传承和发展也起到了重要的带动作用。妈祖作为“一带一路”文化使者的重要角色，必定能获得世界上更广泛的认同和接受。② 我们要继续增强妈祖文化精神财富的力量，发挥助力建设“一带一路”的文化先行作用，使之成为推动各国家和地区间和睦、包容、互惠、双赢交往的文化纽带和桥梁。

第二节　妈祖文化与华人的民族认同

一、认同与中华民族认同

1. 民族与民族认同

民族的概念可以说是社会科学中最重要的议题之一，也是争论最多

① 许晨聪、吴双双：《浓墨添彩国家倡议的实践举措——湄洲日报世界妈祖文化论坛全景报道出彩出色》，《新闻战线》2016 年第 23 期。

② 张飞帆：《妈祖：“一带一路”的文化使者》，《统一论坛》2017 年第 3 期。

的一个研究领域。对于“民族是什么”目前并没有一个比较统一的定义标准，斯大林“五个共同”的概念是目前学者所广泛运用到的一个定义：“所谓民族，是在一定历史阶段形成的，以共同语言、共同地域、共同经济生活和表现为共同文化特点基础上的共同心理素质的稳定的共同体。”① 所以民族的概念里面至少包含了语言、地域、生产方式、文化传统和价值观念这五个方面的同一性。语言是一个民族的独特传统和历史记忆的具体体现，共同的语言是一个民族的重要特征；而共同聚居地的自然环境也对民族的生活方式、态度和劳动习惯形成重要的影响；一个民族的“民族灵魂”则往往蕴藏在这个民族独有的歌曲和各种神话传说中。安东尼·史密斯则认为在分析民族问题时候，应该更加看重民族内涵中的文化情感的因素，所以他认为民族的概念应该把握的五个内容分别是：民族发展历史、民族归属意识、民族语言符号、争取民族利益活动、民族信仰和民族意识形态。②

民族认同主要是指一个民族对其自然及文化倾向性的认可与共识，是民族发展进程中的一种客观现象。民族认同的概念其实包含着两个层面的含义。其一，是民族内部关系的认同。民族是一个人群共同体，所以如何看待这个人群共同体内部的关系是民族认同的重要问题。这个问题主要是由于区分此民族与彼民族界限引起的，人们需要通过民族认同感来确认这个民族的界限。其二，是民族文化的认同。在民族发展的过程中，必然会形成这个民族独特的文化，而在后期的发展过程中，民族又会以文化为中心不断聚合。一个民族中，人们的精神、行为与物质创造活动和形成的结果都共同构成了这个民族的文化。人们对以文化联系

① 赵丽江：《政治学》，武汉大学出版社 2008 年版，第 38—39 页。

② ［英］安东尼·史密斯：《全球化时代的民族与民族主义》，龚维斌、良警宇译，中央编译出版社 2002 年版。

起来的社会群体的归属心理，就是对这个民族文化的认同。这种文化上的认同，告诉他们自己是属于哪个民族的，而这种认同也就带来了同一民族民众相互之间的亲切感、认同感。所以总体来看，民族认同是对民族关系的认同和民族文化的认同的共同体。①

总而言之，民族认同就是指个人对属于某民族的身份归属认知和情感态度，内容上包括民族历史、风俗习惯、生活方式、文学艺术、价值观念等。当然，对于中国人来说，民族认同又有广义和狭义的两种认识。广义民族认同当然就是中华民族认同，而狭义的民族认同则指构成中华民族的各民族内部的民族认同。当我们在讨论华人世界、“一带一路”、两岸关系的时候，我们所说的都是广义的中华民族认同。

2. 中华民族认同

“中华民族”是我们现在经常提到的一个词汇，充满了历史沧桑感。但事实上，“中华民族”这一概念的提出到现在也不过一百余年的时间，这种提法并不像中华民族本身那样具有古老的历史。比较早提出“中华民族”一词的梁启超等人，其实是将具有悠久历史的“中华”一词与从西方传入的“民族”一词结合起来形成了“中华民族”这个概念。随着中华民族概念的不断发展，现在我们所说的中华民族已经比当初提出的概念有了更为广泛的内涵，是一个与中国的国家、民族、地域、历史和文化紧密相连的整体的代称。宁骚在《论民族国家》一文中曾经指出：“在中国，只有一个民族才能称作民族，这就是中华民族。”②

---

① 刘克曼、卢梭：《以文化认同促进台湾民众的民族认同和国家认同》，《广东省社会主义学院学报》2014 年第 4 期。

② 宁骚：《论民族国家》，《北京大学学报（哲学社会科学版）》1991 年第 6 期。

民族认同是对自己“民族身份的确认”。中国人的民族认同其实包含了客观存在和主观情感的两个方面。一方面，我国的“民族认同”首先指的是“全体中国人对中国的认同”。这种总体的认同，是客观上的民族认同，不论是哪里人、现在在哪里，只要是中华民族的一分子就都承认自己是“中国人”。另一方面，是每个中国人主观情感上的民族认同。这种认同包含了对中华民族共同的历史、血缘、文化等因素的情感意识和价值观念上的认同。在主观情感层面上的民族认同，是更加丰富、更加有血有肉的，它所体现的是每个中国人内心深处的意识和情感寄托。①

从中华民族的认同组成上说，中华民族的认同包括三方面，第一个方面是认同具有共同的民族历史渊源和历史记忆；第二个方面的认同，指的是大家拥有共同的主体民族文化；第三个方面的认同指的是，大家拥有中国这样一个共同的国家。这三方面的内容共同构成了中华民族的认同，而且这三个方面是缺一不可的。中华民族的历史渊源是形成中华民族认同的一个重要基础，对于中华民族的认同必然包括对中华民族形成历史的认同。中华文化的形成具有历史必然性，中华民族选择中华文化作为主体文化是符合历史进程的，对于中华文化的传承和发扬是对中华民族认同的一种重要的外在体现。最后，拥有一个共同的国家也是中华民族认同的重要组成部分。这个共同的国家就是中国，这种对于国家的认同也包含了对于国家制度、政策、领导人的认同等。②

中华民族的形成和发展是在几千年的历史中不断积淀向前的，在中华民族发展的过程中蕴含了丰富的民族文化和精神。中华民族已经形成了比较系统的民族精神价值观和文化体系，这个体系是对生活和历史的

① 刘婷：《海峡两岸政策中的民族认同因素及其互动影响研究》，硕士学位论文，中央民族大学 2012 年。

② 温少玲：《中华民族认同研究》，硕士学位论文，华南理工大学 2010 年。

高度总结和概括。中华民族精神是中华民族的底色和共同的文化基因，是民族认同的源泉和凝聚的力量。正是拥有这样的共同基因和文化共通性，全球华人才能够在认同观上有可以对话的基础条件。当今时代，不管是海峡两岸的关系问题，还是“一带一路”沿线国家和地区华人的合作发展问题，都需要中华民族认同这一精神力量作为重要的心灵纽带。这一心灵纽带是团结的象征，也是团结的推动力。①

二、妈祖文化与民族认同的基础

妈祖文化是沟通华人情感，促进华人团结协作的重要桥梁和心灵纽带。妈祖文化对于振奋中华民族精神、增强华人凝聚力有着重要的意义。② 妈祖文化可以成为中华民族认同的重要动力，主要体现在两个方面：共同的寻根诉求和共同的和平祈盼。

1. 共同的寻根诉求

全世界的华人妈祖信众不论自己身在何处，都知道自己身上流淌的是中国血，自己的根是在中国的。大家都是血脉相连、同根同源的，所以全球妈祖信众的心中总有一种寻根的情结，这种情结就是妈祖文化精神和中华民族认同的集中体现。妈祖文化成为联结全球华人亲情乡情的一根看不见的长长的丝线。这根丝线的一头就系在湄洲妈祖祖庙。无论是大陆沿海妈祖信众还是台湾、港澳及海外的众多妈祖信众，都有一个一生的夙愿，那就是要到莆田湄洲妈祖祖庙去朝拜进香。妈祖文化折射出的这种寻根意识也是华人强大民族凝聚力的一种重要体现。现在，每年到湄洲岛朝拜妈祖的港澳台同胞和海外侨胞多达30多万人次，全球各地的妈祖

---

① 刘婷：《海峡两岸政策中的民族认同因素及其互动影响研究》，硕士学位论文，中央民族大学2012年。

② 罗春荣：《妈祖文化研究》，天津古籍出版社2006年版。

宫庙也都充满了浓郁的中华文化气息。人们对于妈祖文化的寻根本质上也是一种民族文化的寻根。这种诉求激发的是民族的认同和爱国的感情。①

2. 共同的和平祈盼

新的时代赋予了妈祖文化更加丰富的内涵，人们更加愿意把妈祖称为“海峡和平女神”。全球妈祖信众是出于对和平的一种殷切期盼，才自发地赋予妈祖这样一种特殊的身份认同。妈祖文化蕴含了全球华人对于中华民族和平发展的祈盼和对世界合作共赢的祝福。中华文化的一个重要特色就是鲜明的和平精神。应该说，妈祖信众对于和平的诉求和祈盼与中华民族认同本质上是相一致的。这种一致性体现的正是人心所向。因此，妈祖文化在传播世界和平理念和宣扬社会和谐追求方面有着特殊的价值。②

三、妈祖文化对中华民族认同的价值

1. 妈祖文化认同是民族认同的基础力量

妈祖作为一个女性神祇，给人带来的更多是一种亲切和慈爱的感觉，而不是其他神祇所给人的敬畏之感。同时，妈祖文化传播的“立德、行善、大爱”的价值观念也让普通信众更加容易接受，因为这和人们要追求的真善美是完全一致的。所以人们很容易就可以接受妈祖文化中的救苦救难、慈悲包容的精神。我国台湾地区著名妈祖文化学者蔡辅雄说：“我们不应单单把妈祖当成神来看待，她实际上是一种精神，一种真善美的化身，是人民群众对美好事物的追求和向往。”③ 因此，不管

① 陈祖芬：《妈祖文化与统一战线工作关系初探》，《福建省社会主义学院学报》2010 年第 4 期。

② 陈祖芬：《妈祖文化与统一战线工作关系初探》，《福建省社会主义学院学报》2010 年第 4 期。

③ 陈祖芬：《妈祖文化与统一战线工作关系初探》，《福建省社会主义学院学报》2010 年第 4 期。

身在何方，对于妈祖文化的认同可以唤起华人心中的民族认同，因为妈祖文化这一共同的价值观正是体现了人们的民族认同。文化认同是一个民族软实力的重要体现，是加强民族团结的重要精神力量。[①] 妈祖文化认同可以潜移默化地推动各地妈祖信众之间的凝聚力，它所体现出的文化吸引力和向心力是加强民族认同的重要基础，是一种强大的精神力量。[②] “妈祖下南洋，重走海丝路”“天下妈祖回娘家”等活动，推动了民心交融和民族认同，增进了彼此信任和文化认同。

2. 妈祖文化传播是凝聚民心的优势动力

中华文化是中华民族生生不息的不竭动力，是促进人们团结奋进的内心力量。妈祖文化在当今全球化的浪潮中，作为一种民间信俗文化的优势不断凸显。妈祖文化的国际影响力也在不断增强，逐渐起到了一个窗口的作用，更好地向全世界展示中华文化。妈祖文化是民族的，也是世界的。促进民族认同要利用妈祖文化这种独特的优势，争取人心，增强民族凝聚力。要通过妈祖文化这个纽带来最大限度地争取民心，为促进祖国统一，建设中国特色社会主义和实现中华民族伟大复兴凝聚人心、汇聚力量。[③] 做好妈祖文化的传承工作，能够汇集各方力量来共同支持中华民族的长远发展蓝图，因此要特别重视妈祖文化精神的指导和引领作用，凝聚民心，争取各方面资源的支持与配合。

3. 妈祖文化认同增进了社群团结

研究妈祖文化的著名学者李亦园说：“妈祖的崇拜过程，是群体社

---

① 闫顺利、敦鹏：《中华民族文化认同与国家凝聚力——兼论新形势下的统一战线工作》，《中共石家庄市委党校学报》2009 年第 1 期。

② 陈祖芬：《妈祖文化与统一战线工作关系初探》，《福建省社会主义学院学报》2010 年第 4 期。

③ 陈祖芬：《妈祖文化与统一战线工作关系初探》，《福建省社会主义学院学报》2010 年第 4 期。

会生活中所产生的一种共同感情，也是一种象征性的社群感情。”施文炳更进一步指出，妈祖信俗在我国台湾地区既是“社群意识整合的一种力量”，又是“人群生活得以维持和谐、美满、团结的重要的精神依据”。妈祖信俗作为华人团结的催化剂，已有不少例证。在东南亚各地有一些名为会馆的香火旺盛的妈祖宫庙。这些会馆不单单是奉祀妈祖的庙宇，其中的绝大部分也是广东、海南以及福建等地侨社侨团的重要会馆和落脚点。会馆前身通常是妈祖宫庙，而后面就是同乡联谊的重要场所。这些会馆是旅居东南亚的华侨华人平常交流聚会的主要场所，因此逐渐成为当地华侨华人的活动中心，具备政治、文化、社区、慈善互助等多方面的功能。在这样一个以妈祖文化为根源发展起来的聚合中心里，人们用乡音交流，互相之间团结合作，共同发展，使社群变得更加强大。社群的团结发展，让大家更加感恩妈祖文化，感念妈祖精神，所以妈祖宫庙香火愈益兴旺，资金积累也愈发雄厚。妈祖宫庙衍生出的慈善事业已成为世代相承的传统。

4. 妈祖文化认同丰富了精神生活

妈祖文化中各种各样的民俗活动是华人生活中重要的精神文化内容。这些民俗活动中开发和展示出来的各种旅游产品和纪念物品大大丰富了人们的精神文化生活。现在每年两岸都会举行丰富多彩的妈祖文化活动，包括妈祖信俗文物的展览、妈祖旅游文化节活动的开展、妈祖文化创意产品的展销等等，都使得民众对于妈祖文化有了更深刻的了解。湄洲祖庙妈祖金身也先后多次赴我国台湾、下南洋等各地巡安。在巡安期间，各地除了举行隆重的祭祀仪式外，还开展各式各样的文艺活动，比如彩车游行文艺演出、一些知名的文艺明星助兴等，都使得活动的内容十分丰富和关注度得到了很大提升。人们在参加这些活动的时候，身心自然而然地就会受到影响。同时，在巡安的时候，也让各地没有机会去莆田湄洲妈祖祖庙朝拜的妈祖信众能够在家门口近距离地朝拜妈祖金身。这些活动都让民众得到了心灵上的慰藉与精神上的愉悦，对于丰富当地民众的精神生活有着不可替代的作用。①

5. 妈祖文化对华人社会的整合功能

早期的华人漂洋过海到全世界各地谋生，“海上女神”妈祖自然而然成为人们祈求平安、缓解心理恐惧的重要精神力量。随着社会变迁和时代变化，妈祖文化的功能和传播方式也在不断发生着变化，但是妈祖文化内涵中的“立德、行善、大爱”的精神却是始终如一的。妈祖文化一个重要的组成部分就是各种妈祖神话传说。学者对妈祖故事的研究发现，妈祖的种种显灵传说其实往往蕴含着某种社会伦理道德的元素在内，通过这些神话故事的传播，其实无形中对民众产生了一种教化作用。比如每年在我国台湾地区进行的“绕境进香”活动就是这种道德教化作用的重要体现。因为每年都有成千上万的民众参与到这个活动的过程中，以各地宫庙为节点，民众会自发组成各个纪律小组来维持整个活动的有序进行。沿途也会有民众和社团免费发放食物和饮用水。这种良好的群体秩序和神圣的心理祈盼，无形中产生了净化心灵的作用，升华了社会的道德观念，同时也展现出高度的凝聚力。因此，我们可以说妈祖文化对于信众和社会有一种行为规范约束的功能，妈祖文化给人们带来的精神寄托也在一定程度上起到了安定社会的作用。所以在妈祖文化的传播过程中，潜移默化的教化力量也得到了发挥，对华人社会起到了良好的整合作用。②

---

① 黄瑞国主编：《妈祖学概论》，人民出版社 2013 年版。

② 庞志龙：《文化认同：台湾妈祖文化传播与“两岸”关系互动研究》，博士学位论文，苏州大学 2016 年。

四、文化认同、民族认同与国家认同

1. 文化是民族的精神基因

美国学者安东尼·史密斯认为，文化认同是民族认同的核心所在，也是国家认同的起始和结果。一个国家的内部，通常都会有着一种主流的文化存在，正是基于对这个国家主流文化的认同，人们才能够以共同的历史记忆和共同的生活生产方式来维护对于国家的共同理解，进一步形成民族认同和国家认同。文化体现了一个民族和国家的凝聚力，是这个民族和国家的生命力所在。民族的精神基因和灵魂正是蕴含在文化之中。因此可以说，文化可能最终决定了一个民族的发展道路和方向，也决定着一个国家的未来命运。①

其实，国家、民族和文化这三者并不能单独地割裂来看，它们构成了一个高度相关的系统。国家认同以及民族认同都是要靠文化认同这一个重要的“强力黏合剂”联结起来。因此，在这个系统里，不论是国家还是民族，都是通过共同的文化，才能够结合到一起的。国家认同往往是需要依靠民族情感的认同来作为依托的，而民族情感的认同通常来源于这个民族所共同拥有和遵循的文化认同。所以文化认同是维系民族认同和国家认同的重要前提，而国家政权的稳定为文化和民族的发展与繁荣提供了重要的保障，进一步加强了文化的认同与民族情感的认同。②

2. 民族认同是国家认同的基础

中华民族的一个重要特征就是由多民族构成，在长期的历史发展过

① 董栓柱、董晓钟：《在加强两岸文化交流中增进中华文化认同与国家认同》，《统一论坛》2011 年第 6 期。

② 刘克曼、卢梭：《以文化认同促进台湾民众的民族认同和国家认同》，《广东省社会主义学院学报》2014 年第 4 期。

程中，各民族逐渐地融合到一起。对于一个多民族国家而言，民族认同和国家认同之间显现出两个重要内容：一方面，民族认同先于国家认同，是国家认同的基础和前提；另一方面，国家需要不断引导民族认同上升和达到国家认同。对于中华民族而言，民族认同有着更丰富的内涵。从一定意义上来说，中华民族更像是一个文化统一体。江泽民1995年在对台关系的八项主张中指出：“中华各族儿女共同创造的五千年灿烂文化，始终是维系全体中国人的精神纽带，也是实现和平统一的一个重要基础。”① 对中华文化的承认和认同，其实就是对中华民族的承认和认同。这种对文化和民族的认同，可以增强人们对于国家的向心力，成为维护国家统一和各民族大团结的重要力量和精神纽带。因此，我们应该深刻认识到，对中华文化的认同以及对中华民族的认同，是推动国家统一的强大动力，是实现中华民族伟大复兴的强大支撑。

3. 文化认同促进民族和国家认同

文化认同是民族、国家认同的基本前提。国家、民族认同则是维系和实现国家统一的基础。文化、民族与国家三者紧密的关系告诉我们，中国的统一必须要发挥中华文化的作用。台湾文化与大陆文化同根同源，在本质上是中华文化的有机组成部分，但由于历史原因和“台独”分裂势力，台湾民众和大陆的文化认同出现了不和谐的声音，进而导致对民族和国家认同的模糊。因此，海峡两岸必须批驳“文化台独”，加强文化交流，增进文化认同，从而进一步来提高台湾地区民众的民族认同，最终使得海峡两岸达成共同的国家认同，实现两岸的和平统一。②

---

① 中共中央文献研究室编：《十四大以来重要文献选编》（中），人民出版社1997年版，第1204页。

② 刘克曼、卢梭：《以文化认同促进台湾民众的民族认同和国家认同》，《广东省社会主义学院学报》2014年第4期。

回顾海峡两岸交往的历史，我们能够清楚地发现妈祖文化在不同传播领域、不同层次的海峡两岸交流中都扮演着不可替代的作用。可以看出，在两岸关系最艰难的时候，是妈祖文化传播与民族情感充当了两岸交往的主力军。两岸要论及统一，必须要有民族上的认同，而民族认同则是要以文化认同为根基。虽然妈祖文化仅仅是两岸同源文化的一个细小分支，但若是真正扎根在妈祖文化的传播上用心经营，未来它所引发的价值将突破文化认同的价值，牵引作用亦是不可低估的。①

第三节　妈祖文化与海峡两岸的国家认同

一、国家认同

1. 国家及其构成要素

《辞海》对国家的定义是："世界上各个有疆域、人民、独立地位和主权的不同于地区的政治实体。"国家是人类政治共同体的一种特定形式，现代国家一般为联合国所承认。在当代政治生活中，国家既是全球政治的基本单位，也是各国国内政治生活的基本架构。美国政治学家罗斯金认为，"国家权力与占有一块领土并有着许多共同点的民族的概念合并到了一起，就是民族国家，一个民族和政府结构的结合体"②。

美国政治学者查尔斯·蒂利总结国家的构成要素和特征主要包含了以下五个方面的内容：（1）实际控制的大片连续领土，这种领土通常

---

① 庞志龙：《文化认同：台湾妈祖文化传播与"两岸"关系互动研究》，博士学位论文，苏州大学2016年。

② 转引自肖振南：《台湾社会科教科书"国家认同"教育变迁研究》，博士学位论文，华东师范大学2017年。

是呈块状分布的。（2）中央集权，权力集中在国家的中央机构，国家对其管辖范围负有全面责任。（3）强制手段垄断，国家是暴力的唯一合法使用者。（4）唯一政府机构，这个政府机构行使国家的权力和责任。（5）统一的行政安排，对国家各方面的行政安排进行统一化管理。①

国内学者赵丽江也提出了一套国家构成要素模型，和查尔斯·蒂利的模型有相似之处，也有所区别。赵丽江的模型同样包含五个要素：（1）领土，一个国家拥有的确定的管辖范围。（2）人口，每个国家都只认定一些人是它的公民，而把其他人看作外国人。（3）主权，国家对内部一切事务具有排他性的最高统治权，对外有独立自主的决定权。（4）政府，国家以政府的形式代表公共利益行事，政府也是国家公共威权的代表。（5）阶级利益，国家的终极目标是为了维护在社会经济上占统治地位阶级的利益。因此，该模型可以归纳为领土、人口、主权、政府和阶级利益的五要素模型结构。②

2. 国家认同

国家认同的概念没有一个比较统一的定义，不同学者从各自的研究角度出发给出了国家认同的不同定义。有学者认为，国家认同是指一个国家公民对自己国家主权、历史文化、理想信念的认同，形成捍卫国家主权的主体意识。有学者认为，国家认同是政治认同的最高形式，是最高层次的政治认同。也有学者认为，国家认同是本国公民对国家的政治权力和统治权威的认可与接纳，国家通过法律政策来保障公民的权利，公民则履行相应的义务。

---

① ［美］迈克尔·罗斯金等：《政治科学》，林震译，华夏出版社 2001 年版，第 32—34 页。

② 赵丽江：《政治学》，武汉大学出版社 2008 年版，第 38—39 页。

吴玉军指出国家并不是孤立存在的，国家认同是在其他国家存在的这样一个大的语境下面，一国的国民所建构出来的国家身份感，也就是国民意识到自己具有这个国家成员的身份，在心理上认为自己属于这个国家。[①] 刘凌斌提出，国家认同的概念定义应该可以有广义和狭义之分。从广义上说，国家认同是一个多层次的复杂概念，是指一个国家的公民对自己祖国的国家主权、历史文化、道德传统、政治体制等的认同，大致可分为族群认同、文化认同与制度认同三个层面。从狭义上说，国家认同是指一个国家的公民在以主权国家为主体的国际社会中对特定国家的情感归属取向。[②]

3. “一个中国”认同的涵义

“一个中国”认同是两岸分治 70 年来中国国家认同的特殊表现形式，这样一种比较特殊的国家认同形式在很长一段时间以来都是海峡两岸同胞所共同持有的一种认同方式。“一个中国”认同长期以“一个中国”原则的形式存在于国际社会，这种认同在 1949 年两岸分治之前并不存在什么问题，在 20 世纪 90 年代之前两岸分治的大部分时间里也都是一个共同的坚守。只是在之后随着台湾地区的民主化、本土化浪潮的推进，“台独”势力在这个过程中逐步发展起来，这时候台湾民众的国家认同问题才变成海峡两岸的一种突出问题。这种突出问题甚至影响到了全世界的华人。

“一个中国”认同指作为政治认同的“一个中国”，是政治文化意义上的概念。台湾大学的江宜桦教授在研究“国家认同”这一概念时，

---

① 肖振南：《台湾社会科教科书“国家认同”教育变迁研究》，博士学位论文，华东师范大学 2017 年。

② 刘凌斌：《两岸大交流背景下台湾青年的“国家认同”研究》，《台湾研究》2014 年第 5 期。

将“‘一个中国’认同”界定为：“一个人确认自己属于中国，这个‘中国’有且只有一个，大陆和台湾都是中国的一部分。”崔保锋则认为以上对于“一个中国”认同的粗浅概括，并没有对其核心范畴“中国”一词做出明确解释，而这正是“一个中国”认同的载体。崔保锋认为“一个中国”认同中的“中国”，是一个领土主权完整的基于中华民族而形成的民族国家，这个国家的区域范围包括大陆地区、港澳特别行政区和台湾地区，是这几部分的共同归属。①

“一个中国”的基本主张，在具体表述上经历了一个过程。这个过程可以分成两个阶段。第一阶段，可以概括为“老三句”：世界上只有一个中国，台湾是中华人民共和国的一部分，中华人民共和国政府是代表中国的唯一合法政府。第二阶段，可以概括为“新三句”：世界上只有一个中国，大陆和台湾同属一个中国，中国的主权和领土完整不容分割。

二、海峡两岸“认同”的内涵

虽然“一个中国”认同在海峡两岸有着不同的表述和现实的僵局，但是海峡两岸的“认同”是实实在在存在着的。两岸“认同”的含义是丰富的、有血有肉的，同时是被赋予和寄托着每个中国人内心最深处情感的。海峡两岸的认同不仅仅是政治层面上的认同，也要充分考虑到历史和地理层面的认同，更要考虑到精神和情感方面的认同。②

1. 政治含义上的认同

两岸“认同”不可否认是包含了政治含义的，也正是因为政治含

---

① 崔保锋：《两岸统合视野下的“一个中国”认同研究》，《阅江学刊》2011年第3期。

② 刘婷：《海峡两岸政策中的民族认同因素及其互动影响研究》，硕士学位论文，中央民族大学2012年。

义上的认同诉求，才导致了两岸之间的问题不断被凸显。中国传统文化中对于“大一统”的追求是显而易见的。自从秦始皇统一中国之后，两千多年来，中国人一直都追求要生活在一个大一统的国家社会中。所以统一是刻在中国人骨子里面的传统观念，是中华民族认同必然会包含的部分。两岸的政治认同，是追求两岸的统一，更是追求真正以一个完整中国的形象出现在世界政治格局中。

2. 历史文化上的认同

两岸“认同”也是对共同历史文化的认同。虽然两岸在近现代历史发展上有一些不同之处，但是两岸的华人甚至是普天之下的华人，都对中华民族的历史有着共同的记忆和强烈的认同感。这种认同感是对中华几千年灿烂文明的自豪感，也是对近代中国受尽世界列强欺侮的耻辱感，这些都是两岸华人的共同历史记忆。同时海峡两岸也都以我们共同的灿烂文化遗产为傲，这些文化是诸子百家思想、青铜瓷器、唐诗宋词，也是四大发明等等。海峡两岸对共同历史文化的认同是构成中华民族认同的重要组成部分。

3. 地理上的认同

两岸“认同”还是地理上的认同。中国人对于“祖地”总是有一种特殊的情感依赖，这种情感依赖使得我们也许已经离开祖地很久，但还是想要回到自己祖先生活过的地方去看看，这种“去看看”的心理正是深植于中国人脑中的“寻根”思想。自两岸开放交流之后，台湾方面来到大陆“寻根”探亲的人员不计其数，这些人的内心就是因为一种“乡愁”的情感在牵扯着他们。也许他们是在台湾出生的，但是他们的祖先来自大陆，所以他们就想来看看，寻找到自己的“根”。如果把这种“寻根”的情感放大来看，全体华人的精神之根就是“中国”，回到大陆“寻根”就是一种地理上认同的现实体现。

4. 情感上的认同

当然，两岸“认同”更深层次来讲是一种情感上的认同。这种情感上的认同有着相同血缘、共同祖先的现实关系基础。海峡两岸的人们始终都认为，自己是炎黄子孙、是“龙的传人”。这种情感上的认同，使得我们内心深处认为自己是有别于其他群体的。当我们走向世界的每一个角落的时候，都能从情感上自然而然地分辨出哪些人是和我们同一个群体的，哪些人和我们不是一个群体的。当来自我们同一群体的人获得荣耀时我们会感到与有荣焉，而当我们中的某些人受到其他群体的欺负时我们也能够同仇敌忾，这就是两岸人民在情感上的认同。这种情感上的认同是两岸“认同”中最重要的组成部分。

三、妈祖文化对海峡两岸国家认同的作用

1. 妈祖为先，妈祖信众促进海峡两岸的政治改善

“官不通民通，民通以妈祖为先。”台湾当局对大陆政策的变化，客观程度上受到妈祖信仰的侧面影响，因为在 1987 年，妈祖信俗就成为打破海峡两岸几十年来的政治坚冰的一个重要的开路先锋。台湾当局 1987 年 11 月 2 日开放部分台胞赴大陆探亲的一个重要原因就是当年的 10 月份，部分台湾妈祖信众不顾台湾禁令，突破重重苦难，来到大陆参与“妈祖千年祭”活动。而 1989 年，来自台湾宜兰县苏澳南天宫的一个去莆田湄洲妈祖祖庙进香朝拜的群体分别乘坐二十多艘渔船，向湄洲岛进行直航，这是海峡两岸几十年来的第一次直航。而湄洲岛在 2002 年又成功与金门达成客运直航也是借着湄洲妈祖金身去金门巡安的重要契机。2002 年泉州和澎湖之间达成客运直航则是因为泉州天后宫妈祖金身到澎湖会香。这一条一条民间“妈祖航线”的开通，使得“三通”最终得以实现。在 2008 年，台湾当局终于解

除了海峡两岸之间的直航禁令。可以说，妈祖在两岸关系史上谱写了重要的新篇章。①

2. 构建互动，妈祖信仰仪式推动跨越两岸的界线

按照妈祖文化研究学者杨美慧的观点，妈祖信仰仪式对于两岸跨越界线在同一空间下进行有效互动是一个重要的途径。虽然大陆和台湾在政治上都有着自己的边界，当前仍处在对立的态势之下，但是妈祖信仰仪式却能够将这对立的双方引导到妈祖信仰仪式所建构的仪式空间中来。两岸的民众在政治上也许还存在着一些分歧，但是通过妈祖信仰仪式的互动，大家都获得了一种共同的身份——妈祖信众。② 这种共同身份的塑造，使得海峡两岸的民众虽然在政治主体上处在比较敏感的两个立场，但是却能够轻易地跨越两岸的界限走到一起。

湄洲妈祖祖庙在妈祖信仰仪式上具有重要的核心地位，类似“天下妈祖回娘家”这样的妈祖信仰仪式，就必须通过与湄洲祖庙的互动才能够有效地完成，而这种联结就成为一个构建两岸互动，推动两岸交流的重要窗口。以湄洲妈祖祖庙为中心的妈祖信仰仪式，可以让海峡两岸人民放下政治立场，一起在同一个空间内增进了解，增进认同。

3. 深化交流，着力提升当代台湾青年的国家认同

以更加长远的眼光来看，深化两岸之间的交流和往来，对于增进彼此了解、减少双方误会，改善两岸青年群体之间的认识，必然是有好处的。这种交流也是重新建构台湾青年国家认同的重要基础条件之一。海

① 黄瑞国主编：《妈祖学概论》，人民出版社 2013 年版。

② Mayfair Mei-hui Yang, Goddess across the Taiwan Strait: Matrifocal Ritual Space, Nation-State, and Satellite Television Footprints, in Mayfair Mei-hui Yang ed.Chinese Religiosities: Afflictions of Modernity and State Formation, University of California Press, 2008, pp. 342–343.

峡两岸之间的交流合作应当本着“相互尊重、互谅互让”的原则来开展，努力化解彼此之间的隔阂，通过有效的接触来改善关系、建立起双方之间的密切感情。只有这样，才能够不断拉近双方之间的距离，为建立台湾青少年的国家认同创造条件。

对于加强和扩大两岸青少年的交流，也需要注重方式方法上的灵活与创新，要通过更加合理有效的方式，才能够真正拉近双方的情感距离，而不是一厢情愿地通过古板的方法进行宣传，这样反而可能会产生相反的作用。可以继续以了解中华优秀传统文化尤其是妈祖文化为主题的海峡两岸青少年夏令营活动作为交流的重要形式，在此基础上丰富内容策划，提升交流效果。可以根据时代的特色，在交流的形式和内容上，加强大数据、人工智能等方面的创新运用，引发参与交流人员的兴趣和好奇心，在交流的传播展示方面，也可以加强新媒体的运用，避免交流只是简单地流于形式。总之利用各种创新的方式方法，来深化交流，促使台湾青少年在交流中加深对大陆在新时代中发展的了解与认识，从而提升他们对中华民族的认同。①

---

① 刘凌斌：《两岸大交流背景下台湾青年的“国家认同”研究》，《台湾研究》2014年第5期。

第二章　妈祖文化与祖国和平统一

如今，妈祖文化是海峡两岸进行交流的重要内容，也因此在现代社会大放异彩。然而由于历史原因，海峡两岸在社会制度与经济文化层面还存在着一些差异，在有些问题上未能达成共识。妈祖文化的传播载负着海峡两岸政治对话与经济发展的重要使命，从而有利于海峡两岸的关系能够持续地良性发展，同时两岸也能够达成在情感层面的重要认同。以妈祖文化为桥梁实现海峡两岸频繁的经济、文化往来互动，能够建立更大程度上的互信，期待能在未来更有效地磨合彼此的歧见，同时也带动起两岸经济、文化的发展。这也符合海峡两岸人民的共同利益与心愿。

第一节　妈祖文化与海峡两岸关系发展现状

一、新时代对台工作的重要内容

海峡两岸关系自 2008 年进入和平发展新阶段之后，逐渐呈现出大交流、大合作、大发展的良好局面，但由于双方长期存在的政治分歧，其内在的结构性矛盾也日益凸显。近年来，台湾局势发生了重大变化，两岸关系出现了一些新情况。对当前海峡两岸关系中尚存在的一系列问题，习近平总书记作出了有针对性的原则指示和基本要求，牢牢把握两岸关系发展的大趋势，推动着一系列对台工作实践，引领两岸关系攻坚克难，不断前行。

党的十九大报告对国家主权统一与领土完整进行了重申和强调，指出全体中国人绝不能容忍分裂祖国的行径，让往昔的历史悲剧重演。全体中国人坚决反对一切分裂祖国的思想与言行。全体中国人亦有足够的能力与信心来挫败“台独”的图谋。任何人、任何政党及任何组织在任何时候都无法以任何手段实现任何一块中华人民共和国的领土分裂。① 十九大报告深刻总结党的十八大以来对台工作取得的新进展和新经验，准确把握两岸关系发展现状和趋势，提出了当前和今后一个时期对台工作的大政方针和重大举措。

2019 年 1 月 2 日，习近平总书记在讲话中特别重申，祖国统一是必然的、必须的趋势，是全体中国人的迫切愿望。在对待台湾统一的问题上，我们必须应用当前“一国两制”的成功经验，努力以和平的理念和手段促进完全的统一。习近平总书记出席《告台湾同胞书》发表 40 周年纪念会并发表重要讲话，也特别对两岸统一的制度及路线的规划进行了设想，提出了五个方面的创新措施建议，其内容又被简称为“习五条”，这也是对台湾问题重新的战略定位和提前布局。②

党的十九大报告中更是对海峡两岸同胞血浓于水的亲密关系进行了定性与强调，并提出在统一进程中要严格秉持“两岸一家亲”的理念，不对台湾同胞现行的社会制度及生活方式做过多的干涉，同时要让台湾同胞分享大陆的发展成果，承诺为台湾同胞在大陆学习、就业、生活和

---

① 郭宗欣：《推动两岸关系和平发展》，《光明日报》2017 年 11 月 20 日。

② 《“习五条”为两岸和平统一绘制路线图》，《环球时报》2019 年 1 月 3 日。

创业提供同等待遇。在和平统一的进程中，中华传统优秀文化也起到了不可忽视的桥梁作用。上述论点一直以来是促进两岸和平统一的强大政策动力，也明确了新时期深化两岸融合发展的主要方向和推动两岸关系和平发展的重点。

1.“两岸一家亲”的和平理念

习近平总书记在谈到对台湾的态度上一直都强调要实现“两岸一家亲”。这句话也是台湾与大陆同胞关系本质的直接体现。全体台湾人民同属于中华民族大家庭，与大陆民众是切实的“一家人”，而非互相对立的外族关系。

“两岸一家亲”这句话用朴实的言辞表达了大陆在面对台湾问题时，所展现出来的积极友好态度，同时这也是海峡两岸和平统一进程不断推进的出发点。“统一”原本就是民心所向、民意所归。两岸关系的本质是历史遗留的政治问题，而非不同族群之间的对立冲突。大陆与台湾同胞无论从祖源还是文化层面，都是无可辩驳的“一家人”关系，有着很深厚的情感联系。习近平总书记曾经数次做出指示，“两岸一家亲”的关系不容任何因素干扰破坏。在中华文明的凝聚与号召下，海峡两岸人民将继续携手前进，实现共同的美好愿景。① 习近平总书记还特别指出，和平统一即在不发生军事与政治冲突的基础上，基于领土与主权完整且不可分割的原则，结束双方政治及思想两个层面的对立状态。② 由于两岸同胞“一家人”关系的存在，因此在解决台湾问题时，一定要以和平为先，极力避免动武以及采用经济、金融方面的制裁与战

① 习近平：《共圆中华民族伟大复兴的中国梦》，《人民日报》2014 年 2 月 18 日。

② 《习近平总书记会见台湾和平统一团体联合参访团》，《人民日报》2014 年 9 月 27 日。

争手段。这是中国共产党一直以来针对台湾问题制定和采取措施时坚持的原则。

2. 中国梦引领共谋和平统一

在实现中华民族伟大复兴的中国梦的历程中，和平统一是必经之路。唯有真正实现和平统一，才能彻底扫除发展过程中的障碍与隐患。和平统一也需要在中国梦的旗帜下完成，这就意味着两岸同胞需要将理想与信念统一起来，并对中国梦有高度的认同和向往。习近平总书记对于统一与复兴的关系亦作出过多次强调与阐释。中华民族要实现伟大复兴的中国梦，领土与主权的统一完整是基础而必要的条件。国家统一是历史的必然趋势，不容任何势力阻挠。两岸的和平统一对于中国未来全球化的和平发展具有极其重要、不可替代的作用。中国梦并非仅仅只属于大陆人民，而是值得两岸同胞共同期待和追求的美好前景。中国梦需要在两岸同胞的协力参与下才能变为现实。①

3. 以“民族认同”坚持和平统一

如上文所述，和平统一是民心所向、民意所归，而这个民心民意的根本出发点就是“民族认同”。大陆与台湾同胞均要对双方关系有着正确而清晰的理解，才能最终认识到自身的根本利益所在，从而最大程度地消除分歧，共谋发展。

海峡两岸的和平统一进程中需要克服许多的历史遗留问题，也并非是一个一蹴而就的过程，甚至可能要经历一定的反复。在祖国和平统一的进程中，海峡两岸需要保持紧密的沟通往来与协作。习近平总书记曾

① 《习近平总书记会见中国国民党主席洪秀柱》，《人民日报》2016 年 11 月 2 日。

经强调过，虽然台湾政局存在很多变数，但我方对台立场是坚定而一贯的。[①] 同时他还进一步强调，“一国两制”是我党伟大的构想与成功的实践，在促进祖国统一与发展的历程中发挥了毋庸置疑的作用。[②] 在解决台湾问题时，我方也将秉持双赢的立场态度，以共同和平发展为先。统一并非是政治层面的强行统一，而是基于两岸同胞共同的认同与支持来实现。台湾同胞自主选择政治制度、经济发展方式与生活方式的权利应得到完全的尊重。两岸同胞亦要将心比心，求同存异来实现和谐共同发展。

4. 构建“两岸命运共同体”走向和平统一

两岸同胞如今在血脉、文化及经济等多个层面上都已经成为无可争议的命运共同体。因此和平统一也需要以强大而包容的中华文化为依托，抓住发展机遇，使统一真正成为海峡两岸人民共同的福祉。习近平总书记曾经以多种形式反复强调，海峡两岸早已成为密不可分的命运共同体，双方要在不断的接触往来中增进理解，增强感情。中华传统优秀文化博大精深，也是两岸同胞共同的财富和精神家园。[③] 自从党的十八大以来，党和政府也制定了许多促进两岸经济共同发展的政策，并做出了大量的资源投入。

党的十九大报告中专门强调大陆对台湾同胞前来学习、创业、就业、投资和生活的欢迎态度，并出台了一系列便利特惠的政策，旨在令台湾同胞也能分享大陆经济与社会的发展成果，从而消除对大陆的偏见

① 《习总书记重要讲话体现对台工作“三个自信”》，《人民日报》2016 年 3 月 5 日。

② 习近平：《在庆祝香港回归祖国二十周年暨香港特别行政区第五届政府就职典礼上的讲话》，《人民日报》2017 年 7 月 1 日。

③ 《习近平总书记会见中国国民党主席洪秀柱》，《人民日报》2016 年 11 月 2 日。

与误会，继而从思想及行动上拥护和平统一。①

5. 团结两岸同胞，聚集反“独”力量

当前由于台湾岛内以及海外“台独”势力的联合活动，给和平统一造成了显著的威胁。面对“台独”反动势力，台湾同胞不能为其民主自由的表象所迷惑。瓦解“台独”势力需要两岸同胞的共同努力。

党的十九大报告中强调了和平统一是无可置疑和无可逆转的历史大趋势，而和平统一历程必然也会存在很多的阻碍。两岸同胞要清醒地认识到和平统一对于自身幸福生活与中华民族伟大复兴的意义所在，从而不为“台独”势力所宣称的“民主自由”的表象所动。两岸同胞均应高度遵循“九二共识”，秉持大局观与发展观，正确认识到当前和平统一进程中的内忧外患，并从思想和行为上积极拥护国家主权及领土的完整统一。②

二、妈祖文化与新时代海峡两岸关系现状

自 1988 年起，海峡两岸民间团体的各项交流活动就十分热络，其中以民间信仰的交流最为典型与频繁。在当前海峡两岸具有不同的政治制度及意识形态的背景下，民间信仰最容易为双方民众搭建起共同的话语平台。时至今日，妈祖文化已成为海峡两岸交流的重要桥梁。随着两岸关系的逐年变化，两岸人民打破了禁令，不仅有大陆湄洲祖庙的妈祖金身巡游台湾多个城市，也有台湾妈祖宫庙或者民众自发前往妈祖故里祭拜上香。这个过程也是海峡两岸重要的民间往来与文化沟通交流的过

① 《习近平会见连战一行》，《人民日报》2018 年 7 月 14 日。

② 习近平：《决胜全面建成小康社会　夺取新时代中国特色社会主义伟大胜利——在中国共产党第十九次全国代表大会上的报告》，人民出版社 2017 年版，第 56—57 页。

程，因此妈祖信仰也应时拉进了两岸人民的情感距离。

1. 妈祖文化与两岸关系之政治现状

目前，虽然两岸的政治制度及意识形态有所差异，但以民间信仰交流为基础的走动，将有利于两岸政治对话与达成共识。妈祖文化通过传播与发展，在当代社会已具备了更崭新的意义。随着社会历史的不断发展与变化，妈祖文化在两岸对话中扮演着十分重要的角色。

在清朝政府收复台湾之后，妈祖文化开始在台湾岛内迅速兴起。郑和下西洋及收复台湾的战役中，很多参战士兵都虔诚地信仰妈祖。基本在这一时期，每次战争过后，妈祖信仰的官方及民间地位都会随之升级。① 在清朝末期，由于内忧外患交困，台湾局势也长期处于动荡状态。在此期间民间有大量妈祖助战、救困和庇护民众的传说，这也因此强化了妈祖信仰在官方及民间的地位。在很长一段时间内，妈祖信仰在台湾当地政治人物心目中有着举足轻重的地位。例如，台湾任一妈祖宫庙的管理者、董事长等，除了能够享有因庙产而带来的财产收入与社会地位之外，还能够有一定的政治话语权和影响力，并与政治人物同桌商议政治大事。政治人物唯有与地方民众信仰一致才能赢得群众的支持。因此，台湾各宫庙的董事长职务的竞争也就相当激烈，这个职务很自然地就被赋予了许多资源和权力。比如在 2000 年的台湾地区大选中，四位候选人陈水扁、连战、宋楚瑜及许信良都积极参与了 1999 年的大甲妈祖绕境活动，以表示出对妈祖信仰、妈祖文化的认同与重视，从而拉到众多妈祖信徒的投票。大甲镇澜宫也因为政治人物的重视与追捧从而使自身的地位得到了本质提升。如今台湾地区各类妈祖祭祀庆典活动，均会吸引大量政要人物出面参与、直接主持或者出资支持，他们争做妈

① 林升梁、乔丽君：《海峡两岸妈祖文化传播比较研究》，《徐州工程学院学报》2014 年第 1 期。

祖文化“代言人”，表示对妈祖文化的认同与支持，也更好地争取信众的选票。

2. 妈祖文化与两岸关系之经济现状

自1987年起，两岸民间信仰活动的交流越来越频繁而活跃，并且直接带动了妈祖相关经济产业发展。首先受益的就是旅游业。台湾地区早在2001年年底就出台实施了“大陆地区人民来台从事观光活动许可办法”。这个政策也为两岸民众往来走动、旅游观光和人文交流开了“绿灯”。

在两岸官方及社会民众就妈祖信仰及文化的交流成为民间及半官方的常态性交流之后，两岸的旅游路线也从局部扩大到大范围的各个景点古迹。在已有的对妈祖文化认同的基础上，海峡两岸的经贸往来可以利用这一点增加对彼此的信任，巩固投资关系。借助妈祖信仰的传播及在两岸之间的交流，可以利用举办各项关于妈祖文化节庆活动机会，让台湾同胞更深刻地认识大陆当今的发展进程，向台湾同胞展示最新经济建设成就，吸引更多的台商来投资。2008年天津举办的“第四届中国天津妈祖文化旅游节”，就是以妈祖文化为主题的一个较为成功的海峡两岸共同的项目投资实例。此次妈祖文化旅游节集中了来自海峡两岸海外华人华侨共2000人，其举办目的之一是将妈祖文化进一步在海峡两岸暨天津及海外部分地区发扬光大，另一方面也令来宾了解到天津的发展优势及投资机会，以此招商引资，促进作为举办地的天津的经济发展。因此，妈祖文化不仅仅是中华传统优秀文化的一支，同时也承载着海峡两岸暨天津民众的文化认同与精神归属，并担负起促进文化交流与和平统一的重要使命，为海峡两岸民间交往及经济往来打好情感认同方面的基础。

由于妈祖文化是两岸民众共同的精神家园，妈祖文化资源在两岸经济贸易往来中必定要充当着重要角色。妈祖文化也能够吸引海峡两岸及海外华人对故乡的亲切感与归属感，继而吸引其回到故乡投资创业，促进经济发展。从现有的数据看，福建已成为海峡两岸经贸合作的第一省份。2018年福建对台经贸合作量质齐升。随着6个国家级的“台湾农民创业园”的成立与运营，福建在农业领域运用台资的总金额与总项目数都居于大陆第一位。厦门金美信是全国首家海峡两岸共同出资成立的消费金融公司，随着政策的放宽，当前福建已经有台资或者陆台合资的金融机构22家。截止到2019年下半年，厦门两岸股权交易中心与海峡股权交易中心已经有将近150家挂牌台湾企业。上述一系列成就都是闽台经贸合作成功推进的有力证明。福州海关与台湾关贸实行了电子数据互联互通，共同打造“绿色签证”的通道，为ECFA原产地证书的出具也提供了极大的便捷。厦门海关还首次提供两岸认证经营者（AEO）的相互认证试点，为两岸经贸合作的进一步正规化提供了方便。① 台湾与福建之间还合作举办了海交会、渔博会、食交会及台交会等十多个大型专业展会，并促成了数百亿元的项目合作。同时还通过以妈祖文化为主题的文化节、旅游节及学术交流活动，推介当前经济建设的政策和项目，吸引台商来大陆考察投资。通过“文化旅游搭台、经贸洽谈唱戏”使两岸民众都可以通过妈祖文化的传播来增进相互的了解。因此，可以说妈祖文化在两岸经贸往来中具有重要的促进作用。

3. 妈祖文化与两岸关系之文化现状

中国数千年的历史造就了丰富多彩的文化形态。妈祖文化就是发源于我国福建沿海的特殊民间文化。妈祖信仰是将妈祖原型人物——因海上救人而牺牲的林默娘予以神格化，并进行祭祀、崇拜活动。妈祖文化

---

① 2018年福建新批台资项目居大陆第一。http：//fztb. mofcom. gov. cn/article/as/shangwubangzhu/201902/20190202836567. shtml。

则是基于妈祖信仰发展而来的，涉及民俗、宗教、社会、政治及历史等多个领域的文化系统。①

妈祖文化是始于福建莆田地区沿海一带的民间信仰，距今已有近千年历史。妈祖文化是我国传统文化中非常富有特色的一部分。妈祖文化从起源至今跨越了多个朝代，其影响力亦遍布全世界，成为中华文化的典型代表之一。② 时至今日，妈祖文化也为很多定居海外的华人所信奉。北美、日本和欧洲都不乏妈祖文化的信奉者。因此也可以说妈祖文化如今已经在全世界范围内都有了不容小觑的影响力。当前在台湾地区，妈祖信俗的信奉者更是众多。妈祖文化也是福建与台湾两地进行民俗文化沟通往来的重要载体。2011 年年末，福建与台湾两地共同举办的祈福活动内容就是将福建湄洲翡翠妈祖像运至台湾并绕行台湾 4 天 3 夜，之后在台中大甲镇澜宫予以安座。此类文化交流活动加深了两岸了解、促进了两岸和平。

当前，我国福建省和台湾地区以及海外华人为了更好地弘扬和传承妈祖文化，在互联网上建立了一系列妈祖文化主题网站、自媒体等。比如“中华妈祖”“北美妈祖文化协会”及“湄洲妈祖网”等等。海峡两岸通过以妈祖文化为桥梁来实现民俗文化的交流与联动，从而令这一传统文化在新的历史时代仍然能够得到传承，也唤起海内外华人的文化认同感与归属感。

全球妈祖文化的交流沟通往来，是全球华人同胞文化同根相连的证明。尤其是福建与台湾两地妈祖文化交流活动的频繁举办以及交流平台

---

① 庞志龙：《文化认同：台湾妈祖文化传播与“两岸”关系互动研究》，博士学位论文，苏州大学 2016 年。

② 王秀华：《妈祖文化与海峡两岸民间信仰》，《经济与社会发展》2009 年第 11 期。

的不断发展，有利于让台湾同胞也认识到台湾与大陆从文化层面来说是一体，从而弥合意识上的分歧，增进两岸的和平友好。

妈祖文化在发展中不断被赋予新的内涵，其内涵中就寄予了全球华人尤其是两岸民众祈福、避祸以及安定和平的美好愿望，无形中也大大加深了两岸民众的情感联系与相互认同。近几十年来，妈祖文化是两岸文化交流历程中必不可少的内容，为两岸民众弥合意识分歧、共同和平发展做出了很大贡献，实现两岸人民以妈祖文化的交流来共创美好的未来。

海峡两岸围绕着妈祖文化举办的活动，相当于在民俗文化层面构建出文化共同体。尽管大陆与台湾政治制度、经济发展水平与思想意识形态都有明显不同，但这种文化共同体的存在可以令民众认识到双方同根同源的关系，唤起双方基于文化认同感的求同存异的意识和共同发展的愿望。因此也可以说在当前的历史阶段，妈祖文化表现出高度的时代适应性和现实意义。

第二节　妈祖文化对两岸关系发展的现实意义

虽然自从中华人民共和国成立之后，大陆与台湾一度在交通、经济及政治上处于隔绝的状态，并且在文化与思想意识上都因此而产生了显著的差异，但双方对于中华优秀传统文化的传承还是大体一致的。妈祖文化就是一个典型的象征，它展示了两岸同胞共同的道德观、价值观与理想。

自从 20 世纪 80 年代开始，海峡两岸民众之所以能够逐渐打破对立的僵局，逐步实现走动往来，共同的妈祖信仰、妈祖文化做出了很大的贡献。2009年妈祖文化更是被联合国评选为非物质文化遗产，这也是妈祖文化在世界文明宝库中地位的体现。两岸的民众及官方组织基于妈祖文化进行了大量政治、经济与文化方面的互动，这无疑对双方增进了解、加强联系和加深感情起到了显著的促进作用。可见，妈祖文化为将来祖国和平统一最终实现做出的贡献更是不可估量的。

一、妈祖文化的内涵与海峡两岸关系

经过一千多年的演变，妈祖文化已经由原先的民间宗教信仰转变为福建、台湾沿海的特色民俗文化。其影响力超越了政治与经济层面，是民众对于美好、安宁生活以及人与自然和谐相处的朴实愿望最直接的反映。

1. 政治文化层面上的内涵

妈祖文化是全球华人共同的文化符号之一，对于促进两岸团结与和平发挥着较大的作用。妈祖信仰已足以令海内外华人在文化层面上拥有共同连通的纽带，具有一定的现代社会功能。其主要表现之一就是，在近百年来，海内外很多妈祖宫庙都是作为社会交际和举行节日仪式而使用。这与妈祖文化祥和、包容的内涵不无关系。一直以来，妈祖文化都在海内外华人中体现出较大的文化魅力与较强的凝聚力，也为提升优秀中华文化在全世界的传播做出了极大的贡献，并唤起华人对自身文化根源的认同感与自豪感。

长期以来，两岸民众通过对妈祖文化的推崇，令其无形之中具有了一定的政治价值。在海峡两岸以及海外其他国家和地区，华人分布在社会的各个阶层。而很多海内外华人尤其是台湾地区民众对于妈祖的信仰是不分职业、年龄、身份和阶层的。目前台湾地区信仰妈祖文化的民众占比过半，这也表明了强大而富有生命力的妈祖文化并不因政治制度的转换而改变。因此，妈祖文化的兴盛，也有利于消除两岸由于处在不同的社会背景而存在于民众中的一些误解，提升台湾民众对中华优秀传统文化的认知程度，并继而在思想意识上清晰地认识到台湾与大陆在文化层面上不可分割的本质关系。

2. 经济文化层面上的内涵

早在2009年，在多方联合申请下，联合国教科文组织就将妈祖文化列入了世界非物质文化遗产名录。这是妈祖文化被进一步认同的重要标志，并为其博得了更多学术界与文化产业界的关注，有助于其文化内涵得到充分挖掘与弘扬。由于妈祖文化带动了民俗文化产业的发展，这也为两岸的经济发展做出了一定的贡献。如今海峡两岸的民间往来与经济合作越来越密切，不仅仅是因为大陆经济实力的提升，还因为文化层面的“软实力”也在相应地发展。而妈祖文化就是这种“软实力”中不可忽视的一部分。两岸文化层面交流的密切以及文化产业的共同发展，也有助于消除分歧，增加认同度与凝聚力，为将来解决台湾问题打下良好基础。

3. 文化本质层面上的内涵

妈祖文化是中华文明宝库中难得的瑰宝，不仅源远流长，而且有丰富的人文内涵。这也是妈祖文化得以传承不衰的重要原因。根据不完全统计，目前记录妈祖文化的传说起源、民俗内涵及发展沿革的文献字数超过了100万字。其中，内容涉及范围非常广泛，包括经济、政治、军事、外交、文学、艺术、教育、科技、宗教、民俗、移民等领域，这不仅是中华传统文化系统良好传承的有力体现，而且也具有很高的学术价值。除了海峡两岸之外，海外多个国家，比如美国、加拿大、英国、德国、法国、韩国及日本等，也存有大量与妈祖信仰直接相关的宫庙、展览馆、博物馆、绘画、雕刻及祠堂等实物文化载体。除此之外，全世界华人更是将妈祖文化通过故事讲述、歌曲戏剧创作、建筑设计、祭祀活动、社交规范以及手工作品的形式进行了持续的表达与弘扬。这些有形与无形的文化瑰宝体现出了华人对自身文化根源的高度认同与守护意识，其价值不能简单地用经济标准来进行衡量。

妈祖信仰及妈祖文化起源至今已经有一千多年，在漫长的历史时期里，妈祖文化在代代相传中得以不断丰富，体现了社会的变迁与寄托了民众的美好愿望。妈祖文化的内涵是围绕妈祖神奇的能力与高尚的人格魅力而构建的。在历代民众心目中，妈祖都被视为是保佑一方平安、风调雨顺以及收成丰厚的民间神祇，俨然是一方社会最高道德的代表人物形象。妈祖在绘画及雕刻作品中展现出来的具体形象在不同历史时期也会有所不同，随着社会的服饰风格与礼仪文化而改变，但其亲切、慈悲与和蔼的风格是始终不变的。从宋代开始，妈祖就多次被各朝皇帝册封为“圣夫人”“天上圣母”“圣后”“慈后”“天妃”等。这也反映出在封建社会时期，统治者希望将妈祖塑造成为民间道德的典范人物，实现对一方百姓的道德普及教化。

4. 海洋文化层面上的内涵

妈祖文化是中国海洋文化形成的历程中非常富有特色的部分。福建以及台湾的渔民、海上航运商旅均对妈祖的形象与故事十分熟悉。许多渔民或商人在出行前都会向妈祖祷告，希望自己在茫茫大海上作业时能够得到妈祖的庇佑，保护自己能够脱离险境，平安归来。这虽然是在科学不发达时期，民间对神仙的信奉与追随的活动，但也体现了人们对博爱、慈悲等美德的推崇。在漫长的历史中，民间及官方的记录中对妈祖“显灵神迹”的资料颇为丰富。总的来说，妈祖这个形象既是人们对超自然神力的向往，也是万物平等、慈悲博爱和弃恶扬善价值观的体现，是与中华传统文化体系一脉相承，同时又富有海洋文化气息。因此，妈祖也成为极富魅力、长盛不衰的东方女神形象。

二、妈祖文化对海峡两岸关系发展的作用

妈祖信俗发源于东南沿海地区，其最初为古代海上神女的民间传说，并充分融合了传统文化所提倡的救死扶伤、孝道以及人与自然和谐发展的精神。可以说妈祖的形象堪称传统道德典范之一。

福建与台湾地区在人口繁衍及文化传承层面是同根同源、一脉相承的。因此无论是在历史上还是在现代社会，妈祖文化对两岸关系发展起到的作用都是不容小觑的。

台湾在历史上就是一个多民族共同聚居的地区。数千年之前台湾就有了原始的岛民族群。在两千多年前福建又有大量居民前往台湾开垦和定居。在抗战时期至中华人民共和国成立初期，台湾也接纳了由于各种原因前去定居的大陆民众。这令台湾原本宽裕的生存居住空间骤然紧张起来，也直接导致了岛内不同族群相互争夺现象的发生。然而在这一大融合的复杂社会中，不同族群的民众彼此之间具有很多相同或者相似的民俗文化、宗教信仰与生活习惯。这也成为台湾不同族群居民弥合分歧、团结互助的出发点之一。海峡两岸的交往在相当长一段时间内一度被打断，且持续较长时间。自从大陆在改革开放之后，两岸民众才更加明显而深刻地意识到无论是族群还是文化上同根同源的关系，继而产生认同感与归属感。

1. 两岸文化同脉同源的认同

如今全世界信奉、推崇或者认同妈祖及妈祖文化的人群数量已超过3亿。在台湾有三分之二的居民（约1600万人）都信奉妈祖或者推崇、认同妈祖文化。自从1987年开始，每年都会有大量台湾民众前往福建湄洲妈祖祖庙朝拜。21世纪以来，台湾前往湄洲妈祖祖庙上香祭祀的

台湾民众已经达到年均十万人次以上，也打造了台湾—湄洲这条经典的“妈祖之旅航线”。这不仅促成了台湾民众对于两岸文化同脉同源的认同，对两岸民众的相互往来沟通交流也起到了极大的促进作用，并在一定程度上消除了两岸的误会、分歧，使两岸民众认识到和平的美好可贵，并能够致力于文化和经济上的共同发展进步。

根据福建莆田市的官方统计数据，近 30 年来，前往湄洲岛妈祖祖庙拜祭、观览的台湾民众总人次已经高达 300 万。这是台湾民众对于妈祖文化、中华文化具有极高的认同感、亲切感与归属感的直接表现。为了更好地传承和进一步弘扬妈祖文化，福建省政府、莆田市政府及民间文化机构每年都举办妈祖文化旅游节以及相关的文化交流活动，既满足两岸民众进一步了解交流妈祖文化、举行相关仪式及典礼的需求，也促进了文化产业与旅游产业的发展，从而带动了两岸的经济发展。2017 年在福建省政府的许可下，湄洲妈祖祖庙与台湾妈祖文化联谊会、大甲镇澜宫董事会等多个文化组织机构共同举办的“妈祖金身环岛巡游”的活动，受到台湾当地民众的热烈追捧，收到了良好的反响。此外福建省广播影视集团、东南卫视、海峡电视台、台湾中视等数家网络媒体，自从 2006 年以来已经共同参与举办了 10 次的“妈祖之光”大型文化交流晚会，每次覆盖的受众人数达到上百万人之多，在全球华人圈子里都有着一定的影响力。除了这些大型的文化交流活动之外，两岸民间层面上的学术研究、庆典活动及祭祀活动每年更是数不胜数。

从上述描述中不难得知，海峡两岸的民众由于生存在共同的中华文化及海洋文化背景下，对于妈祖这一传统民间神祇都有着极大的亲切感，继而相互产生同宗同源的认同感。台湾知名社会学家郑志明曾经指出：“对台湾方面而言，到大陆进行谒祖、进香、迎神的意义，不仅只是一般祖庙情结的文化寻根而已，同时也加强了信仰仪式的文化传承。”[①] 台湾民众对于妈祖的信仰与推崇，不仅体现了对于平安祥和生活的美好向往，也是作为对故土与中华文化的眷念的寄托。对于广大台湾地区的信众来说，到大陆妈祖宫庙进香拜祭迎神这些活动，既是自身信仰活动的一部分，也是文化寻根的具体表现。

妈祖信仰、妈祖文化也堪称台湾同胞与大陆同胞维系情感、增进文化认同的精神纽带，寄托了深厚的人文情感。海峡两岸多处妈祖宫庙除了具备宗教功能之外，还同时具有经济、娱乐、社交与文化方面的功能。妈祖信仰并非是单纯的宗教精神寄托，更是蕴含了很深厚的人文意蕴在里面。很多前往湄洲妈祖祖庙拜祭的台湾同胞都表示祭祀妈祖除了祈祷平安富足之外，更是表达了对大陆故乡及祖先深深的思念之情。

2. 两岸民族文化与情感的认同

在历史上很多地域，拥有相近的血缘、共同的语言、生活习惯、风俗与文明规范的众多居民共同形成一个族群，在长期聚居过程中，逐渐产生了对本族群更加深入的认同与接纳，并由此生出区别于其他族群的特点、认识与对待。一个族群在很长时间内都会在同一个地域共同生活，但很多时候也会向其他地域迁徙。[②] 历史考据以及海峡两岸民众的语言、生活习惯与文化现状表明，海峡两岸在血缘及文化等方面，自古以来都有着密不可分的关系，是实实在在的“一家亲”。

中华人民共和国成立以后，海峡两岸存在着不同的政治制度。加之在相当长一段时间，两岸民众隔海相望，想要实现相互交通往来还是存在一些麻烦和不便，并且由于在生活与思维上也存在差异，因此相互难

---

① 王秀华：《妈祖文化与海峡两岸民间信仰》，《经济与社会发展》2009 年第 11 期。

② 王甫昌：《当代台湾社会的族群想象》，群学出版社 2003 年版。

免会产生一些误解与偏见。要想消除这些误解与偏见，尽可能弥合分歧，加深原本同根同源的关系，从而能够友好往来、团结一心、共同发展，就必须要基于民族文化情感的认同来进行，令其能够从感性层面上先产生认同，再通过各种途径相互了解。如今虽然台湾问题尚未彻底解决，但海峡两岸共同和平发展已经成为必然的历史趋势。经过将近30年的发展，两岸妈祖文化相关的交流庆典活动也已经成为双方沟通往来活动中所必不可少、不可替代的组成部分。台湾文化是中华文化在台湾地区的具体表现，是中华文化不可分割的一部分。台湾文化的道德观念、语言文字和思想意识无不与中华文化具有一致性，体现出浓厚的中华文化本质。而妈祖文化是两岸民众共同的文化传承，也是使台湾民众消除对大陆的分歧与误会，产生归属感与凝聚力的重要支点。

3. 两岸族群融合与凝聚的认同

中华民族发展的历史经验证明，民族团结、国家统一必须以文化交流与认同作为基础，文化交流与认同是民族团结、国家统一的重要动力。中国古代以来文化交流、融合与发展的历史，与民族团结、国家统一是密不可分的。可以说，在文化层面上，中华民族具有深远而浓厚的共同传承。文化传承和文化认同以及由此而产生的凝聚力，是中华民族即使历经多重苦难仍然能够摆脱困境、实现复兴的根本原因。

自古以来，台湾就是中国不可分割的一部分。从南宋开始，妈祖信俗传播至台湾。明末郑成功时期的台湾就已经有了10多座官方有记载的妈祖宫庙。康熙年间，随着清朝收复台湾，汉人大量迁入，妈祖信俗由此迅速在台湾发展起来，具体表现为妈祖宫庙的大量兴建。到了清代末期，台湾的妈祖宫庙数量达到200座之多。在台湾民间，妈祖信众一直以来都是不分年龄、职业、身份及阶层的。当时台湾民众中妈祖信众的数量已经占总人口过半。

台湾与福建两地对妈祖文化有着共同的高度认同与推崇。这样的认同之情是中华文化认同的一种体现。由于妈祖信俗是传承中华文化与中华传统美德的具体表现，且有助于维护社会稳定，因此台湾当局也一直对妈祖文化持有宽容、赞许的态度，并作为团结民众、发展文化的重要手段。台湾民众信仰妈祖、祭拜妈祖，既是祈福消灾的行为，更是文化寻根的行为。1997 年上半年妈祖金身环台湾岛巡游活动中，大陆及台湾民众前往参观祭拜者达到上千万人次之多。这也是近二十多年来规模及影响均较大的一次两岸民间文化交流活动。2004 年 6 月，由两岸文化界人士牵头，中华妈祖文化交流协会在福建莆田成立。自从协会成立后，举办了一系列的文化交流与学术研讨活动。诸如连战、吴伯雄、宋楚瑜等多名台湾政界人士都以各种形式牵头倡议、组织与妈祖文化相关的民间交流活动，以及给妈祖宫庙题词、写祝词等。海峡两岸妈祖文化的发展，是海峡两岸乃至全球华人在思想意识上具有高度文化认同的重要表现，也是海峡两岸消除分歧、共同发展的重要基础。因此，过去和将来相当长的一段时间内，妈祖文化在促进和平与统一方面，都发挥了重要的作用。

自从 20 世纪 80 年代后期开始，有大批台湾民众都前往福建莆田湄洲妈祖祖庙上香以及举办、参与祭祀庆典活动等，其庆典活动还包括了“认祖归宗”内容。这也表明在妈祖文化的号召聚集之下，两岸普通民众的感情得以进一步加深，且不受政治因素的干涉。妈祖也由此成为公认的代表和平的神祇，其内涵与两岸发展的主基调不谋而合。① 如前文所述，妈祖信仰并没有其他很多宗教信仰存在的悲观厌世、封建迷信的弊端，而是具有博爱、仁慈、开放与和平的内涵。即使在现代社会，这样的精神内

---

① 郭松梵：《论妈祖信仰对消除态度“去中国化”影响的作用》，《2017 年国际妈祖文化学术研讨会论文汇编》，2017 年，第 302 页。

涵也具有积极意义，是优秀的中华文明的体现。因此海峡两岸无论是民间还是官方机构，对于妈祖信仰、妈祖文化均显示出赞许推崇的态度。

三、妈祖文化在海峡两岸合作中的功能

妈祖文化具有和谐与宽容的特质，体现了中华海洋文化的和平精神。妈祖文化所推崇的价值观包括了“立德、行善、大爱”，这既是个人良好道德品质的体现，更是表达了对社会和谐、天下大同的向往。妈祖文化的道德内涵也就是所谓的妈祖精神，是妈祖文化的核心，也是其所拥有的价值所在。① 因此，妈祖这个传统神祇形象在当今世界更可以进一步被打造为和平使者，使中华文化在世界和平发展的时代背景下焕发出全新的生命力，提升台湾以及海外华人对中华传统文化的认同，也为尽早解决台湾问题，实现中华民族伟大复兴发挥作用。

1. 利用妈祖文化，增强两岸文化认同

妈祖这个形象是古代人们基于我国东南沿海地区诸多神话传说加工提炼而成的，最终发展为被人们广泛推崇的民间神祇，并由此产生了一系列文化观念和仪式，形成内容丰富的妈祖文化体系。在全球华人世界所有各种信俗文化当中，妈祖文化的传播之广影响之大，是其他信俗所无法比拟的。妈祖文化对其他国家和地区的人们也具有一定的影响力。诸如美国、澳大利亚及日本等地，也有很多当地人们对于妈祖文化表现出较高的兴趣，并参与到相关文化活动中来。因此，妈祖文化的传播有助于普及中华传统优秀文化，在全世界树立中华文化的良好形象。

布热津斯基在其所著的《大棋局》一书里明确表示，美国政府一直以来都将推崇美式民主政治制度、宣传散播美国文化作为阻碍中国和

---

① 庞志龙：《文化认同：台湾妈祖文化传播与“两岸”关系互动研究》，博士学位论文，苏州大学2016年。

平统一的重要手段。当前，一些台湾年轻一代对于中华传统文化的认同度不高，甚至盲目推崇日本及美国的文化。对于这种情况，我们要充分发挥包括妈祖文化在内的中华传统文化在增强文化认同方面的重要作用，并以此增强台湾民众尤其是年轻一代对中华文化的自豪感与认同感。在这一过程中，妈祖文化可以通过在文化认同方面的影响力，为提升两岸文化认同、促进祖国和平统一服务。

2. 妈祖文化与中国海洋文化

自古以来，我国有一句俗语就是“靠山吃山，靠海吃海”。我国东南沿海以及台湾地区民众在日常生活和经济社会发展方面，对于大海的依赖程度均非常高，数千年来也形成了特色鲜明的海洋文化。根据学术界普遍的观点，海洋文化的含义就是与海洋及近海陆地区域的自然资源、风俗习惯、社群组织、科学技术、文化艺术与社会发展等多个方面有关的人类活动现象与内涵。海洋文化并非短时间一蹴而就，也并非一成不变。在不同历史时期，同一地域的海洋文化会呈现出不同的发展状态，不同地域的海洋文化也各有特色。我国东南沿海以及台湾地区的海洋文化既具有中华传统海洋文化的共性，也体现了近海生活的特点。

妈祖信仰及妈祖文化发源于福建莆田湄洲岛。根据当地民间传说，妈祖的原型是当地一位叫林默娘的青年妇女，由于救助海上风暴中的被困者而牺牲。此后，通过当地人们对其神化事迹的创作加工并口耳相传，最终塑造出海上女神妈祖的形象，进一步产生一系列妈祖信俗，也由此形成妈祖文化。妈祖文化是我国沿海居民向往平安美好生活的象征。妈祖信仰及妈祖文化对于维护一方社会稳定，弘扬高尚助人、慈悲大爱的道德品质，也起到了不可磨灭的贡献。

妈祖信俗的起源、妈祖文化的发展具有浓郁的海洋文化特色。海边的居民在日常生活及社会经济发展方面对于海洋的依赖度较高。但海洋的自然环境远比陆地恶劣凶险许多，因此出海的渔民、船员往往都需要借助一个超自然神祇来作为精神寄托。[①] 妈祖原型林默娘舍身救人的事迹以及崇高无私无畏的精神，至今仍为人们所纪念和传颂，并且将其神格化，逐步发展成为一种信仰和文化现象。妈祖信俗与妈祖文化的形成历程体现了浓郁鲜明的海洋文化特色。

21 世纪海上丝绸之路建设的倡议与中国当前秉承的海洋文明观念的推广与弘扬是密不可分的。中国海岸线的长度约为 1.8 万公里。自古以来，中华文明体系中就包含了大量海洋文明的内容。一方面，中华文明体系中，在海洋资源开发利用方面，一向都是奉行以和平发展为原则的观念，这与西方海洋观可以说对比鲜明。另一方面，我国奉行的和平发展的海洋文化观念与坚决捍卫自身合法领海的观念并不存在冲突。我国海疆主权不容任何侵犯。在今后的海洋资源开发中，我国也将继续秉持和平发展的原则与开放包容的观念，与世界上其他国家和地区开展友好往来，共同合作，开发海洋。这种海洋文化与妈祖文化中的“仁爱、正义、勇敢、和平”精神是高度契合的。妈祖既是保佑一方的海洋女神，也是和平海洋文化的形象代表之一。因此，妈祖文化并非仅是一种民间信俗与传统文化现象，还可以在“一带一路”建设实施以及中华民族伟大复兴的历程中继续发挥重要的作用。

第三节　妈祖文化促进祖国和平统一的实现

2017 年 1 月，中共中央办公厅、国务院颁布了《关于实施中华优

① 庞志龙：《文化认同：台湾妈祖文化传播与“两岸”关系互动研究》，博士学位论文，苏州大学 2016 年。

秀传统文化传承发展工程的意见》。在该《意见》中，对弘扬优秀中华传统文化，以促进社会主义精神文明建设、丰富广大人民精神生活、增强全体人民思想素质和增进国家软实力的作用予以了高度肯定。[①] 妈祖文化从内涵到外延都吸收了儒、释、道等中华优秀传统文化的成分，同时也体现了中华文化博爱、包容的精神品质。妈祖文化还衍生出了绘画、造像、音乐、诗歌及建筑等多种艺术类型，这些都是从古代到现代广大劳动人民智慧的结晶。妈祖文化的影响早已不仅限于海峡两岸，还包括海外多个国家和地区。妈祖文化被成功申报为世界非物质文化遗产，更是体现了其世界性与开放性。妈祖文化的内涵与外延也被国内外学术界所关注，并由此产生了丰硕的历史学、人类学、民俗学、艺术学、宗教学等多方面的研究成果。在我国建设海上丝绸之路的规划中，妈祖文化也成为我国与海上丝绸之路沿线国家与地区进行文化交流的重要载体，展现了中华文明的魅力与风貌。2016 年 3 月，十二届全国人大四次会议颁布了《中华人民共和国国民经济和社会发展第十三个五年规划纲要》，其中就特别提出，在“一带一路”倡议实施过程中，要充分发挥以妈祖文化为优秀代表的各类民间文化对中国国家形象的弘扬作用。这也是党和国家对于妈祖文化的高度肯定和赞扬。2017 年 1 月，文化部出台的“一带一路”文化发展五年行动计划将妈祖文化定性为海洋文化与中华传统优秀文化的有机结合，并特别强调了其在“一带一路”倡议中向世界展现文化外交的作用与意义。

党的十八大以来，习近平总书记就澳门发展发表了 13 次重要讲话。在这其中多个涉及闽澳合作的部分中，习近平总书记都强调了双方合作中需要大力发挥妈祖文化的纽带作用，在贸易及旅游方面加强合作互

① 引自《人民日报》2017 年 1 月 26 日。

信，强强联合，以更好地拓展海外市场。李克强总理在2016年的“两会”上，曾经向福建代表团指出，福建人可谓是足迹遍天下，如今全世界几乎各个国家和地区都有大量祖籍福建的华裔定居。妈祖文化也随着福建人的脚步而被带向了全世界。妈祖文化与很多其他国家和地区的海洋文化不同，是包容博爱而不具有侵略性的。

一、妈祖文化与两岸共生

妈祖文化不仅是民间宗教信俗，还是涉及建筑、书法、绘画、雕塑与文物等多个方面内容的庞大文化体系，成为中华文化中不可或缺且具有鲜明特色的一部分。妈祖信俗在海峡两岸乃至很多海外华人中间都得以良好和完整地传承，成为海峡两岸以及全球华人进行文化交流的重要载体。当前台湾民众对大陆仍然存在一些误解、偏见，而以妈祖文化为代表的共同民间传统文化能够起到良好的凝聚与弥合作用。

1. 追溯妈祖文化深厚历史，寻求同文同种

长期以来，福建沿海与我国台湾地区都流传着各类妈祖显灵的传说，并以口耳相传或者书面记载的方式流传至今，因此妈祖也成为两岸民众思想观念里“我们的神”“共同的祖先”。这也是两岸民众共同的历史回忆与文化根源。广布于大陆和台湾的各种妈祖宫庙祠堂，是妈祖文化不断传承、蓬勃发展的现实证明。这些与妈祖信仰有关的有形实物以及无形记载，都是属于妈祖文化象征符号互动的载体，营造出实实在在的“在场感”与归属感。从传播学理论以及有记载的诸多史实来看，民间信仰往往在维护一方民众团结与社会秩序方面起到了不可忽视的作用。尤其是在我国古代乡土社会，共同信仰的神祇具有作为道德标杆与品行鉴证的作用。民间信仰在不同的地域以及不同的历史时期，对于维护社会统治秩序、保障社会稳定以及开化教育民众方面都发挥着重要作

用。在妈祖信仰、妈祖文化方面，福建沿海与台湾地区都有着共同的文化传承与文明记忆。这是海峡两岸同根同源不可否认的有力证明。

台湾与大陆同根同源，在文化传承方面更是密不可分，因此当前台湾地区的一些“台独”分子“去中国化”的论调绝非民心所向，最终必然也是无法实施的。中华文化历经数千年的发展，形成了内涵丰富、兼容并包、博大精深的文化体系。无数的历史事实都显示了中华文明强大的生命力与包容性。虽然中华民族历史上经历了多次的内忧外患，但中华文明从未被丝毫摧折。中华民族在过去以及将来之所以能够实现复兴，离不开光辉灿烂的中华文化给所有中华儿女带来的凝聚力与自豪感。尽管台湾如今实行的是与大陆不同的政治制度，并且也面临美国与日本文化过度渗透的问题，但广大台湾民众对中华文化的认同、传承仍然是不可轻易动摇和改变的。因此，通过这种文化认同，台湾年轻人能够看透美国名为帮台湾实现所谓“自由民主”，实则是为了实现其亚太战略的一己私利的本质，阻止美国通过文化手段对台湾年轻一代的分化，为将来和平解决台湾问题打下良好的基础。

2. 理解妈祖文化哲学思想，达到同理同爱

虽然迄今为止海峡两岸在政治层面仍未实现统一，但在中华文化层面却从未被割裂。海峡两岸在传承中华文化的忠孝、中庸、仁义、仁爱等道德观与价值观方面具有一致性。中华文化一直以来都提倡与推崇人与人之间的和谐、人与自然之间的和谐。中华文化的道德观、价值观由政府与社会精英首先发起倡导，然后再经由各种文化活动途径比如戏曲、节庆及文学作品等来完成民众的教化。根据梁漱溟的观点，中国数千年来都是以家庭伦理为本位。[①] 无论福建沿海还是台湾民众，自从两

① 梁漱溟：《中国文化要义》，上海人民出版社 2005 年版，第 70—79 页。

千多年前开始就基本形成了以家庭、家族生活为中心，依靠地缘关系而形成聚落的生活模式。人与人之间远近亲疏的判断标准就是血缘关系与地缘关系。两岸民众均十分注重家庭生活以及周边社区的团结稳定。社会道德对于维护社会稳定、促进社会发展的作用一直高于以神祇信仰为主的宗教。无论大陆还是台湾皆是如此。

3. 借助妈祖信仰文化底蕴，实现同国同心

如今每年都有大量台湾民众来到福建湄洲妈祖祖庙拜祭进香。这种行为具有多重的含义：一是对于妈祖形象所象征的道德观与价值观的赞许推崇；二是出于对妈祖文化的归属感与认同感的实际表达；三是对自身寻根溯源的需求，也表达了对祖先故土的眷恋。我国台湾学者郑志明曾经提出，台湾民众要想真正寻求和传承自己祖先的文化，还是需要去大陆探寻，因为台湾民众很多人本身的根就在大陆。台湾民众对于妈祖信仰难以抵御的向往，也曾经令台湾与大陆的通航禁令最终得以解除。如今台湾与大陆之间通行往来的自由度已非昔日可比。这种情况与台湾民众对于妈祖文化的追崇与弘扬是分不开的。

中华人民共和国成立以来，大陆与台湾在政治上一直是隔海而治，并且在数十年时间内，两岸民间往来也一度被禁止。台湾当局一直以来致力于将大陆的政治、经济与社会发展向岛内民众进行妖魔化描述，因而也令岛内民众对大陆一直存在一些误解、偏见。30 多年以来，两岸相互往来交流的自由度在不断提高，在文化与认知方面的差异也逐渐弥合。而在这个过程中，以妈祖文化为代表的中华传统优秀文化为两岸实现和平发展做出了重要的贡献。无数的历史事实也证明，国家统一必须要以文化的共同传承、高度认同作为基础。

在 20 世纪 80 年代，大陆与台湾实现民间通航往来的“破冰之旅”，其标志性事件就是，1987 年 10 月底，17 名台湾大甲镇澜宫董监事突破

台湾当局禁令前往湄洲妈祖祖庙上香，并向岛内接回一尊大陆妈祖塑像。自从此次“破冰之旅”之后，台湾当局对于民众前往大陆的通航禁令逐渐有所松动，越来越多的台湾民众可以以探亲和祭拜妈祖为由前往大陆。在“破冰之旅”之后的这30多年来，妈祖文化的传承和弘扬一直在两岸经济与人文的沟通交流往来中发挥着作用，使两岸民众的关系更为紧密。即使是科学昌明的今天，妈祖这个形象作为中华传统道德观与价值观的载体，仍然是倍受两岸人民尊崇、爱戴的神祇。

二、妈祖文化与两岸共守

由于海峡两岸长期分治，长时间缺乏沟通和联系，两岸部分民众对彼此的社会文化缺少了解。大陆与台湾在生活方式、思想观念上存在着一些差异，但海峡两岸有着共同的中华文化基因。随着社会的发展，妈祖信仰已不单纯是民间信俗现象，更是文化现象。妈祖作为具有代表性的中国民间信仰，对于促进两岸关系发展、文化交流和经贸往来等方面起到了积极作用。在一定程度上，两岸妈祖信众朝圣活动俨然成为调节两岸关系的润滑剂。妈祖信仰不仅可以消除两岸信众乃至民众之间的陌生感，打破彼此的误区，而且进一步增进两岸民间经济文化交流。

如前文所述，妈祖文化对于两岸文化交流做出了巨大的贡献。妈祖形象本身就承载了很多中华传统美德。妈祖信仰并没有其他很多宗教信仰所具有的麻痹精神、传播封建迷信思想和消解意志的弊端，同时还发展出了内涵丰富、极富魅力的文化体系，因此可以作为两岸进行沟通交流往来的良好载体。

妈祖文化的发展史也是海峡两岸社会、经济与文化发展史的一个侧面体现。因此妈祖文化不仅具有人文价值，更具有学术价值。两岸的研究机构与相关学者应充分认识和重视妈祖文化的内涵与价值，并就此来开展研究活动，在民间信仰这一领域达成一致。通过两岸专家学者共同编著妈祖文化传播史、妈祖文化现代价值研究等学术成果，共同培养两岸的年轻研究人才，从而延续共同的历史记忆。

近十年来，大陆与台湾当局文化机构、学术机构对于妈祖文化的内涵与价值已经有所共识，并在研究方面投入了大量资源。大陆在对台开展文化交流工作方面，都是严格秉持“一个中国”的原则，旨在通过增强台湾民众对于中华文化的向往与认同，加速两岸关系的弥合，为将来和平统一打下坚实的基础。福建省政府与国内多个传媒机构每年都会举办大量妈祖祭祀活动、以妈祖文化为主题的文化交流活动、学术研讨活动、戏剧表演、文物展览及艺术作品展览等。上述活动也是大陆一直以来巩固中华优秀文化传承的同时抵御“文化台独”的直接体现。

当前中华民族正处于伟大复兴的关键阶段，和平解决台湾问题也逐渐有了更多的契机和入手点。为了使海峡两岸民众实现更高程度的相互理解和信赖，促进和平和谐，实现共同发展，还需要在增强台湾民众的文化认同感与归属感的同时，大力加强两岸在经济、文化、科技、艺术、教育等多个领域的合作。唯有台湾问题得以和平圆满解决，中华民族伟大复兴的规划才能最终得以彻底实现。

三、妈祖文化与两岸共融

大陆与台湾是一个不可分割的有机整体，台湾地区很好地传承了中华优秀文化，但海峡两岸在社会制度、经济文化等方面也存在差异。在今后大陆对台的文化工作中，还要将重点放在中华文化核心价值的对接与普及方面，使妈祖文化在新的时代能够发掘出新的活力，加强两岸的相互交流和理解信赖，以作为最终实现文化共融的基点。双方在弘扬妈祖文化时，不仅要宣传妈祖信俗、妈祖文化本身，还要注重对中华文化和传统美德的引导，唤起两岸民众在情感上的共鸣，继而强化台湾民众对于“一个中国”观念的认同，从而使两岸文化共同体更加牢固，不可分割。

1. 文化对话

在 2011 年 12 月台湾全岛举行的翡翠妈祖像绕境祈福活动之后，该尊妈祖像在台中大甲镇澜宫被予以安座，以供台湾当地信众前往祭拜。当时台湾地区领导人马英九也参加了安座典礼，并且对于妈祖文化在两岸交流中所起到的积极作用予以了高度的肯定和赞扬。

海峡两岸如今每年都要举办多样化的妈祖文化交流活动。这些活动不仅具有其经济、人文与艺术价值，更能在无形之中通过文化对话来不断强化两岸同宗同源的意识。在这些交流活动中，闽台两地的民众乃至海外归来的华人会从不同侧面来展示与妈祖有关的民俗文化、艺术表演及研究成果。截至 2018 年年底，湄洲妈祖祖庙已经成功举办了数十次妈祖旅游文化节及妈祖祖庙组团祭拜互动。自从 1986 年首届妈祖文化学术研讨会举办之后，妈祖文化随即也成为学术界研究的热门课题之一。迄今为止，已经有包括莆田、厦门、深圳及天津等十多个城市都举办过妈祖文化的国际学术研讨会与艺术作品展览，充分彰显了全球华人对于妈祖文化的热情。由此也可以看出，妈祖文化并非只是单薄的宗教信仰或者历史传说，而是已经与中华民族伟大复兴的历史进程和对未来的美好憧憬有机地结合了起来。

2. 文化融合

作为历史遗留问题，祖国统一至今尚未得到完全解决。台湾与大陆实行的是不同的社会制度与经济制度，且双方相互了解程度一直也不高，交通往来还一度被禁止，令海峡两岸关系陷入僵化。而 20 世纪 80 年代开始，由于妈祖文化的吸引以及认祖归宗的需求，部分台湾民众经过很多努力，冲破台湾当局对大陆的封锁，并且最终促成了如今两岸可以较为自由地往来通行的良好局面。时至今日，妈祖信仰对于增进两岸政治互信、强化同宗同源意识方面还在持续起着正面作用。两岸要想真正实现和平统一，除了在政治与经济方面做出努力之外，获得广大台湾民众在民意上的支持也十分重要。如果双方在认知方面仍然存在冲突之处，则会为将来持续不断的冲突埋下伏笔，和平统一也就成了无根之木、无源之水。社会科学家俞明提出，妈祖信仰是台湾与大陆民众十分难能可贵的精神纽带，必须要充分发挥其增进沟通往来的作用。[①] 蔡泰山提出妈祖文化对于唤起两岸的同胞情具有不可替代的作用。和平统一这个概念必须在感性层面上为台湾同胞所接受。[②] 林震认为妈祖信仰中包含了中华文化磅礴大气的包容精神，与祖国统一的愿景形成了很好的呼应。[③]

自从 20 世纪 80 年代开始，台湾与福建、上海、天津、广州、深圳等地的诸多媒体也意识到了妈祖文化的影响力，举办了多次传媒活动来赞颂弘扬妈祖文化。这些与妈祖信仰、妈祖文化有关的主题活动，规模有大有小，形式各不相同，包括电视晚会、现场文艺表演、祭祀庆典直播、艺术展览及比赛等，具有很高的艺术价值与观赏性。这些媒体活动的影响力不仅包括大陆与台湾，还通过华人遍及全世界，使全世界都领略到了妈祖文化的内涵与魅力。

四、妈祖文化与两岸共利

1. 打造两岸文化品牌，加强两岸同胞精神纽带

妈祖文化产业是海峡两岸文化交流合作的重要平台，为两岸文化交

① 俞明：《妈祖文化与两岸关系》，《南京社会科学》2001 年第 8 期。

② 蔡泰山：《妈祖文化与两岸关系发展之研究》，博士学位论文，厦门大学 2004 年。

③ 林震：《论台湾妈祖信仰特点及祖国统一大业的关系》，《莆田学院学报》2005 年第 6 期。

流发展增添新视角、新思路。以妈祖为代表的传统信俗文化是海峡两岸人民共同的历史记忆，在历史上留下丰富的文化遗存，而且具有面向世界的影响力。海峡两岸需要从保护文化遗产向运用文化遗产转变，打造属于两岸共同的妈祖信俗文化品牌。

第一，搭建两岸妈祖文化产业新载体。两岸的妈祖文化产业交流应逐渐走向整合的道路，通过搭建新载体，使两岸文化交流碰撞的成果逐渐走入千家万户，探索两岸文化交流机制，形成两岸文化共同体。通过海峡两岸妈祖文化的交流与整合，使海峡两岸的中国人共同携手为实现中华民族伟大复兴作出贡献。建议搭建起世界妈祖文化网络交流平台，充分利用先进的现代信息技术，创新海峡两岸妈祖文化交流的新形式，并扩展到世界范围。

第二，推动两岸妈祖文化产业合作发展。近年来，大陆的妈祖文化创意产业呈现出突飞猛进的新局面。2018 年底发行的《妈祖》连环画，在第九届世界华文论坛的“海上丝绸之路视野下的妈祖与海外华文传媒”主题论坛上展示。2018 年，Q 版萌萌妈祖台历问世。2019 年，“妈祖文创设计大赛”在台北举办。这些都是为搭建妈祖信俗与妈祖文化领域的产业对接平台，促进妈祖文创发展，弘扬妈祖文化，让文化创意融入妈祖信俗，让平安大爱绽放创意光芒。在政策层面，为了加强两岸妈祖文化产业合作，海峡两岸应为文化交流采取更多灵活的措施，以更广泛的途径来推动两岸妈祖文化产业的发展。比如，适度调整对妈祖文化创意产业合作项目的税收，在项目的初期降低门槛，帮助吸引投资。以开放的心态接受各界优秀的妈祖文化人才，尤其是具有先进经验的文创产业人才，实现将妈祖文化产业推向世界。

第三，开创两岸妈祖文化交流发展新局面。新时期海峡两岸的妈祖文化交流在格局上发生了一些变化。这些变化突出表现主要在于两岸妈祖文化交流主体角色的转换。两岸妈祖文化交流模式开始逐渐调整为两岸妈祖文化经济文化实体主动交流的方式。民间在两岸妈祖文化交流中的角色定位已经越来越重要。建议利用两岸的经济、文化资源，聚集妈祖文化产业相关人才，进一步减少政策上的阻碍，以促进两岸妈祖文化交流更加顺畅。

2. 保护两岸妈祖史迹，共创两岸特色产业

妈祖文化入选世界非物质文化遗产名录，是一项具有重要文化意义的重大事件。妈祖文化这一文化现象也具备了产业化发展潜力。因此从经济效益考虑，可以在海峡两岸经济、文化合作过程中，充分发展妈祖文化产业。然而，同时也要考虑到妈祖文化保护的延续性，即如何实现妈祖文化传承与相关文化产业发展的平衡，这是当前需要讨论的重要议题。

首先，要妥善保护两岸的妈祖文化史迹。大陆和台湾保存着大量的妈祖史迹，包括妈祖的史籍、碑刻、壁画、塑像等等。历经千百年的历史，大陆和台湾的妈祖文化发展和妈祖文化遗产保护都曾经出现过一些波折。我们需要将这些妈祖文化史迹加以妥善保存，并且利用妈祖文化在两岸民心相通方面的优势，加强两岸经济文化交流，加强台湾地区妈祖信众乃至普通民众对妈祖文化的认同，保持两岸民众的“妈祖热”，进而加深台湾地区民众对大陆的了解。所以说，妈祖史迹需要海峡两岸妈祖信众一同保护。

其次，要大力发展两岸妈祖文化交流与特色旅游。两岸关系离不开经济文化联系。两岸长期隔离，会在一些问题的认识上产生误解，而两岸妈祖文化交流活动与特色旅游可以增进两岸妈祖信众乃至普通民众感情，有力地推动当今海峡两岸关系的改善。福建湄洲妈祖祖庙是享誉世界的妈祖文化遗迹和场所，每年召开的妈祖文化盛会都为妈祖文化的传

承和发展搭建一个沟通交流的平台。建议通过开发以妈祖文化为主题的两岸文化交流活动与特色旅游，为实现两岸关系的融合发展打好基础，破除两岸交流方面的各种障碍。可以说，开发以妈祖文化为主题的两岸文化交流活动与特色旅游，有助于两岸之间的经济交流和文化互动。政府还可以把福建莆田湄洲岛建设成妈祖文化圣地，让前往朝圣和谒祖的两岸妈祖信众获得精神的慰籍。

最后，设计跨越两岸的妈祖文化旅游路线，突出主题。比如“妈祖传播之旅”，乘坐邮轮，通过福建沿海与金门、马祖地区直接往来，把两岸相关的沿线景点链接整合，避免与其他滨海旅游方式雷同，形成以妈祖信俗为特色的品牌，让两岸民众唤起共同的集体记忆，满足台湾民众尤其是谒祖进香的心理需求，把几代族谱对接、文化节庆和旅游结合起来。

3. 发展两岸权益保护，促进海洋资源共同开发

海峡两岸在南海开发上进行合作，需要采取循序渐进的方式，先易后难，稳步推进。可以优先考虑从海峡两岸在南海地区的渔业合作着手。渔业活动的主体是渔民。两岸的渔民正是妈祖信俗的最大群体。在此民间信仰的基础上，建立畅通的沟通渠道，增进双方的了解和互信，达成行动默契，逐渐建立起南海捕鱼、护渔方面的有效合作机制，也反过来为民间妈祖信俗活动提供更充分的信息服务、物资支持与海洋保护。同时，根据实际情况需要，还可以对这些年两岸在海洋合作上达成的多项协议（如《海峡两岸航运协议》等）进行修订补充，使之也适用于南海地区。

以上各方面的举措，在一定程度上，可以有助于化解两岸长期存在的误解，对两岸关系的发展起到积极的作用。通过民间妈祖信俗这一深层次的交流和沟通，使两岸不断增加了解，逐渐加深感情，淡化甚至是

消除两岸之间存在的误解和敌对。进而，两岸民众对两岸和平相处、共同发展的愿望也就会越来越强烈。① 只有这样，才能更好地促进海峡两岸之间的和平稳定，加快两岸和平统一进程，完成祖国和平统一大业。而且，通过两岸在妈祖文化上的互信，可以传承中华民族优秀传统文化，为营造和平海洋、和谐海洋提供支持，从而为中华民族伟大复兴作出更大的贡献。

① 郭松梵：《论妈祖信仰对消除态度“去中国化”影响的作用》，《2017 年国际妈祖文化学术研讨会论文汇编》，2017 年，第 303 页。

第三章　妈祖文化与“一带一路”沿线国家和地区的民心相通

2013 年 9 月，习近平主席提出共建“丝绸之路经济带”，指出应加强与相关国家的政策沟通、道路联通、贸易畅通、货币流通、民心相通，指明了“一带一路”建设的发展方向。民心相通无疑是层次最高的相通，只有民心相通了，政策沟通、道路联通、贸易畅通、货币流通才具备区域合作的坚实民意基础和社会基础，“一带一路”建设也才能顺利推进。

习近平总书记指出：“人类生活在同一个地球村里，生活在历史和现实交汇的同一个时空里，越来越成为你中有我、我中有你的命运共同体。”① 以价值共同体、利益共同体、责任共同体为着眼，以新时代题材的理论内涵推动“一带一路”建设，彰显出新时代面貌。新时代视阈下，中国关于共建“一带一路”的倡议对中国事业的美好发展，对于构建合作共赢的新型国际交往范式都有重要的引领作用。

发轫于莆田的妈祖信仰已成为具备世界影响力的全球性文化符号。在长期的传播发展过程中，妈祖藉由其内在丰富的文化内涵，成为中华

---

① 中共中央宣传部编：《习近平新时代中国特色社会主义思想三十讲》，学习出版社 2018 年版，第 286 页。

文化在海外的“金名片”。“一带一路”沿线国家和地区无疑是妈祖文化传播的重点区域。藉由持久繁盛、复杂多样的世界华人网络，妈祖信仰一方面得以快速地对外传播并迅速完成在地化过程，为在海外构建完整的华人社区文化体系提供多方面的支持。另一方面，妈祖文化与“一带一路”的传播轨迹有着惊人的相似性。妈祖文化作为一个源于地方的世界性民俗信仰，不仅成为人类海洋文化历史发展的重要组成内容，也是促进“一带一路”沿线国家和地区文化融合、族群互信的重要因素，在新时代背景下焕发出越来越灿烂的光彩。

第一节　妈祖文化是“一带一路”沿线国家和地区民心相通的纽带

2017 年 6 月 20 日，国家发改委与国家海洋局联合发布的《“一带一路”建设海上合作设想》提出，与 21 世纪海上丝绸之路沿线国家和地区开展全方位、多领域的海上合作，共同打造开放、包容的合作平台，推动建立互利共赢的蓝色伙伴关系，铸造可持续发展的“蓝色引擎”。该设想提出要重点建设三条蓝色经济通道：以中国沿海经济带为支撑，连接中国—中南半岛经济走廊，经南海向西进入印度洋，衔接中巴、孟中印缅经济走廊，共同建设中国—印度洋—非洲—地中海蓝色经济通道；经南海向南进入太平洋，共建中国—大洋洲—南太平洋蓝色经济通道；积极推动共建经北冰洋连接欧洲的蓝色经济通道。

“一带一路”建设是提升我国文化软实力，增强我国国际影响力的重要途径。21 世纪海上丝绸之路建设带动了沿线国家和地区之间的人文交流和民心相通。随着文明之间交流的深入，将会形成一些共同的价值观念。妈祖文化作为中华文化的重要内容之一，是“一带一路”沿线国家和地区民心相通的纽带。

妈祖文化与海洋文明在精神脉络和文化内涵层面都有着共同的内在逻辑。妈祖文化作为我国民间海洋文化的集中升华和展示，与海洋文化深度契合，是海洋开拓性的集中体现，也是海洋生活性的多重展示，更是海洋历史性的生动呈现。妈祖文化是人类文明智慧的结晶，为文学、艺术等多个领域提供了许多灵感来源，是中华民族文化自信的体现，也是“一带一路”沿线国家和地区文化交融的重要载体。妈祖文化作为“一带一路”沿线国家和地区文化交流以及民心相通的重要纽带，从未固步自封，而是随着时代的进步不断演进、创新。

一、妈祖文化是海洋文化包容性的重要体现

自古以来，人类命运便与海洋相伴而生。起源于岛屿与半岛间的欧洲文明，自发轫起便带有明显的海洋基因，并随着欧洲的逐渐发展而日益显现。黑格尔认为：“人类在大海的无限里感到自己的无限的时候，他们就被激起了勇气，要去超越这有限的一切。大海邀请人类从事征服、从事掠夺，但是同时也鼓励人类追求利润、从事商业。”[①] 这被黑格尔理所当然地归入西方海洋文明的范畴，并对东方海洋文明横加指责。[②] 但事实上，以妈祖为代表的中国海洋文化体系早以其广袤的覆盖

① ［德］黑格尔：《历史哲学》，王造时译，上海书店出版社 2006 年版，第 83 页。

② 如在黑格尔看来，以中国为代表的东方诸国并没有成型的海洋文化体系。他曾表示“亚细亚各国便没有这种超越土地限制、渡过大海的活动，就算他们有更多壮丽的政治建筑，就算他们自己也是以海为界——中国便是一个例子。在他们看来，海只是陆地的中断，陆地的天限；他们和海洋不发生积极的关系”。参见［德］黑格尔：《历史哲学》，王造时译，第 84 页。

范围、丰富的文化内涵、深厚的文化底蕴而占据着世界性海洋文化的半壁江山。

1. 妈祖是海洋开拓性的集中体现

众所周知，海洋赋予了人类勇往直前的勇气。梁启超曾总结道：

> 海也者，能发人进取之雄心者也……彼航海者，其所求固在利也，然求之之始，却不可不先置利害于度外，以性命财产为孤注，冒万险于一掷也。故久于海上者，能使其精神日益勇猛，日益高尚，此古来濒海之民，所以比于陆居者活气较胜，进取较锐，虽同一种族而能忽成独立之国民。①

而包涵在海洋文化之下的，便是其自有的重商性。敢于冒险、奔赴远方固然是获得利润的重要条件，但海运安全性却是持续获利的必要前提。妈祖正是为保护海上生灵、确保海运财产安全而生。这份安全性包括内河航运安全和海运安全两部分。内河航运安全有着重要的现实意义，如京杭大运河重要码头刘家港与大直沽，都建有天妃庙。其文有曰：

> 庆国利民广济福惠明著天妃祠，吴僧庆福主之。泰定间，弗戒于火，福言于都漕运万户府，朝廷发帑钱，使更作焉。②

而海运安全则显得同样重要。各个入海口为确保海船出海顺利，均

---

① 梁启超：《地理与文明之关系》，引自张品兴编：《梁启超全集》，北京出版社 1999 年版，第 133 页。

② （元）危素：《河东大直沽天妃宫碑记》，转引自李露露：《妈祖神韵——从民女到海神》，学苑出版社 2003 年版，第 112 页。

在沿岸兴建妈祖宫庙，天历二年（1329）元明宗专门派人“致祭天下各庙，共一十五所”①。在海上丝绸之路沿岸各地也有诸多天后宫，这些不仅是妈祖海外传播的历史见证，更是妈祖开拓性的隐形体现。如日本长崎、冲绳、鹿儿岛、茨城等地的妈祖宫庙长期香火鼎盛，绵延千里而不绝。朝鲜使团更是常于进贺献贡前，前往石多山的海边祭祀妈祖：

> 七月十六日，晴。晓，祭海神于海边坛边，书状亚献，译官韩瑗终献，刘义立读祝。祭后，乘船，风势甚顺。②

妈祖也出现在越南中部广南—岘港省秋盆河入海口，会安诸多会馆成为妈祖越南在地化的重要标志，“从明代开始，在越南各地都普遍建有天妃宫庙，一般都附设在华侨和商人的会馆中，其中以会安为大”③。这也是妈祖在保障国际海运安全方面的积极作用。

2. 妈祖是海洋生活性的展示

海洋为沿海居民带来了丰厚的物质利益。如福建惠安梅峰肖氏家谱载：

> 明朝弘、正而后，海禁稍宽……冬至即往浙江南屿、北屿及舟山、普陀等处，春即往镇海、铜山取白鱼，且可满载而归。④

---

① 不著撰人：《天妃显圣录》，台湾银行经济研究室1960年版，第267页。

② ［韩］林基中：《燕行集》第16册，首尔东国大学出版部2001年版，第158页。

③ 李露露：《妈祖信仰》，学苑出版社1994年版，第132页。

④ 福建地方志编纂委员会：《福建省志·水产志》，方志出版社1995年版，第42页。

妈祖信俗的传播带动了沿海地区的经济发展，是海洋经济贸易的重要助力。如妈祖文化的对外传播使得莆田当地的对外往来十分兴盛：“宋代兴化军与海外通商的国家和地区达10多个。”[①]

同时，众多沿海民众为了生计，冒险渡海求生，澎湖地区甚至有“均系闽粤二省滨海州县之民，从前俱于春时往耕，西成回籍，只身去来，习以为常”[②]。这种情况的出现，使妈祖宫庙成为沿海民众展示生活风俗，商议群体性活动的重要场所。如居住在澳门半岛西南端的妈祖阁附近的居民，“其商侩、传译、买办诸色人多闽产。若工匠，若贩夫、店户，则多粤人。赁夷屋以居，烟火簇簇成聚落”[③]。每逢妈祖诞辰日或妈祖升天日，妈祖宫庙都会举行盛大的祭祀典礼，期间举行的妈祖绕境出巡活动及妈祖庙会活动，敲锣打鼓，热闹非凡，并兼有各类文艺表演，包括秧歌、舞狮、戏剧等。这也使得妈祖宫庙成为地方商业文化活动的中心地带。如澳门莲峰庙不仅被作为当地官府的客栈，且籍由庙宇的调动，其周围迅速成为人口聚居区和商业区。而在厦门，怀德社、和凤社、前园保、黄厝保、丹霞宫路、福海宫巷等地名均与妈祖有关[④]，是妈祖信仰推动港口城市发展的重要历史见证。

3. 妈祖是海洋历史性的生动呈现

妈祖发轫于莆田，并以“往西洋”“往东洋”“下南”“上北”等四个方向向外快速传播。在这其中，“下南”“上北”两线属对内航线；

---

① 莆田市对外经济贸易委员会：《莆田市外经贸志》，方志出版社1995年版，第15页。

② “中央研究院”历史语言研究所：《明清史料戊编（第一辑）》，中华书局1987年版，第280页。

③ 印光任、张汝霖：《澳门纪略》卷上《形势篇》，广东高等教育出版社1988年版，第67页。

④ 陈衍德：《妈祖信仰与经注文化的互动：澳门和闽南的比较》，《海交史研究》1997年第2期。

“往西洋”“往东洋”则属对外航线，对外扩展速度极快，每经港口，“必放彩船和歌，以祈神贶”①，呈现出快速发展倾向。如《中国历代海路针经》中所记载的东洋航线便有43条之多（见表3-1），涵盖南海及印度洋部分区域。②

表3-1　明清“东洋航线”港口及事由③

所经港口	事由	所经港口	事由
本港澳		文莱	
海门屿		密雁	
圭屿		美落阁	招神
浯屿澳		布投	
大担	土地公	雁同	
太武山		松岩	
前山		玳佩佩	招神
料罗		磨哩咾	
彭湖（暗湾）		哩银	
打狗		中卯	
鸡笼	招神	吕宋	招神
淡水	招神	吕房	
郊里临	招神	磨咾英	
北港	招神	闷闷	
蚊港	招神	磨哩你	
沙马头		内阁	
大港	招神	以宁	
交雁		恶同	
红荳屿		苏落	

①（明）张燮：《东西洋考》卷9《舟司考》，谢方点校，中华书局1981年版，第211页。

② 陈佳荣、朱鉴秋：《中国历代海路针经》，广东科技出版社2016年版。

③ 根据《安船酌献科》整理，载陈佳荣、朱鉴秋：《中国历代海路针经》，广东科技出版社2016年版，第867—873页。

续表

所经港口	事由	所经港口	事由
谢昆美		斗仔兰	
吉其烟		蓬家裂（彭家列）	
南閩			

依托于此，丝绸、瓷器、茶叶、铜铁器等诸多商品向全世界进行传播，多元化的“陶瓷之路”“香料之路”“茶叶之路”构成了海上丝绸之路的丰富内涵。

二、妈祖文化是海洋文明相互交流的结晶

在漫长的人类发展历史中，妈祖作为超脱于宗教信仰之上的一个文化符号，有着多元的价值演绎。正如皮尔斯所论，中国传统文化的传播，必借由文字性或非文字性的客观资料，将自身置于广义的文化符号范畴情境中，而并非成为单纯的文字符号。① 同时，得益于长期以来精英学者对妈祖文化非文本的记录与转化，妈祖文化思想得以不受时间和空间的限制，并摆脱口传文化中记忆的偏差，成为人类世界所共有的智慧结晶，并在多个领域有所体现。②

1. 妈祖文化在建筑文化方面的体现

文化景观是文化现象的复合体，可通过建筑风格、服装样式、田野

① Arthur W.Burks, *Collected Papers of Charles Sanders Peirce*, Vols.7–8, ed., Boston: Harvard University Press, 1958, pp.456–487.

② 需要明确的是，这样的抽象“剥离”亦存在一定的局限性。如作为一种分享、补充文化记忆的新模式，书写传播过程中的灵活性会使得记录者不可避免地在对文化仪式的复制誊抄过程中掺入自己的想法，或对文化思想中的细节部分进行增补，使之内涵不断扩大。这种现象自文化形成起便已存在，且随着时间之推移愈发明显。参见 Arthur W.Burks, *Collected Papers of Charles Sanders Peirce*, Vols.7–8, ed., Boston: Harvard University Press, 1958, pp.210–218.

风光等特征来区分和辨别特定区域的地理特点。[①] 可知，建筑是文化良好的载体之一。妈祖建筑便是在政治与文化的双重作用下所诞生的民间信仰产物。在海洋文化的立体传播模式下，妈祖宫庙展现出“神圣空间”的表征功能。

国内妈祖宫庙众多，兼具艺术价值和生态价值。在平面布局上，大多数妈祖宫庙均遵循二进四合院式，一般建有山门、正殿、后殿、厢房、天井檐廊等，甚至部分大型的妈祖宫庙还会有广场、戏台、梳妆楼、牌坊、配殿、拜亭等豪华配置，是中国建筑功能性的集中体现。在建筑规模上，妈祖宫庙间差异较大，如泉州天后宫作为全国重点文物保护单位，是建筑保存最完整的“温陵圣庙”，占地7200多平方米。而湄洲妈祖祖庙则是建筑总面积最大的庙宇，占地1.8万平方米，西轴线包括长廊、牌坊、圣旨门、山门、正殿、钟鼓楼、寝殿、朝天阁、升天楼、观音殿、佛殿、中军殿、五帝庙等大小建筑36处。南轴线包括寝殿、敕封天后宫殿、献殿、庑房、山门、钟鼓楼、牌坊、天后戏台、天后广场等大型建筑。[②] 在装饰纹路上，妈祖宫庙的建筑装饰物集教化、审美、实用于一身，主要有石雕、木雕、壁画、砖雕、绘塑、剪瓷、对联等形式，善于协调运用色彩、材料和结构三者之组合，将意境、造型与祈愿仪式融合在一起，即“淋漓尽致地展现神秘而浪漫的意境，美化妈祖庙宇的建筑，使之更具视觉的审美性”[③]。妈祖像也是重要的妈祖建筑，且多含寓意，如采用北京房山汉白玉石雕刻和装嵌而成的澳门

---

① 单霁翔：《从“文化景观”到“文化景观遗产”（上）》，《东南文化》2012年第2期。

② 吕品田：《中国民间美术观念》，江苏美术出版社2007年版，第142页。

③ 黄凤娜、何振良：《福建妈祖宫庙若干特征之探讨——以文物普查资料为中心》，《福建文博》2013年第2期。

妈祖像，由逾百位石雕工匠历时八个月建成，重一千余吨，高 19.99 米，寓意 1999 年澳门回归祖国。[①]

妈祖宫庙在国外建立的时间也很早。古代琉球久米村天妃宫是海外最早的妈祖行宫，“明代，自永乐三年成祖派郑和下西洋之后，妈祖行宫从中国走向世界。琉球王国先后创建两座妈祖行宫，其中一座就在华裔聚居的久米村，称上天妃宫。另一座在琉球首邑那霸，名下天妃宫，琉球国王尚巴质所建”[②]。2015 年，李克强总理专程参观了位于马六甲的郑和文化馆，并给予了高度评价。[③]

妈祖建筑这一“神圣空间”，是以人与自然、人与人、人与社会和谐共生、良性循环、全面发展、持续繁荣等文化伦理形态的外在展示，是中国古代生态文明的体现。妈祖宫庙均充分利用生态建筑学原理，将庙宇融入周边整体的自然生态系统，强调建筑与周边环境的和谐共生，将自然环境、人文环境、社会环境融为一体，达到天、地、人的统一。尤为难得的是，世界范围内的妈祖建筑均具有极强的时代性，会随着时代的发展更新，这是因为人类对居住环境的要求不断改变，更为强调实用性、安全性、美观性、健康性和密闭性。妈祖建筑为迎合时代之发展，在材料、造型、规模、风格、方位、色彩等方面与生态建筑有机融合，取得了良好的效果。

2. 妈祖文化在艺术文化方面的体现

将之细分，大致有服饰、文学、音乐三方面。妈祖服饰是其中重要

---

① 陈国成：《妈祖宫庙的特点、建筑艺术及生态价值》，《第四届国际妈祖文化学术研讨会论文汇编》，2018 年，第 561 页。

② 印度尼西亚兴安同乡会：《福莆仙乡贤人物志》，福莆仙文化出版社 1990 年版，第 37 页。

③ 中国政府网：《李克强参观马六甲郑和文化馆详解“和”引共鸣》，引自 http://www.gov.cn/guowuyuan/2015-11/24/content_5015933.htm。

的部分。在传统的妈祖叙事中，其常以头梳高髻外包巾，身着朱衣，云肩，肩披帔帛的常服形象出现[①]，显然是以中国民间传统服饰为基础的，这说明妈祖服饰不仅是民俗生活的窗口，且是民族精神的外化，更体现了人与社会文化统一和谐的关系。[②] 妈祖服饰的变化是一个动态发展的过程。宋代被封“夫人”后，妈祖常以高髻大袖示人，被封“妃”“后”后，开始头戴皇冠，清代妈祖已被封为“天后”，其服饰已改为头佩九龙八凤的旒冠，身着四爪金龙的皇袍，腰间还系有九龙玉带，这也成为后来世人仿照妈祖服饰风格的范式。[③] 帆船形的“妈祖髻”也是重要的装饰产物，其左右分别有一波浪形发夹，灵感来源于船上摇橹所用船桨。此外，以“帆船头、大海衫，红黑裤子保平安”为代表的湄洲女服饰是妈祖服饰“民间化”的重要标志，其服饰大致以蓝色为主要色彩元素。采用对襟红边装饰，配以一条特殊的上红下黑两色相接的大折裤。湄洲女服饰不仅寄托着当地妇女对远航亲人的思念和祝福，且是“神格”对现世相互因应的生动展示。目前，中国广东、台湾、香港和马来西亚等国家和地区的信徒回莆田时，也会穿上极具当地特色的服饰，传统与时代相呼应，构建起独特的妈祖服饰文化景观。当然，需要充分重视富有浓厚历史感的传统服饰，才能使其保有持久的生命力。[④]

妈祖文学也是人类文学文化的重要组成部分。妈祖文化中蕴含着丰厚的儒释道基础，如《圣墩顺济祖庙新建蕃厘殿记》的论述就是有力

---

① 张蓓蓓：《妈祖服饰及妈祖形象复原实践》，《美术学与设计学》2017 年第 1 期。

② 成吉斌、何丽萍：《妈祖服饰旅游价值的研究》，《现代商业》2009 年第 14 期。

③ 王英瑛：《妈祖图像服饰的隐喻性》，《创意与设计》2012 年第 6 期。

④ 张蓓蓓：《基于文化资源的妈祖服饰文化创意产业研究》，《文化发展与创新》2014 年第 1 期。

佐证和说明：

> 妃族林氏，湄洲故家有祠，即姑射神人之处子也。泉南、楚越、淮浙、川峡、海岛，在在奉尝；即普陀大士之千亿化身也……他所谓神者，以死生祸福惊动人，惟妃生人、福人，未尝以死与祸恐之，故人人事妃，爱敬如母，中心向之，然后于庙饗之……①

蕴含着丰富中国传统思想内涵的妈祖文学不仅是其立德、行善、大爱的独特内涵向外传播的重要媒介，且成为妈祖文化旅游产业的人文基础。妈祖传说故事有逾二十个，主要分为三类。② 第一类以“海上救援、护国安邦”为主题。妈祖林默从小在海边长大，她不忍见渔民葬身鱼腹，于是在海边观察天气异变、日月潮汐，为出海渔民提供气象支持。第二类以“扶贫济困、治病消灾”为主题。林默为民众排忧解难，改进菜屿种植方式，使得“菜屿长青”，同时解除水患、破除瘟疫，受到乡亲们的爱戴与尊敬。第三类以“降妖除魔、去除奸佞”为主题，讲述林默不顾自身安危，为百姓去除怪风怪病的故事。③

具有较强故事性和丰富内涵的妈祖故事适宜充分融入民俗文化旅游过程中。如在导游词、旅游文化读本中，融入神话、传说、故事、歌谣等妈祖文化元素，使旅游者在聆听妈祖传说故事、鉴赏绘画、阅读文

---

① （元）黄仲元：《圣墩顺济祖庙新建蕃厘殿记》，载《四如集》卷 2，景印文渊阁四库全书本，第 626 页。

② 主要有焚屋引航、金马渡海、湄峰祈雨、菖蒲祛病、化木护舟、珓杯镇龟、收伏晏公、割臂降妖、智收雨怪、雷擎鲤精、天钉拴岛、圣泉救疫、济渡饿荒、云船救难、钱塘筑堤、威慑海盗、火烧海贼、雾海助战、红灯导航、泉井济师、澎湖破敌、金山攻寨、“海帮”朝圣等故事。参见董婷、郭泮溪、王岩：《从胡峄阳传说信仰看祖先神传说在民间的传播演进》，《东方论坛》2015 年第 3 期。

③ 黄秀琳：《妈祖文化与旅游》，吉林大学出版社 2012 年版，第 88 页。

本、观看戏剧的同时，也能获取知识、拓展自身视野并增长见识。同时，由妈祖传说故事形成的妈祖庆典活动、妈祖金身巡游等，随着时代的变化与科学的进步，寓于这些民俗活动中的宗教色彩逐渐淡化，所具有的娱乐传媒价值日益显现。[①]

除此之外，对联文化也在妈祖文学中占较大比重。对联文化景观泛指悬挂于宫庙建筑的楹柱上，对仗工整、字数相同、结构对称、词性相似、平仄相对，用于抒发人类情感的一种文学艺术形式。妈祖对联主要分为六类（见表3-2），现存最长的妈祖对联位于安徽小孤山天后宫，全联有多达256个字，[②] 蕴含着极为丰富的信息量。

表3-2　妈祖对联类型及出处[③]

序号	对联类型	庙宇	对联内容
1	歌颂妈祖功德	台湾大甲镇澜宫	镇国安邦赫赫神功兴大甲；澜平波稳洋洋圣德溯湄洲
2	祈求妈祖庇佑	泉州天后宫	四海安澜千国庆；一灯慈济九天光
3	记录妈祖显圣	莆田平海天后宫	是处应知泉有圣；千年长颂海无波
4	推崇妈祖地位	天津天后宫	补天娲神，行地母神，大哉乾，至哉坤，千古两般神女；治水禹圣，济川后圣，河之清，海之晏，九州一样圣功

① 罗春荣：《妈祖文化研究》，天津古籍出版社2006年版，第63页。

② 上联为：湄山瑞气孕仙姑，生而异，异拥天香，幼而慧，慧精文义，素而静，静诵诸经，更有轶事堪奇，窥井得符，迭显神通手段，踏机救父，航海寻兄，掷草幻成大杉，种菜鞠为佳卉，击浪驱晏公之虐，法雨消旱魃之灾，焚一撮发，鬼收蒿里，剪九节蒲，吏活琴堂，历廿九岁，积功积德，忽嫉俗，急归真，趁重阳托登岛屿飞升，丝竹管弦，隐隐听传空传盛。下联为：林氏幽光发圣母，诞于宋，宋当艺祖，宅于港，港号贤良，道于师，师名玄老，本是观音再降，腾云化羽，仍存慈济心肠，起碇行舟，立竿安艇，凭本欲绥沧溟，湿衣助克澎湖，鼓涛阻流冠之逭，涌泉解征人之渴，扬几幅旆，怒息波臣，增六尸涨，乱平台匪，绵四五朝，护国护民，或现身，或示梦，宜先世共荷彤墀封建，金泥玉简，绳绳颁自日边来。

③ 作者自制整理。

续表

序号	对联类型	庙宇	对联内容
5	描绘宫庙景致	龙岩永定西陂天后宫	结构倚层霄，凤舞龙飞，八面窗棂烟雨外；晴岚收四野，溪声树色，千家楼阁画图中
6	其他特殊对联形制	湄洲祖庙	齐齐齐齐齐齐齐齐齐齐戒；朝朝朝朝朝朝朝朝朝朝音

3. 妈祖音乐是人类艺术文化的重要部分

这是飘扬在古代东方海上的“中国好歌声”，支撑着无数渡海之人战风斗浪、克服艰险漂洋过海。长期的海洋活动实践及多元文化互鉴，使得出海人代代相传的海祭礼仪逐渐成为固定的音乐形式。妈祖音乐多选用“锣、鼓、号”等乐器作为主体鼓吹合奏，并赋予其神性的吉祥意义，甚至在长期的海洋文化视听交流中具备了船只国籍的识别作用。我国很早便有关于海洋音乐的记载，如清代《使琉球记》中便设有专门章节，对海事活动中的鼓吹乐进行介绍。① 而长喇叭是其中最常用的乐器。长喇叭又称为“箫呐”“铜喇叭”②，是海洋行乐环境与多元民俗文化相融合的产物，其独具的“润声”③ 便是金属乐器中少有的“亲水性”的体现。吹奏长喇叭是出海人祈愿吉祥、平安的象征。目前，长喇叭主要用于活动的开道仪仗、祭祀仪音部分，被认为是整个妈祖海祭鼓吹音乐色彩的支柱。④ 清代木版画“救郑和”一图也是妈祖音乐重要的研究对象。其初刻于乾隆四十三年（1778），藏于龚氏大通楼中，

① （清）李鼎元：《使琉球记》，韦建培校点，陕西师范大学出版社1992年版。

② 本书编纂委员会：《中国民族民间器乐曲集成》福建卷（上），中国ISBN中心2001年版，第769页。

③ 即在吹奏使用前，船员们常以清水或海水灌入哨口后才开始吹奏的仪式。

④ 杨旻蔚、马达：《古代海上“中国声音”——妈祖海祭鼓吹音乐探究》，《第四届国际妈祖文化学术研讨会论文汇编》，2018年，第506页。

后世多次刊印，现莆田县档案馆有不明刊本收录。[①] 全图一分为二，下方为滚滚海浪，上方有妈祖仙乐仪仗进行表演：司鼓者立在队前，以回身敲打的姿态面对诸人，显示其乐器总指挥的地位；锣在最后，司锣者的身体不但屈膝前倾，还以侧身的角度与司鼓者对望，形态生动；两支弯管头尾各异，如同乐师们姿势变换的瞬间定格画面。此即为“行进乐”之典型，符合民间妈祖音乐活动演奏的传统。

总之，妈祖因其独特的“神—人”交互性而构造出适用于全人类的普世核心价值，并在建筑、文学、音乐等多方面，彰显出极强的生命力。更为重要的是，此核心价值是以中国传统儒释道文化为基础。同时，在长期的海上传播氛围下，妈祖文化还充分借鉴糅合了海外多地的文化精髓，在向全世界传递中国传统文化底蕴、展现文化自信的同时，还积极推动全球海洋文化体系的构建和完善。

三、妈祖文化是“一带一路”沿线国家和地区文化交流的重要纽带

2016 年，国家“十三五”规划纲要提出要大力推进“一带一路”建设。基于共建 21 世纪海上丝绸之路的宏观愿景，大力发挥以妈祖文化为代表的中华文化的积极作用成为必然要求。妈祖文化是中华文化的重要组成部分之一，在长期的传播过程中，逐渐形成了妈祖文化圈。而妈祖文化圈的形成与扩大，又促进了中华文化向海外的传播，成为中华文化海外传播的重要方式之一，进而成为世界文化交流体系不可或缺的重要一环。

妈祖又是具有和平、勇敢、关爱等精神的和平女神。承载了这种精

---

① 郑宝谦：《福建省旧方志综录》，福建人民出版社 2010 年版，第 698 页。

神的妈祖文化，已受到越来越多的人们的敬仰与推崇。因此，妈祖文化可以在21世纪海上丝绸之路建设中发挥精神支撑和文化融合的作用，成为“一带一路”沿线国家和地区文化交流的重要纽带。

妈祖文化传播依赖于群体传播模式向海外扩展。在整合思维理论[①]下，群体传播的传播过程多以“输入、过程、产出”的模式呈现，输入代表影响群体的基本要素、过程代表群体之间的关联事物，产出代表群体发生的结果。[②] 在输入阶段，妈祖文化试图以信仰和朝拜来解决信徒心灵担忧的劣势处境；在过程阶段，妈祖信仰呈现出南北分化的趋势。由于北方多以内陆和草原为主，因此难以得到大规模的群众认同，仅在河运路线沿岸有所传播；而南方很多地区以海洋贸易为支柱，因此民众对妈祖信仰有着较高的认同。而通过输入、过程两个阶段后，妈祖文化之产出便迅速呈现出来，这种文化产出以庙宇建设、习俗出演、经济往来三方面为主要表现。

在庙宇方面，世界各地的信众纷纷建造天妃庙以示对妈祖的尊崇。仅新加坡一地，便建有多处妈祖宫庙。1826年，潮州移民建粤海青庙；1839年，福建移民在新加坡建天福宫；1857年，海南移民建天后宫。[③] 马来西亚各地天后宫竟达35座之多。[④] 越南的妈祖宫庙则往往与当地

---

① 整合思维理论首先由动态管理学派奠基人弗莱特女士（Mary P. Follet）于1924年提出，其思想体系有三个面向：第一，通过专家搜集信息；第二，由日常生活来检验信息；第三，发展出能整合解决的决策方法，并能够使任何一方一方都能获取利益，而非引起竞争。参见 H. Metcalf, L. Urwick, *Dynamic Administration-The Collected Papers of Mary Follett*, New York: Harper Collins, 1942。

② ［美］李特约翰：《人类传播理论（第7版）》，史安斌译，清华大学出版社2004年版，第308页。

③ 新加坡宗乡联合总会：《新加坡华人通史》，福建人民出版社2015年版，第346页。

④ 许在全：《妈祖研究论文集》，鹭江出版社1989年版，第182页。

会馆融为一体，如会安会馆、广肇会馆、福建会馆、潮州会馆、凉府会馆、边和七府古庙、堤岸中华理事总会、三山会馆、义安会馆、琼府会馆、温陵会馆、霞漳会馆等均设有妈祖祭坛。[①] 可见，妈祖宫庙一方面成为不同祖籍移民的议事场所，另一方面也成为海外移民的精神支柱之一，是其与故乡进行心灵契合的纽带。而在习俗方面，拜祭妈祖成为出海船只的常态，如在漳州地区“海澄县天妃宫在港口，凡海上发舶者皆祷于此”[②]，过程亦极其详备，即“协天大帝、天妃、舟神，方舟中来往，俱昼夜香火不断。特命一人为司香，不他事事。舶主每晓起，率众顶礼”[③]。此外，妈祖宫庙还积极参与在地化过程，融入当地特色景观。如东爪哇泗水福安宫除祭祀妈祖外，还在二堂主神坛供奉当地神明“难近母”（Mahesasuramardhani）[④]，并将宫名取为 Wihara Ariya Satyani，这说明妈祖信仰已逐渐与当地印度教信仰充分融合。[⑤] 甚至在 1954 年，世界天主教会在菲律宾举行祈祷大会，封妈祖为天主教七圣母。[⑥]

在习俗方面，妈祖文化一方面将中国传统文化远播海外，形成了兼容并包的中国海洋文化，“有利于各种海洋文化的交流、影响，能够促

---

① 李天锡：《越南华侨华人妈祖信仰初探》，《莆田学院学报》2011 年第 1 期。

② （清）沈定均修，吴联熏增纂，陈正统整理：《漳州府志》卷 31《古迹・坛庙》，中华书局 2011 年版，第 847 页。

③ （明）张燮：《东西洋考》卷 9《舟司考》，谢方点校，第 185—186 页。

④ 难近母又称“杜尔迦女神”，是当地居民信奉的印度教女神，既是湿婆的妻子，又是一个相对独立的降魔女神。她是性力派崇奉的主神之一，也是印度教中信徒较多的神祇之一。

⑤ 李天锡：《试析菲律宾华侨华人的妈祖信仰》，《宗教学研究》2010 年第 1 期。

⑥ 李天锡：《试析菲律宾华侨华人的妈祖信仰》，《宗教学研究》2010 年第 1 期。

进各种文化的大力发展”①。如在越南金瓯市于春节初三举行的妈祖典礼上，成千上万不分族群（越南人、华人、高棉人）、性别、年龄和社会成分的信奉者聚集在天后宫周围，与同乡人讨论、分享生活经验，并呈上汤圆、长寿面、蛋糕、水果、鲜花等贡品。另一方面，藉由较强的适应能力，妈祖文化迅速完成在地化过程。如新加坡琼州会馆便记载了妈祖在当地的融合过程：

> 琼南与新州相界，吾乡懋迁此地者，货物辐辏，商旅云集。旧有会馆祀天后圣母，因岁久倾圮，宇向不合，佥议重建于兹……所愿服贾来兹者，岁时荐馨，敦崇乡谊，谨身节用，以养父母，每当会集时，与亲旧叙离阔，陈说桑梓故事，以为抚掌之乐，至足乐也。②

同时，通过这种融合，妈祖仪式的神圣观念得以凸显③，并成为当地人的共识。妈祖作为民间信仰“神明标准化”④ 改造的产物，不仅通

---

① 吕化霞：《地域文化与区域经济发展的探讨》，《华人时刊》2013 年第 6 期。

② 新加坡琼州会馆秘书处：《新加坡琼州会馆天后宫史略》，《新加坡琼州会馆庆祝成立一百三十五周年纪念特刊》，1989 年，第 101 页。

③ “圣”之来源主要来自三个方向：第一，圣地的神圣性存在于社会仪式和集体意识之中；第二，其神圣性来自于自然或景观自身；第三，其神圣性的建构是历史过程，而不是先验性的普遍存在。参见鞠熙：《圣地之“圣”何来——法国人类学研究空间神圣性的几个方向》，《世界宗教研究》2013 年第 5 期。

④ James L. Watson 认为，民间信仰得以纳入国家正统宗教的必经阶段，便是神明的标准化过程。有关中国神明标准化的相关研究，参见 James L.Watson.,“Standarding the Gods: The Promotion of T' ien Hou(Empress of Heaven) Along the South China, 960-1960. David Johnson, Andrew J.Nathan, Evelyn S.Rawski, eds., *Popular Culture in Late Imperial China*, University of California Press, 1985, pp.292-324。

过展示当地民众“艺术、信仰力和组织力”[①] 来充分适应海外的信仰环境，且将其所内化的中华传统文化烙印不断传输，构建出与海洋文化一致的在地共生空间。

妈祖文化传播亦符合新时期“一带一路”建设的实际需要。妈祖文化始于宋代、成于元代、兴盛于明清、繁荣于近现代，是中华文化的绚丽瑰宝之一，[②] 其与海洋文化的高度契合，毫无疑问地成为海上丝绸之路建设目标服务的理论基础之一。如澳门地区现有妈阁庙及天后宫、天妃庙二十余座，而信仰民俗化则是澳门妈祖文化的特点。每逢妈祖诞辰，人们张灯结彩，搭建戏台，邀请广东、香港等地的粤剧名伶来澳唱戏，并经常出版邮票、画册等多种宣传妈祖文化的纪念品。[③] 妈祖文化更是海峡两岸交流的重要纽带，且“随着传统文化发展而有所改变，能针对新文化的冲击，不断提出合理的调适之道”[④]。海峡两岸作为“妈祖文化资源管理之经理与协同管理者”[⑤]，主导妈祖文化资源管理的各项阶层人员，并籍由多层级的妈祖文化机构，构建相辅相成的文化合作关系。如由台湾著名舞蹈家樊洁兮创作的现代舞剧《妈祖林默娘》

---

① 顾颉刚认为正是民众的信仰力和组织力构成了“流动的社会”，流动的社会有两种，一种是从庙中台神出巡的赛会，一种是结合了许多同地同业的人齐到庙中进香的香会。参见顾颉刚：《妙峰山》，中国民俗学会 1929 年版，第 11 页。

② 徐凌志：《弘扬妈祖文化为“一带一路”和大湾区建设服务》，《濠江脉动》2017 年第 2 期。

③ 徐凌志：《弘扬妈祖文化为“一带一路”和大湾区建设服务》，《濠江脉动》2017 年第 2 期。

④ 王见川、李世伟：《台湾妈祖庙阅览》，台北博扬文化事业公司 2000 年版，第 46 页。

⑤ 这一概念由我国台湾学者蔡泰山提出。他认为文化交流在两岸间最能引起共鸣，同时对两岸文化交流亦不能进行过多干预。因此两岸扮演“妈祖文化资源管理之经理与协同管理者”角色较为合适。参见蔡泰山：《妈祖文化对两岸关系发展之展望》，《中国地方自治》2004 年第 6 期。

于2009年在台北上演，获得了观众的一致好评。该剧秉持“发展才是对传统真正爱护”[①] 的理念，分五幕[②]展示了妈祖林默的成长、成神之路，并将芭蕾舞、敦煌舞、武术、日本能剧等相结合，以闽南风味浓厚的南管进行配乐，创造了东西文化相结合的演绎模式。

在经济往来方面，妈祖文化在海洋贸易、观光旅游和文化产业发展等方面均扮演重要角色。从历史角度来审视，我国早期商业活动均以陆地为重心。而自宋以来，随着经济中心的南移及西方太平洋商业航线与东方的接通，以东南沿海为中心的海外贸易体系逐渐发展成熟，而发轫于明清时期的下南洋移民潮则使得海外华人商业活动达到高潮。海神妈祖成为广大移民心中的美丽心灵画卷，有着恒久的文化价值，其滋生的经济价值更是随着岁月的累积及信众的弘扬而水涨船高。

随着时代的发展，人类经济发展模式从传统的“三层经济活动”[③]

---

① 洁兮杰舞团：《妈祖林默娘舞剧演出手册》，2009年8月，第61页。

② 分别为：第一幕“使者降临、母女情深、海上惊变”；第二幕“青梅竹马、仙医情缘”；第三幕“降伏恶灵”；第四幕“风竹细雨、望月观潮、妈祖月见之舞”；第五幕“腾云升飞、众迎妈祖”。参见杨淑雅：《妈祖文化影响下的艺术作品——以“妈祖林默娘”舞剧为例》，《高雄海洋科技大学学报》2013年第28期。

③ “三层经济活动”概念是布罗代尔（Fernand Braudel，1902—1985）用于描述15至18世纪的物质文明、经济和资本主义时所提出的概念。他认为，在经济活动的底层时日常生活性的生产与交易活动，并无正式的组织，这类活动的范围通常仅限于城乡或稍大的区域之内，主要探讨的对象是人类物质生活的底层，包括衣食住行；再上一层的经济活动是较具规模的区域性商业体系的展开市场活动，来往的空间是各省或邻近诸国间，主要探讨的对象是市场交易的基本活动与机能，也包括国家角色、文化形态等因素对经济生活的影响；第三层经济活动则推广到国际和洲际的领域，并强调世界时间的概念，在这个时间单位里，在不同时期与不同地点，市场经济主宰了世界的某些地区的经济发展的事实。参见［德］布罗代尔：《十五至十八世纪的物质文明、经济与资本主义》（第一卷），顾良、施康强译，生活·读书·新知三联书店2002年版。

向知识经济不断转变。妈祖具有先天的经济价值①。随着世界上诸多国家对文化和当代社会经济生活的认知愈发重视，妈祖正突破传统的文化思维，并以创新的价值理念来面对新的挑战。如台湾大甲镇澜宫、北港朝天宫、台南大天后宫、台北慈佑宫等不仅拥有庞大的信众群体，也具有丰富的观光资源，经济价值较高。而在此基础上，近年来各妈祖宫庙更是积极将自身资源与文创产业相结合，推出各式别致多样的创意产品，从庙宇商店的文化产品、客家桐花节、云林偶戏节等节庆文化产物，到妈祖绕境的衍生文化商品，数量逐年增加②，成为"运用产业化手段和方式经营文化，将文化的创作和传播功能导入到经济的运作系统，从而形成区别于其他产业的产业链和产业结构"③ 的典范。当然，妈祖经济模式的多元化运作也离不开政府的支持。得益于此，妈祖通过现代化的传播媒介，向各地传递和谐理念，构建"虚拟场域"并扩大其影响力，并积极参与各类经济、文化活动。

总之，妈祖文化作为东方海洋文化的构成部分，依托其在庙宇建设、习俗演替、经济往来方面的多重作用，已成为人类文化交流的重要媒介与途径。同时，多元化的诠释路径又反过来进一步丰富了妈祖知识体系的相关内涵，这种双向的良性互动模式延续千年，为妈祖文化的长续长新提供了坚实的保障。

作为发轫于中国东南沿海的重要民间海神信仰，妈祖文化以一种多

---

①　经济价值的必然性体现在：每一个宗教或教派在开创时，都有自己的经济观和经济主张。妈祖信仰作为一种社会实体，必须要有一定的经济支持才能存在和发展。参见蔡泰山：《妈祖文化学术论刊》，台北立得出版社 2006 年版，第 163 页。

②　李颖杰、李怡儒：《运用于文化商品上之白沙屯妈祖文化元素探究》，《文化创意产业研究学报》2012 年第 1 期。

③　蔡泰山：《妈祖文化遗产对妈祖文化产业发展之重要启示》，《中国地方自治》2006 年第 10 期。

元多维的方式向世界各地不断传播。客观而言，妈祖文化圈的扩散与传播有其地区性与历史延续性，而海上丝绸之路沿线国家和地区无疑是妈祖传播的核心与重点区域。妈祖文化体系作为建立在世界海洋文化之上的民族文化，其概念的核心内涵与海洋文化有着高度的一致性。妈祖在向外传播过程中，不仅将中国沿海的生产要素及传统文化带到世界各地，且积极吸收借鉴各地文化，形成了一套积极的文化互动交流范式，为人类智慧文明的再升华提供了助力。与此同时，妈祖作为实体化的华人共同历史记忆①，为社群提供了一个“在事件缺席的前提下，可与他人进行信息交流”② 的平台和媒介，因此成为一代又一代人民群众参与海上丝绸之路建设的重要集体记忆。每当妈祖以宗教符号出现，“过去的情节或事件，通过叙事形式被陈述出来，而对事件本身的解释，系透过社会结构和连续性之叙事框架，使得集体或个体的认同形成，并得以传播”③。这份集体记忆的产生，无疑为当前我国“一带一路”倡议的推广与落实创造了有利条件，尤其是在建筑、习俗、文化、经贸等方面交融颇深，值得加以充分利用。

第二节　妈祖文化是“一带一路”沿线国家和地区民心相通的载体

妈祖文化源远流长，不仅在我国有着巨大的影响力，且藉由“妈

① 勒高夫认为，记忆是有一定信息的财产，它首先是一个心理活动的集合体，有了心理活动，人们方可将过去的表达或信息以过去的模样再加以现实化。参见［法］雅克・勒高夫：《历史与记忆》，方仁杰、倪复生译，中国人民大学出版社2010年版，第57页。

② ［法］雅克・勒高夫：《历史与记忆》，方仁杰、倪复生译，第59页。

③ Margaret R.Somers, “The Narrative Constitution of Identity: A Relational and Network Approach”, *Theory and Society*, 1994, pp.605-649.

祖文化圈”的巨大辐射力而远播海外。在此过程中，分布在世界各地的天后宫成为妈祖信仰“实体化”的主要表现。而藉由构建于此基础上的文化认同，妈祖对海外地域文化的发展与转变过程产生了潜移默化的影响，并以多元、多维度的文化力因素体现。在政治上，协助构建和稳定海洋东亚体系；在经济上则为贸易双方提供了难能可贵的互信互助空间；在文化上，积极输出中华文化的普适性，追寻中西文化的内在统一。可以说，妈祖文化不仅在促进构建以妈祖文化为核心的海上丝绸之路沿线国家和地区民族感情联系与价值认同机制的建立，且在获得海上丝绸之路沿线国家和地区民众的认同与支持方面有着不可替代的积极影响。

中国可以利用妈祖文化这个软实力，来促进 21 世纪海上丝绸之路沿线国家和地区的政治互信。中国应该以打造周边命运共同体为目标推进“一带一路”建设，秉持亲诚惠容的周边外交理念，坚持与邻为善、以邻为伴，坚持睦邻、安邻、富邻，深化同周边国家的互利合作和互联互通。21 世纪海上丝绸之路沿线各国国情千差万别，社会制度、文化、经济发展水平差异很大。中国在推进 21 世纪海上丝绸之路建设时必须充分认识可能遭遇的风险和困难，做好充分的工程评估和应变准备，走出一条共建、共享、共赢的合作之路。

妈祖文化是福建沿海劳动人民千百年来尊崇、信奉妈祖的过程中所产生、发展、继承的精神财富的总称，是中华文化重要的组成部分。妈祖文化自诞生之初便作为中国海洋文化的代表，一直与我国海上贸易运输联系密切。宋代以降，妈祖信仰便在海上贸易、漕粮运输、海外交通、国家海事等多方面发挥着重要作用，被誉为海上女神。同时，海洋文化的特性也使得妈祖文化远播海外。目前，妈祖信仰已远播海内外多个国家和地区，完成了从地方性民间信仰向世界性华人信仰的巨大转变。妈祖文化被列入人类非物质文化遗产代表作名录后，不仅成为全人类共同文化遗产的标志，也是我国新时期海上丝绸之路建设的重要文化名片。

一、妈祖文化是中华文化在海外的具象化表达

妈祖信仰有着突出的特点。首先，妈祖具有民族性。在妈祖短暂的一生中，不断闪现出扶危济困、乐善好施的宝贵品格，并流传着许多美丽的传说。凝聚于妈祖精神中的中华民族传统美德以“真善美”为核心，是中华民族热爱劳动、见义勇为、扶危济困、无私奉献等优秀品格的集中展示。其次，妈祖又具有世界性。据资料显示，目前全世界已有妈祖宫庙逾近万座，信众超过3亿人，且大多分布在海上丝绸之路沿线国家和地区。这不仅说明妈祖是海外华人社群活动的文化核心，也是华侨与所在国人民间情感联络的重要渠道，是我国海外文化往来的重要媒介。而作为中华文化体系中重要的组成部分，妈祖信仰在海外各地广泛建立的文化体系，正是中华文化世界性的具象化表现。

妈祖的传播路线分为东、南两路。东路为跨太平洋航线，又称“妈祖越洋东传”线，即以菲律宾为中介，从亚洲向南北美洲传播。南路则为西太平洋航线，其中又细分为往东北方向的朝鲜半岛、日本航线以及往南的南亚航线两部分。最初，妈祖信仰在东南亚沿海的华人聚居区传播，而后从沿海深入内河港埠乃至内陆城市，被概括为“从中国内地以及港澳台地区到五大洲四大洋的海域，基本覆盖了广义上的汉字文化圈”①。

---

① 孙晓光、张赫名：《妈祖：中国海洋文化的象征》，《中国宗教》2013年第2期。

1. 妈祖文化在琉球、日本、朝鲜半岛的传播

在古代琉球，妈祖被尊称为“舟菩萨”，即“天妃宫舒外崇祭也，本兴化府女子……今祀于船，称舟菩萨”①。古代琉球地区的妈祖信仰主要是由明初闽地善操舟者36姓带去，他们以船为伴、向海而生，远涉重洋，稍有不慎便有触礁舟覆的危险，因此他们对于海神天妃极为崇敬。到琉球后，他们在当地建有三座天后宫，即：

> 琉球天妃宫有二：一在那霸，曰“下天妃宫”——天使馆之东，应普济神门南向。前广数十亩，有方沼池。宫门前石神二。入门甬道，至神堂三十步许。②
>
> 上天妃宫，在久米村……宫在曲巷中，门南向，神堂东向。门旁亦有石神二。正为天妃神堂，右一楹为关帝神堂、右为僧寮。……大门左有神堂，上飨供龙神。③
>
> 天妃宫，……一在姑米山，系新建。兹役触礁，神灯示见。且姑米为全琉门户，封、贡海道往来标准。臣煌谨同臣魁公启国王代建新宫，崇报灵迹。中山王尚穆现在遴员卜地鸠工。④

可惜的是，前两座天后宫均毁于二战战火，姑米山天后宫则遗存至今，是琉球当地的重点文物保护对象。而妈祖信仰早在15世纪便已得到琉球官方的认同与尊崇，官府不仅对天妃宫的建造给予支持，还通过祭奉天妃的方式以“上祝万岁之宝位，下济三界之群生”。1457年，尚

---

① ［日］户部良熙：《大岛笔记》，引自 http://www.lib.u-ryukyu.ac.jp/academic/mdl/ref.html。

② （清）徐葆光：《中山传信录》，《台湾文献丛刊》第306种，第44页。

③ （清）徐葆光：《中山传信录》，《台湾文献丛刊》第306种，第45页。

④ （清）周煌：《琉球国志略》，《台湾文献丛刊》第293种，第166页。

泰王还将此铭刻于钟，并悬于上、下天妃宫：

琉球国王大世主，庚寅庆生，兹现法王身，量大慈愿海。而新铸洪钟，以寄舍本州上天妃宫。上祝万岁之宝位，下济三界之群生；辱命相国安，为其铭。铭曰：华钟铸就，挂着珠林，撞破昏梦，正诚天心，君臣道合，蛮夷不侵，彰凫氏德，起追蠡吟，万古皇泽，流妙法音。①

这种自上而下对妈祖的重视使得妈祖信仰在琉球迅速发展。如在琉球，百姓亦在妈祖诞辰九月二十三日举行盛大的纪念活动，甚至每月二十三日均进行祭拜：

此次漂流到此的楷船上镇有天妃，朔望、五节供，诞辰九月二十三日，故月月二十三日均是祭拜日，人人祭拜，不敢有怠。②

妈祖还是琉球渔民扶乩的对象。同时，妈祖对琉球地区教育事业的发展亦起着促进作用。如久米村“七岁以上初学者，则设塾于上天妃宫以教之”③。时至今日，妈祖的巨大影响力依旧存在着。妈祖信仰在琉球不仅有着深远的历史，也深刻影响着当地的习俗与文化。

在日本，妈祖文化首先东传至长崎，并由之进入日本诸列岛。仅明清两季，当地旅日华人便在日兴建天后宫100多座，足见妈祖文化在日

① ［日］李献璋：《妈祖信仰の研究》，东京泰山文物社1979年版，第472页。
② ［日］户部良熙：《大岛笔记》，引自http://www.lib.u-ryukyu.ac.jp/academic/mdl/ref.html。
③ （清）徐葆光：《中山传信录》，《台湾文献丛刊》第306种，第160页。

本华人文化中的重要地位。[①] 如一年一度的“长崎妈祖灯会”均会举行“请妈祖”的盛装游行活动，途中还有各式各样自发的祭祀参拜活动。而后，随着越来越多的中国东南沿海商人赴日进行贸易、务工活动，妈祖信仰逐渐向日本鹿儿岛、神户、大阪、东京等北部区域发展，建立妈祖宫庙并成立“妈祖会”，甚至以宗教形式规定朝拜制度。如位于江户时期鹿儿岛船津町的“菩萨堂”虽现已不存，但一条菩萨堂路（Posha-do）却留存至今。2006 年，日本横滨妈祖宫庙的开庙也宣布妈祖在日发展进程进入了新的阶段。目前在日本境内已有各类妈祖像 30 余例，其中鹿儿岛 10 例、长崎 8 例、茨城 4 例、冲绳 2 例、大分、福冈、宫城、青森各 1 例。[②] 古时日本船只返航，均需祭拜妈祖：“来长崎的唐船号船菩萨者，第一位妈祖，又号姥妈……归航之时将菩萨载于船上，于途中市井始终鸣金鼓，吹喇叭。菩萨既至其船，港中类船皆鸣金鼓三三共九遍。”[③] 另外，日本一些地名，如天妃神社、天妃权现、天妃山等均与妈祖有着密不可分的联系，日本早期文献《和汉船用集》《增补诸宗佛像图汇》等均将妈祖与日本船玉神[④]相等同，这一方面反映出早在江户时期的日本，妈祖已“走出庙堂”，融入日本普通民众的生产生活之中，另一方面也说明妈祖在日本神明体系中已取得了较高的地位。

---

① 周丽妃：《海上交通视角下的妈祖信仰传播——以妈祖在日本的信仰传播为中心》，引自中国中外关系史协会、华侨大学华人华侨研究院主编：《中外关系史论丛——多元宗教文化视野下的中外关系史》（第 19 辑），甘肃人民出版社 2012 年版，第 214 页。

② 林明太主编：《妈祖文化研究论丛（二）》，中国文史出版社 2014 年版，第 68 页。

③ ［日］李献璋：《妈祖信仰研究》，郑彭年译，澳门海事博物馆 1995 年版，第 250 页。

④ 船玉神是日本原生的船只保护神，一般在船帆柱子上挂起赛钱、男女偶人、五谷、毛发等象征物用以辟邪。

朝鲜半岛作为最早接受妈祖信仰的地区，对妈祖信仰的国家化起到了至关重要的作用。高丽使者李崇仁在诗中赞美妈祖：“沙门翘首立多时，暮景撩人欲赋诗。神妃享祀应需报，海若潜形不敢窥。”① 这说明当时“起航先拜妈祖，有船必有妈祖祈像”的习俗已在朝鲜半岛广泛流传。明末，奴尔哈赤建立的后金政权控制了东北辽阳地区，朝鲜使臣与明朝官方往来的陆路通道被隔绝，双方往来只能走海路。往来朝鲜与明朝的使臣在途经庙岛时，因庙岛有天妃（妈祖）庙，故在此焚香祭拜。此后朝鲜使臣对妈祖文化的崇信日益增强，为妈祖文化在朝鲜半岛的进一步传播，创造了条件。②

2. 妈祖文化在东南亚的传播

南洋地区是妈祖文化海外发展的重要区域。从妈祖在南洋多种的称呼便可一窥其文化传播的广度和深度。在越南，发轫于北宋年间的汉人移民进程在一千多年的岁月中从未断绝，来自福建晋江的李淳安及其子李公蕴甚至还建立了著名的安南李朝。③ 到 1989 年，越南国内的华人华侨总数已达 961702 人④，有近百万人之多。会安位于越南总部柴江的入海口，是越南最早的华埠，也是越南建立天后宫最早和最多的地区。⑤ 越南会馆⑥

① ［高丽］李崇仁：《留沙门岛，奉呈同行评理相君》，《陶隐集》，韩国文集丛刊（第六辑），首尔景仁文化社 1996 年版，第 445 页。

② 刘晓东、祁山：《妈祖文化与明末朝鲜使臣》，中国海洋大学出版社 2019 年版，第 13—14 页。

③ 李天锡：《泉州华侨华人研究》，中央文献出版社 2006 年版，第 15 页。

④ 赵和曼：《东南亚手册》，广西人民出版社 2000 年版，第 612 页。

⑤ 对其观点，部分学者认为，自明代始，越南各地便已普遍建有天妃宫，且一般都附设在华侨商人的会馆中，其中以会安为大。后世以大为多，因此谬传。参见李露露：《妈祖信仰》，学苑出版社 1996 年版，第 132 页。

⑥ “会馆”一词指“同城或同府或同县之人，族居异地，集合团体，建设馆舍，岁时会集，藉以联络乡谊……都会商埠皆有之。”参见方毅等编：《辞源》，商务印书馆 1933 年版，辰部第 60 页。

众多，位于会安陈富街（Than Phu Street）的中华会馆从清乾隆六年（1741）便开始供奉妈祖，同年所立碑文有云：

> 夫会馆之设，由来久矣。虽谓会同议事之所，实为教礼重义之地。吾人于此，存公道，明是非，息争讼，固不比别事例相同者也。内崇天后圣母，春秋朔望，或祷或庆，诚称异国同堂，会计经营，必公正，相与同心协力。至于疾病相扶，患难相助，福因善果，不胜枚举。①

此碑不仅说明了中华会馆拜祭妈祖的时间，亦阐述了会馆的作用。从中不难看出，妈祖所代表的中华普世价值成为以华人会馆为代表的海外华人救助机构的行动纲领，足以展现华侨对妈祖信俗的虔诚崇信。位于河城行帆的粤东会馆也祭拜妈祖，以“崇祀赞顺天后元君以佑波恬浪静，而履险如夷于终古也”②。

胡志明市的穗城会馆天后宫是越南最著名的天后宫，用来“尝闻建设会馆者，是谓藉神恩而酬报答，叙乡里以笃情谊也”。因此，穗城会馆天后庙自建立伊始便得以多次维修、重建，规模逐渐扩大。会馆人气旺盛，每天前来焚香膜拜的善男信女众多，甚至达到了摩肩接踵、络绎不绝的程度。同时，每到农历三月二十三的妈祖诞辰日，会馆还会公演数台传统大戏，时刻提醒越南华人认识和传承自身的优秀传统文化。穗城会馆还依照妈祖的行善理念，在当地广建学校和医院。1910 年会馆兴建了越秀学院③，而后又为了满足当地底层华人子弟教育的需要，

---

① 李泰山：《越南漫笔》，中国文史出版社 2008 年版，第 21 页。

② 《重修粤东会馆碑记》碑文。此碑位于会馆三关内左侧。

③ 越秀学院即现在麦剑雄中学的前身。

于1958年兴建了复兴学校。1967年，由穗城会馆出资修建的广肇医院投入使用，其产育院是当时最先进的妇幼医院之一。会馆的善举也得到了当地媒体的高度赞扬，被称赞为“它们的经费，一向都是受阿婆庙的香火挹注的。若无阿婆庙，即无会馆，亦即无各种公益事业”①。

此外，胡志明市的琼州会馆、五帮共同会馆、温陵会馆，永隆市天后宫、沙沥天后宫，茶荣省小芹县天后宫等均供奉妈祖。这足以说明妈祖祭祀活动很早便在越南成为常态。

泰国和越南一样，亦受妈祖文化的浸养颇深。当地潮人、闽人、琼人大多虔诚崇信妈祖，尤其是海南人。正基于此，泰国天后宫虽然并未有越南天后宫的壮丽雄伟，但在数量上却远胜越南，妈祖信仰也成为泰国名副其实的华人大众信仰。如位于泰国南部洛坤府莱姆村的天后宫，虽坐落在偏僻的海滨小渔村，但却因位于当地渔民华人的聚居地而香火旺盛，时至今日，当地华人后裔和马来人后裔均信奉妈祖②。此外，泰国素叻它尼府班多路的天后圣母庙便是光绪二十七年（1901），当地侨领吴乃钲率领众华侨集资修建而成，此庙贯彻“病者助医，老者助养，死者助葬，返乡者送顺风壹拾铢”③ 的原则，成为当地的联侨活动中心。天后宫甚至还与当地市镇建设有关，如洛坤府耀华力路与石龙军路间便建有妈宫前巷和妈宫后巷两巷，用以与当地天后宫相连通。此外，藉由天后宫在泰国的建立，中国庙宇在雕刻、绘画、诗文、书法、楹联、古物等方面所展现的中国文化因素得以与泰国当地文化深度融合，成为中泰两国文化交流的重要枢纽与媒介。

---

① 《越南堤岸》,《远东日报》1957年10月19日。

② 段立生：《泰国的中式寺庙》，泰国大同社出版有限公司1996年版，第168页。

③ 段立生：《泰国的中式寺庙》，第149页。

新加坡的民众则以天后宫为依托，赋予了妈祖信仰更全面的内涵。近代活跃在新加坡的多为海上贸易经验丰富的闽南人，随着近代南洋海商对财富的不断追求以及国际海运贸易的发展，他们渴望得到妈祖的庇佑，以此保全其身家性命及船货等，久而久之妈祖原本的海神宗义逐渐淡化，转而被引申为财神及商业保护神。[①] 早在嘉庆十五年（1810），天福宫便已设坛祭祀妈祖了。[②]

印度尼西亚也建有诸多妈祖宫庙。值得一提的是，印尼的妈祖信仰来源于妈祖信仰的海外二次传播，如邦戛天后宫便“源于澳门妈祖阁”[③]。每年印尼山口洋天后宫均会将元宵晚会与“妈祖出游”活动相结合，并举行一系列妈祖祭祀活动，给印尼华人提供一处焚香膜拜、寻求心理慰藉、满足故乡情怀的场所。可以说，妈祖文化是印尼华人社群体系构建与完善的重要组成部分，与当地百姓的生活生产活动息息相关。

马来西亚亦有着丰富的妈祖传统。槟城位于马来西亚西北部，有着绵长的海岸线，渔民众多，妈祖成为他们理所当然的保护神，妈祖花船海上巡游、妈祖灵神巡行槟城、妈祖祭祀庆典、妈祖花车巡游等一系列活动展现出当地百姓对妈祖的笃信。

菲律宾也因华人的大量前往而深受妈祖文化浸润。南吕宋描东牙示省达亚社的天上圣母宫是菲律宾最早的天后宫。菲律宾各地亦开始兴建各类仿妈祖宫庙建筑。如1975年在描东牙示市建造的中国式庙宇，供奉着达亚寺小寺院的妈祖神像；1988年，宿务华侨华人在当地郊区贝

---

① 黄少萍：《闽南文化研究》，中央文献出版社2003年版，第254页。

② 林孝胜：《石叻古迹》，新加坡南洋学会1975年版，第49页。

③ 华侨华人百科全书编辑委员会：《华人华侨百科全书·社区民俗卷》，中国华侨出版社2000年版，第465页。

维里尔山麓亦建有妈祖宫庙，供奉先天圣道院的妈祖像。①

3. 妈祖文化在其他地区的传播

妈祖文化在欧洲各国也有着广泛的影响力。如早在17世纪末，大量中国劳工便远渡重洋，前往法国工作、生活，在艰苦的条件下，他们将妈祖作为故乡的牵挂。1982年，法国海南同乡会在巴黎成立，而后每年都会在妈祖诞辰日举行会员大会及各类庆典及祭祀活动。② 巴黎“真一堂”妈祖会还设有天后史料文物研究中心，专门对欧洲所存妈祖史料进行整理，这是妈祖文化在法传播的重要历史依据。③

妈祖在北美洲的影响主要集中在美国，华盛顿、旧金山等地均建有妈祖宫庙。这与19世纪赴美华人数量的大幅增加有密切联系，1851年时，移民美国西海岸的中国人有7370位，而从1852年到1860年间，这个数字陡增到46837人；至十九世纪末，在美华人已逾12万。1850年，华侨亚青在三藩市普斯特与梅逊街角建造了第一座天后宫，1868年，该庙宇已在当地社群中具有一定影响力。目前此庙中依旧保存有一口造于同治十三年（1874）的钟，这是美国妈祖文化源起于我国东南沿海移民的珍贵历史物证；1850年华人矿工在沙加缅度西北150英里处的威化委兴建云林庙一座，专祀妈祖。④ 1986年，旧金山中国城朝圣宫在都板街建立；⑤ 1993年，大华府地区也开始兴建天后宫，数量不断增加。⑥

---

① 张国栋、柯力：《妈祖文化与当代社会》，第222页。

② 华侨华人百科全书编辑委员会：《华人华侨百科全书·社区民俗卷》，中国华侨出版社2000年版，第105页。

③ 张国栋、柯力：《妈祖文化与当代社会》，厦门大学出版社2016年版，第225页。

④ 刘伯骥：《美国华侨史续编》，台北黎明文化1981年版，第437页。

⑤ 林文金：《一个中国城，两座妈祖庙》，《莆田乡讯》1987年8月25日。

⑥ 徐金凤：《美国华盛顿地区信奉妈祖纪略》，《妈祖故里》1996年11月15日。

妈祖在澳大利亚也有着广泛的影响力。目前全澳华裔人口已达 121 万，占全澳总人口的 5%[①]，妈祖文化的包容、和谐、吉祥迅速被当地跨社区、跨背景的华人所接受。2017 年，澳大利亚妈祖文化协会（Mazu Culture Association Inc.）的成立，标志着妈祖认同在澳洲的实现。由澳洲纽省越棉寮华人联谊会（NWS Indo-China Chinese）兴建的悉尼天后宫于 1991 年在 Canley Vale 开张，这是澳洲第一座供奉妈祖的华人庙宇。除此之外，于 2012 年开光落成的墨尔本天后宫拥有一座高达 12 米的天后圣象，乃南半球之最；位于科廷的琼府会馆妈祖庙亦于 2017 年开建。[②]

可见，妈祖信仰在海外大多以天后宫的实体形式而存在着。天后宫作为妈祖信仰的外在表现形式，不仅影响着当地建筑、祭祀、传统等方面的发展，也为远离故地的华人华侨们搭建起温馨的精神家园，使他们得以团聚一堂，共述乡愁。“年时佳节，常向同侨劝捐，以维经费，基里祇、甘傌士各埠同侨，来往登坡者，咸寓居其间”[③]。同时，藉由以中华传统文化为基础的妈祖文化体系，也成为凝聚人心、团结华人的重要媒介，使得“乡谊情感，日渐浓厚”[④]。这种同乡间互尊互亲的精神也成为海外华人不断奋进的精神动力，槟城琼州会馆中所悬“莫不尊亲”匾额便有力证明了这一点。[⑤]

---

① 刘建彪：《对战后东南亚华侨华人再移民现象的探讨》，《八桂侨刊》2000 年第 1 期。

② 林亦翰：《澳大利亚妈祖文化的历史与现状》，《第四届国际妈祖文化学术研讨会论文汇编》，2018 年，第 200 页。

③ 傅吾康、陈铁凡：《马来西亚华文铭刻萃编》，马来西亚大学出版部 1982 年版，第 1173 页。

④ 傅吾康、陈铁凡：《马来西亚华文铭刻萃编》，第 1174 页。

⑤ 傅吾康、陈铁凡：《马来西亚华文铭刻萃编》，第 374 页。

二、妈祖文化圈是海外地域文化认同的重要因素

“文化圈”是一个外来概念，目前被国内学界广泛使用。1905 年文化学者弗里茨·格雷布内尔（Fritz Graebner）首次提出文化圈的概念，即：在具有相同和相似的物质文化和精神文化的空间分布范围内，文化必逐渐向四周传播开来。[①] 2013 年，习近平总书记从国家层面明确了新世纪海洋强国建设的重要性，包含海洋经济强国建设、海洋文化强国建设两部分。而妈祖作为我国东南民间信仰的代表，对促进中华文化的海外认同，形成世界范围内的“中国共识”大有裨益。以“一带一路”建设为契机，构建全世界多民族参与的世界妈祖文化圈体系，成为妈祖文化力最直观的表现。

妈祖文化是中国劳动人民一千多年来海洋民俗信仰遗留与继承的海洋文化瑰宝，也是中华民族传统文化的宝贵财富。在“一带一路”背景下，实现妈祖文化的认识自觉，就是要从历史发展角度全面地认识作为本土文化资源的妈祖文化，实现对其认识的历史自觉；从创造主体角度理性地面对作为中华优秀文化传统的妈祖文化，形成对其认识的主体自觉；从价值意蕴角度深入地挖掘妈祖信仰的海洋文化精神基因，实现对其认识的价值自觉。妈祖文化集中体现了中华文化传统，是民族文化的重要象征，成为世界海洋文化的重要组成部分。在“一带一路”倡议实施的历史背景下，继承和弘扬妈祖文化具有重大的历史与现实意义。

妈祖文化的对外传播模式多元且极具特点。

首先，妈祖文化以其驱灾保民的特性确保文化向外传播。从古及

---

① 杨庭硕、罗康隆、潘盛之：《民族文化与生境》，贵州人民出版社 1992 年版，第 87 页。

今，妈祖以其海纳包容、定海救民的特性，成为我国对外往来的重要文化因素。如永乐十五年（1417），郑和第五次下西洋，途径占城、爪哇、木骨都束、卜喇哇、麻林，最远到达东非等地区，为寻求更多商机，组建海上外交联盟，随船僧人胜慧感受天妃的恩惠，在临终前命弟子将天妃神迹刻于《太上说天妃救苦灵应经》中，以示尊崇。可以说，以抵消海上风险所带来的不确定性和危险性而形成的妈祖形象，不仅为中华文化的外播提供了可行的途径，也强化了妈祖文化自身的功能属性。

其次，妈祖文化以其普世性在海外扎根。妈祖的普世性体现在两方面。一方面，以“神”的符号学意义对妈祖进行审视，妈祖具有与其他神良好的“兼容性”，张燮曾记载在妈祖文化随海上贸易移民前往南中国海传播的过程中，常出现妈祖与其他神明共祀、妈祖文化与当地文化融合共存的描述。① 另一方面，妈祖以“海洋女神”的形象，加速中国传统文化与“一带一路”沿线国家和地区的共融互通，这种柔性传播方式，以文字、声音、图片、卡通、动画、视频、电影等多样形式表现出来，民间组织以活性化、个性化的柔性传播为主导，结合本土文化特色，发展出传递和反馈的双向沟通途径，这种途径“适宜长期、持久地进行传播，以达到潜移默化的效果”②。此类传播方式虽然显效较慢，但却具有极强的普世性，尤其是以活态民俗祭祀、影视歌舞作品等民间文化的展示，拉近了妈祖与广大海外受众的距离。

再次，妈祖文化以其强大文化影响力走出国界。妈祖信仰诞生于“文献名邦”莆田，当地自古文化发达、科甲鼎盛，同时又因沿海地区常有倭寇之患，使得尊教懂礼的莆田人不得不迁徙至世界各地，并将妈

① （明）张燮：《东西洋考》，谢方点校，第 78 页。

② 任清华：《妈祖文化导论》，厦门大学出版社 2013 年版，第 124 页。

祖文化传播到各处。尤其近代以来，伴随着列强对华侵略和掠夺程度的不断加深，妈祖信众被输出国外，在广袤的美洲和非洲地区建立起多座妈祖祭祀建筑。一来感谢妈祖于异乡之庇护，祈求美好灿烂之未来，二来作为联系宗族同乡的活动场所，符合马林诺夫斯基文化功能学说中关于信仰与生存关系的论述表现。这种在逆境中依旧追求和谐与平等的方式，与当前我国所提倡的“共同、综合、合作、可持续”新安全观高度吻合。①

妈祖因其巨大的影响力，而形成了典型的文化“溢出效应”②，在多个其他领域均起到了垂范作用。在政治领域，妈祖成为统治者进行德育教化统治的工具。妈祖的政治地位也从绍兴二十六年（1156）的“夫人”称号一跃成为清代的“天后”和“天上圣母”。难能可贵的是，妈祖文化一直与反侵略、反战争、追求和平密切相关，如朱一贵起义之时，便在厦门朝宗宫进香拜谒妈祖后前往台湾，即“康熙五十三年，我到台湾道衙门当夜，不收后，告退在大目”③。又如“沈有容谕退红毛番韦麻郎”石碣的存在，是对万历三十二年（1604）沈有容击退荷兰侵略者，维护祖国统一这一历史事件的记叙④，有力说明了妈祖对以中国为中心的东南亚朝拜体系的长期稳定繁荣以及维护中国国家统一起到了关键作用。而在二战时期，台湾还流传着一个传说，即美国对

---

① 国务院新闻办公室：《中国的亚太安全合作政策》白皮书，国务院新闻办公室，2017 年 1 月 1 日。

② 狭义“溢出效应”指一个经济主体的行为对另一个经济主体的福利所产生的效应，而这种效应并没有通过货币或市场交易反映出来。而广义“溢出效应”则指事物一方面的发展带动了该事物其他方面的发展。

③ 台湾“中央”研究院历史语言研究所：《明清史料戊编（第一辑）》，第 107 页。

④ 此碑为台湾现存年代最早的石碑，目前保存于台湾澎湖县马公市澎湖天后宫。

台空袭时，传说有一白袍妇女显现空中，将投下的炸弹推往野外，使市区免受空袭。这充分展示了妈祖文化的反战情结。

在航海领域，海洋运输作为全球最古老的运输方式之一，在人类历史发展进程中发挥着无可替代的关键作用，妈祖便与中外海上交通有着密切联系。不论是出使高丽，还是郑和七下西洋，抑或持续近500年的对外册封活动，都是以妈祖为精神支柱而圆满完成的。可以说，妈祖是东亚航海史、外交史中的一个重要符号。当然，外交使节们为感念神恩而作的大量文章，虽不免有歌功颂德之嫌，但对澄清一些历史争议颇有效用。①

妈祖还兼有鲜明的母亲文化。母亲文化是人类不分人种、不分肤色、不分阶层的共性文化。正如元人黄渊所述：“他所谓神者，以死生祸福惊动人，唯妃生人、福人，未尝以死与祸恐人，故人人事妃，爱敬如生母。”②很多妈祖传说也表现出其可亲、可爱、可靠、可信的母亲特质，如：

> 妇人饲子者，将往田园或采捕，以其儿置庙中，祝曰：“姑好看儿”，去。竟日儿不啼，不饥，不出阈。暮，各负以归。③

在科学技术领域，妈祖亦发挥着独特的作用。古人常为祈求航海平安，而在妈祖宫庙中供奉船模，这为我国古代航海技术的研究提供了丰富的实物和文献资料，如在山东长岛妈祖庙中有着超过350只古船模，

---

① 如郑和的《天妃灵应之记》碑详细记录其率舰七下西洋的过程，对史书记载的讹误和不足起到了订正和补充的作用。康熙二十二年（1683）中国册使汪楫所著《使琉球杂录》详述在妈祖庇佑下，封船如“凌空而行”，飞速通过钓鱼屿、黄尾屿、赤屿而进入琉球国境的姑米山、马齿山海域，使迎接天使的大夫郑永安惊叹如“突入其境”。

② （元）黄仲元：《圣墩顺济祖庙新建蕃厘殿记》，引自蒋维锬、郑丽航辑纂：《妈祖文献史料汇编》第1辑碑记卷，中国档案出版社2007年版，第623页。

③ 转引自罗春荣：《妈祖文化研究》，天津古籍出版社2006年版，第24页。

以福船、沙船两种类型最多，值得一提的是，民族英雄邓世昌供奉的“威远号”军舰模型亦陈列其中。此外，一些特殊的科技文物也被各地妈祖宫庙部分保存下来。如莆田涵江天后宫所存的明代星图，被广泛用于研究我国定向航海技术。在海上丝绸之路漫长的历史演进过程中，各时期的人类命运共同体均十分重视科技力量，是各时期最新科技成就的集合，尤其是中国人、马来人、印度人、埃及人、希腊人等，为人类海洋事业的发展贡献了力量。及至元代，我国不仅已有航海地球仪保驾护航，其海船的航速性和耐波性均领先世界，元代交钞成为世界第一种国际性纸币，成为名副其实的海洋大国。海上贸易也成为中国古代四大发明广播世界各地的重要路径。同时藉由此通道，欧洲和阿拉伯世界的诸多科学著作与科技成就也不断地传入中国，“东风西渐”和“西风东渐”平等、协调地进行着。而这一持续百年、绵延不绝的东西互鉴，为明代郑和七下西洋之壮举提供了有力的科技保障，也是唐宋元的航海科技实力的持续体现。这种科技实力，或多或少地受到了妈祖文化传播的影响。

三、妈祖文化展现中华文化认同的多元维度

长久以来，妈祖文化便在远播海外的过程中，以各种方式建立起多元的妈祖认同。这种认同感不仅来源于妈祖信仰本身的强大宗教感染力，还源于其内在的中华传统文化内涵。

1. 政治领域的妈祖文化认同

妈祖文化认同首先体现在政治领域。妈祖文化作为官方认可的宗教文化体系，成为维持“海洋东亚”① 体系与国家主权独立性的黏合剂

① “海洋东亚”（Maritime East Asia），概指中国大陆、朝鲜半岛、日本列岛、琉球群岛、中国台湾岛、菲律宾群岛、婆罗洲、印度尼西亚群岛、马来半岛及中南半岛及其所围绕的海域，包括日本海、中国东海、中国南海等。

和润滑剂。在妈祖的帮助下，海洋东亚的“华夷”秩序在有明一代达到了顶峰，这一时期来华朝贡的国家数目多、使团规模大、次数频繁，中华文化以一种“高阶文化”向“低阶文化”转换着。同时，得益于郑和下西洋的广泛影响力，几乎所有位处海上丝绸之路经济带上的邦国均被纳入这种秩序之中，形成了一张庞大的五层海洋秩序网络。①

妈祖信仰通过提升出使或来往官员在面对海洋危险时的信心，从而保障了朝贡体系的顺利进行，甚至被称为“明清中国确立在海洋东亚世界核心地位的精神动力和推手”②。

2. 经济领域的妈祖文化认同

妈祖文化认同还体现在经济领域。以妈祖内涵为核心的多元经济互动主要体现在莆田地区对外经贸发展以及海外经贸互助两方面。莆田是妈祖的故乡，而湄洲岛则是妈祖文化的发祥地。湄洲岛地理位置优越，海陆交通便捷，岛上有妈祖祖庙及妈祖升天古迹，是妈祖精魂的聚集地，自古以来就是闽台民间交往的桥头堡。便利的交通、得天独厚的滨海风光再加上浓重的妈祖文化气息，使得湄洲岛成为中外闻名的旅游度假胜地，吸引了大批中外游客前来参观，形成了别具特色的妈祖旅游体系。这也为妈祖广泛传播提供了经济基础，是妈祖文化得以发扬光大的重要经济保障。频繁的文化交流促进了经济的发展，使得妈祖文化在东南沿海的影响力越来越大，以至于到后来成为一张地域性的名片。

---

① 中国海域统治五层秩序论，是日本学者滨下武志于 2015 年在厦门“亚洲新人文联网会议”上首先提出的。

② 赵庆华：《天妃信仰与明清海洋东亚世界秩序的建构——以中国册封琉球国王为中心》，《妈祖学刊》2015 年第 1 期。

而在国际贸易领域，妈祖这一共同“场域”① 的出现，势必会对贸易双方的交流沟通产生充分的影响。如 2009 年，在第二届津台投资合作洽谈会期间，当地还举行了直沽妈祖文化城暨直沽妈祖庙奠基仪式、天津妈祖文化经贸园项目启动仪式②。这种妈祖与经贸相结合的创新模式，不仅拉近了两地的距离，为双方探讨经贸事宜提供了合适的平台，也为经贸环境的创新和构建提供了条件。

3. 妈祖文化认同与中西文化的同一性

一直以来，由于人类文明形态的差异性③，中西海洋文化存在着诸多看似荒诞实则合理的现象。如同为海神，妈祖与波塞冬却在形成方式、传播方式、外在形象、秉性行为、价值观及民众评价上几乎是相反的，常被归因于“妈祖与波塞冬所表现出来的不同实际上代表了中国神话和希腊神话价值观的不同”④。而实际上，此种异同均是中西文化在面对浩瀚大海时所作出的应对方式，不论是“有求必应，有难必救，是善的化身，美的体现”⑤ 的妈祖，还是激进冒险、令人恐惧的波塞冬，都是对此种应激模式的因应。然而，其本质依旧是对海洋的肯定，这在一定程度上也体现了妈祖文化与西方文化的同一性。

---

① “场域”即“场域理论”的核心概念，即指人的每一个行动均被行动所发生的场域所影响，而场域并非单指物理环境而言，也包括他人的行为以及与此相连的许多因素。

② 《60 亿打造妈祖文化经贸项目》，《天津日报》2009 年 7 月 31 日。

③ 黑格尔在其巨著《历史哲学》中提出了人类文明的三个形态：1. 干燥的高地广阔的草原与中原；2. 平原流域巨川、大江所流过的地方；3. 和海相连的海岸区域。这种历史地理论的叙述现已得到了世界人类学家的普遍认同。参见［德］黑格尔：《历史哲学》，王造时译，第 114—136 页。

④ 陈洁：《文化视角下妈祖与波塞冬之异同性比较》，《莆田学院学报》2010 年第 3 期。

⑤ 曾小华：《文化、制度与社会变革》，中国经济出版社 2004 年版，第 128 页。

妈祖文化认同还是中华文化普适性的直接体现。通过大量的历史事实资料参照可知，天后宫不仅是各国华人的精神殿堂，也是宗教信仰与移民在身份认同、地方认同两者间密切联系的体现。同时，妈祖文化也能让不同文化背景的民众达到互相沟通和理解，实现文化的交流互鉴，完成中华文化“走出国门与走进民众心里”① 的目标。

妈祖与海上丝绸之路沿岸国家的思想交流有着悠久的历史，这种源自海洋的宗教信仰随着人口的流动而传入五湖四海，从“星星之火”逐渐有“可以燎原”之势。天后宫作为其重要的外在表现形式，充分承载了妈祖文化的外延部分。由此而形成的海外地域认同，则充分展现了妈祖的草根性、普适性和多元性。当然，这些“妈祖元素”的表达，对延续至今的中外交通产生了多元化的影响，如能确保海洋东亚体系的全面建立、促进经贸往来的平续发展、体现中华文化的普适性等。当然，在目前“一带一路”的全面建设时期，妈祖作为我国璀璨文化的“金名片”，理应承担更多的责任和义务，继续为世界海洋文明的永济发展保驾护航。

第三节　妈祖文化与“一带一路”沿线国家和地区民心相通的路径分析

妈祖文化作为东南沿海重要的海神信仰，具备典型的海洋文化特点。从海洋文化的宗教属性看，妈祖文化中“珍爱生命，救苦救难，慈爱为怀”的仁爱精神与海洋文化的生命本然性一脉相通。而从海洋

① 林明太主编：《妈祖文化研究论丛（2）》，中国文史出版社 2014 年版，第 53 页。

文化的社会经济生活的视角审视，这一属性则亦体现在重商性、外向性上。

作为中国海洋文化的代表，妈祖文化蕴藏的“探险”与“和平”等理念为古代海上丝绸之路的开辟和维护提供了强大的精神支持。纵观中国对外海上交往史，妈祖文化充当了有力的“符号”输出使者，在“符号”互动的过程中，中国的自我与集体政治认同逐渐构建起来。妈祖文化在丝绸之路的兴盛和传播有助于他国形成对于中国的如下政治认同：中国是一个具有探险精神、有意愿维持海洋秩序与热爱和平的海洋大国。同时，凭借相对发达的航海技术、强大的综合国力以及颇具吸引力的海洋文化，“海洋东亚”体系逐渐构建起来，妈祖文化又促进了各国对体系规范与秩序的集体认同。可以预见，在“一带一路”建设的过程中，妈祖文化同样具备塑造“一带一路”沿线国家和地区共有政治认同的潜能，继而为消除他国对中国发展的疑虑、构建和谐有序的“一带一路”交往图景做出贡献。

2000多年前，古代丝绸之路的开辟，为亚欧大陆沿线各国的政治、经济与人文交流做出了积极贡献。2000年后，伴随着中国综合国力的不断增强与经济影响力的不断扩大，丝绸之路被赋予新的时代意义，重新散发出生机与活力。为全面推动“一带一路”建设，作为中国的优秀历史传统，发端于福建莆田沿海地区的妈祖文化，不仅是建设21世纪海上丝绸之路的精神纽带与桥梁，还为进一步构建我国与沿岸国共同的政治认同提供历史依据与丰富素材。就此而言，深入挖掘妈祖文化的历史蕴藏、追溯妈祖文化的传统政治与外交职能，对于发挥妈祖文化的当代价值、建设“一带一路”具有重要的现实意义。

一、妈祖文化促进“一带一路”沿线国家和地区民众相互认同

根据建构主义（Constructivism）的相关理论，政治认同（Identity）是指政治行为体的自我同一性与个性，是基于他者承认上的自我表象，具有系统性与社会性。[①] 作为一种集体印象与社会承认，认同决定了国家利益，而国家利益则进一步决定了国家行为。政治认同往往是在政治行为体之间互动的结果。根据“符号”互动理论，社会行为体的互动一般通过语言、态度、文字、手势、表情与符号得以表达沟通，从而创造自我认同与集体认同。[②] 一般而言，个体认同是指基于他者承认的自我认同，而集体认同是指集体内的个体对整个体系内文化或规范的认同。因此，在固定的历史时期，与他国的交往中，在我国不断释放信号或“符号”之后，其他国家通过接受这些符号并有效反馈，对方就会形成对中国的基本印象，这种印象得到中国的自我承认之后，就会形成相对稳定的政治认同，这是一个螺旋上升的过程。同时，中国在与他国的良性交往中，在一定条件下也会形成相应的体系文化与秩序，随着中国与体系内国家互动不断加深，各国会相应建构出对所在体系的集体认同。

中国是一个地大物博、拥有广袤疆土的国家。在历史上，中国长期处于小农经济为主流经济形态的封建社会，因此中国往往被视为传统农业文明国家的代表。事实上，除占据主体地位的农耕文明以外，呈三级

---

① ［美］亚历山大·温特：《国际政治的社会理论》，秦亚青译，北京大学出版社 2005 年版，第 12 页。

② 唐月芬：《米德符号互动理论述评》，《哈尔滨学院学报（社会科学）》2003 年第 7 期。

阶梯、地貌复杂多变、兼具陆地与海洋的中国还孕育了海洋文明。在海上丝绸之路重焕生机之际，重新挖掘妈祖文化符号的“内涵”及其构建出的古代丝绸之路沿线国家和地区对我国的政治认同与集体认同，将为塑造 21 世纪我国的新型海洋大国形象以及“一带一路”沿线国家和地区的集体认同提供支撑。

首先，妈祖文化所彰显的“探险”精神是构建海洋国家认同的前提。缺乏对海洋的探索精神与勇敢气质，一个国家就无法成为真正意义上的“海洋国家”。妈祖是中国古代生活在海洋周边的族群的精神寄托，由于海上探险、出海打鱼无边际的未知数，广大族群唯有通过妈祖获得出海的勇气和信心，不畏艰险成为妈祖文化的重要内涵。

其次，妈祖文化中涵盖的“秩序”感，向外界传达出中国愿意成为海上秩序建立者与维护者的角色。① 作为中国官方认可的文化价值理论体系，妈祖文化还有助于构建他国对“海洋东亚”体系的集体认同，成为国家主权纷争的调停剂和缓解“海洋东亚”体系与主权完整性的润滑剂。此外，妈祖文化之中也包含了保护海洋生态、有序开发的先进海洋秩序理念。

最后，和平是妈祖文化的应有之义。妈祖文化的许多典故都强调妈祖不用暴力手段制服海上兴风作浪的妖魔，而是以德服之，感化之，这无一不体现了“和”。妈祖不以生死威慑妖魔，而是始终保佑的神，体现的是妈祖特有的宽容与感化的内涵②，这也赋予了妈祖更多的女性色彩。妈祖这种“和平女神”文化符号输出不仅有助于构建他国对于中国的认知：一个崇尚和平的海洋大国，还有利于形成和平的海洋东亚体

---

① 李宏伟、阳阳：《妈祖信仰传入琉球研究》，《八桂侨刊》2016 年第 4 期。

② 官品佳、袁书琪：《妈祖文化内涵及其在亚太合作发展中的重要功能》，《资源开发与市场》2012 年第 2 期。

系文化。

总而言之，伴随着古代海上丝绸之路的开辟与兴盛，妈祖文化的要素反映且协助构成了“一带一路”沿线国家和地区对中国的个体认同及各国集体认同的基本内容。可以预见，在建设“一带一路”的过程中，妈祖文化同样具备塑造沿线国家和地区共有政治认同的潜能，继而为消除他国对中国发展的疑虑、构建和谐有序的“一带一路”交往图景做出相应贡献。

二、妈祖文化是“一带一路”沿线国家和地区民众交流的动力

公元987年，福建莆田的湄洲人为纪念逝世的妈祖建立了妈祖祭祀，象征着中国蓝色文明的妈祖文化由此走上历史舞台。在最先开展海外贸易的中国东南沿海，浙江以宁波为核心、福建以泉州为核心、广东以广州为核心，辐射东南亚地区。随着商品的流通，妈祖文化也在其中来回穿梭，影响着一代又一代的贸易商人，将妈祖文化传播到世界各个角落。到了清朝，政府为加强对台湾岛的统治，迁徙大量福建居民至台湾居住。福建人最为信奉的妈祖文化也伴随迁徙传播至台湾地区。随着海上商人的迁徙和商贸活动的开展，妈祖文化从中国的台湾又传播到东亚等国，这一传播与扩散趋势随着海上丝绸之路的畅通得到进一步强化。而妈祖文化影响范围的扩大、妈祖宫庙的建立又反过来增强当地居民出海经商的信心，进而推动了海上丝绸之路的深度发展。正所谓“有海水的地方就有中华子孙，有中华子孙的地方就有妈祖信仰”。

与内敛守成的农业文明相比，妈祖文化更多地展现出外向型的特征。在碧波之上，她草席做帆，破浪前行；她焚屋引航，火屋作灯；她

化草成杉，挽救商舟。① 在航海技术尚不发达之际，面对变幻莫测的海洋，妈祖的信仰力量为冒着极大生命危险的航海者提供了精神慰藉，使其坚信一种超自然的力量在始终佑护他们。这种朴素的信仰力量为这些出海者提供强大的精神支撑，促使他们跨出家门，扬帆起航，探索未知。

早在北宋时期，中国军事实力孱弱，北方战事一直处于劣势，陆上丝绸之路一直处于中断的状态。为此，北宋王朝提出了“招蛮夷商贸”的政策，将外贸迁移东南，东南区域的外贸逐渐壮大，史料称：福建一路，多以海商为业，凡沿海地区，争相以舟船贩货。但由于技术条件的限制，宋代商船的质量不佳，如遇风暴，船商往往只能葬身鱼腹，他们无力抗击大自然的力量，只能从内心的信仰中寻求慰藉——祈求妈祖保佑。

自此，妈祖便成为广大航海者的庇佑，成为探险精神的象征。宋朝对外贸易的发展为妈祖文化的形成和发展奠定了基础。宋代以后，妈祖文化开始在商人之间广泛传播。史料多有记载，如明代《五杂俎》载有：

> 海上有天妃神甚灵，航海者多著灵验。如风涛之中，忽有蝴蝶双飞，夜半忽现红灯，虽甚危，必获济焉。②

除民间航海活动，官方的大规模航海活动同样离不开妈祖的信仰支持。宋朝对外派遣使节、郑和下西洋以及明清册封琉球之际，这些外交

---

① 蔡泰山：《妈祖与海洋文化发展的关系》，《中国海洋大学学报》2005 年第 2 期。

② （明）谢肇淛：《五杂俎》卷 4《地部二》。

使臣都依靠妈祖信仰的力量，战胜海上磨难，与沿线各国展开政治外交活动。

在探险精神的鼓舞下，其他国家逐渐形成了“中国是具有探险精神的海洋国家”这一集体印象。他们坚信，中国船队乘风破浪，穿梭各国，必有神助。这背后体现的是他们对于中国成熟的航海技术以及勇于开拓的海洋冒险精神的承认。

只有走向海洋，才能衍生出海上交往，才能诞生海洋文明。在中国，数千年前妈祖文化鼓励下的冒险精神促成了海上丝绸之路的延续与繁荣。在欧洲，属于“勇敢者游戏”的航海大发现是资本主义世界体系形成的基石，是西方文明向世界传播的开端。冒险与探索一直是海洋文明的应有之义。在 21 世纪海上丝绸之路的建设过程中，或遇艰难险阻，或遇误解刁难，而数千年前形成的妈祖文化将有助于各个沿线国家和地区相信并认同，中国自古以来并不缺乏探索与冒险精神，并不缺乏开放与包容的海洋文化基因。中国从前、现在与将来都是具备探险精神的海洋国家。

三、妈祖文化是构建东亚秩序认同的润滑剂

秦汉时期确立的东亚朝贡体系在明朝达到鼎盛时期。这一时期，来华使臣人数与船只数量皆达到顶峰。1371 年，明太祖朱元璋明确规定了西洋、南洋等国为“不征之国”①。他还确定了“厚往薄来”的朝贡原则，由此最后确立了朝贡体系成为东方世界的通行国际关系体制。“海洋东亚”体系是东亚朝贡体系中不可或缺的组成部分。借助郑和七下西洋的影响力与妈祖文化的传播力，中国几乎将海上丝绸之路经济带

① 郑宁:《“不征之国”与明初国际秩序的构建》,《延边大学学报（社会科学版）》2016 年第 5 期。

的国家和地区都纳入海洋秩序之中，形成了庞大的海洋外交与管理体系。在“海洋东亚”体系认同中，妈祖文化是建立体系外交秩序与海洋管理秩序的润滑剂。妈祖文化的传播，不仅有利于海上丝绸之路沿线国家和地区形成“中国是愿意维护秩序的海洋国家”的个体认同，还有助于构建并强化他国对东亚海洋秩序的集体认同。

就政治外交秩序而言，妈祖文化成为东亚朝贡体系下册封、纳贡等外交行为的力量支撑。而册封西洋与南洋等国则需派遣使者前往。使团是连接中原王朝与其他朝贡国的重要纽带。在明清两朝册封琉球群岛使臣的见闻录中，有许多皆强调了海路之艰辛，册封之路并不顺畅，路途遥远险恶，给明朝的官员带去的荣耀之感背后，更多的是恐惧和慌乱。其中最为典型的例子是明朝嘉靖年间，有甚者谏言钦差辞去册封使臣的差事，其认为东亚秩序中华历来尊贵，何苦为了册封小小附属国家而历经海路之千辛万苦，而册封国家则是坐享其成，享受了上国的待遇。由此可见，海路之艰险让许多明朝官员“望洋兴叹”，时刻被海洋吞噬生命的恐惧支配。人类天生恐惧海洋的心理时刻作祟，成为明朝官员出海路上最大的心理障碍。再加上造船技术有限，当时的造船水平并不能造出能够完全抵御海上风暴的船只，一些不可预测的海洋风险也是影响船只正常行驶的潜在威胁。在人力之外还有天时的影响，夏日无常的雷暴和台风天气往往能够瞬间倾覆船只。所有这些都成为陆地居民惧怕海洋的原因，在惧怕之外仍需要前赴后继，这就迫使人们寻求心理上的慰藉，通过强大的心理建设支撑漫长的路途，完成册封的旅程。妈祖也因此成为天朝使团的精神支柱。明清时期中国册封藩国的使团每逢遇到海上之艰难险阻，都祈求希望得到天神妈祖的佑护，史料记载：

十三日，风少助顺，即抵其国。奈何又转而北，逆不可行，欲

> 泊于山麓，险石乱伏于下，谨避之，远不敢近，舟荡不宁。长年执舵甚坚，与风为敌，不能退、不能遂，上下于此山之侧。众曰：“不可支矣！”齐呼“天妃”而号，剪发以设誓，予等不能禁。①

由此可见，使团对妈祖信仰十分虔诚。郑和船队七下西洋的历程中，无数次表达了对妈祖的崇敬，而郑和本人也将他的壮举完全归功于天神妈祖的佑护，并将这些都记录在了《天妃之神灵应记》中。

在妈祖信仰的精神支撑下，海上出使册封这一行为向朝贡国传达出清晰的政治信号，使他们相信中国有意愿构建并维护东亚海上政治秩序。妈祖文化的传播还有利于增强东亚国家之间的集体认同。建构主义国家利益观的核心是认同界定国家利益，东亚海洋体系中，妈祖文化对于周围国家的吸引力使他国希望通过学习中华文化获得集体认同，提高自身在东亚体系中的地位。正是这种集体认同使东亚各国认为相应的国家利益便是融入与维持东亚海洋体系，从而保证了体系的稳定性与持久性。

清朝康熙年间，妈祖被纳入琉球王国的祭祀范围，成为琉球崇祀的保护神。琉球在祭祀妈祖天神的过程中，通过模仿中国福建沿海地区的仪规，形成了完善的祭祀礼仪，即：

> 前期一日，斋戒沐浴更衣，不饮酒，不茹荤，不吊丧、问疾、听乐。……是日，预祭大小官员各着冠服，盥洗就位，上香参神。四拜。初献爵，读祝文。亚献爵，终献爵。辞神。四拜。焚祝文并

① （明）陈侃：《使琉球录》，转引自赵庆华：《天妃信仰与明、清海洋东亚世界秩序的构建——以中国册封琉球国王为中心》，《妈祖学刊》2015 年第 1 期，中国文史出版社 2016 年版，第 62 页。

楮钱，众皆移身视焚纸。班首执爵祭酒于纸炉中讫，一揖，各复位，饮福酒，礼毕。①

上述较为正规繁琐的礼仪反映出琉球王国对妈祖文化的吸收与重视。通过文化浸润，其他国家对东亚海洋体系内规范文化与政治秩序的集体认同更加深化。除政治秩序外，妈祖文化之中还包含了保护海洋生态、有序开发的先进海洋理念。在妈祖文化的历史传说之中，多次出现献发救鱼、休渔、禁捕和海上放生等一系列故事。这些由历史经验所总结而得的文化故事都反映了妈祖文化中蕴含的保护海洋生态、培育海洋道德的理念。② 如今，在中国东南沿海各省和海南等地区，每年依旧会在妈祖诞辰日（农历三月二十三）和升天日（农历九月初九）举行包括祭海、休渔和开渔在内的节庆，这些民间的习俗能够很好地体现妈祖文化在这些地区的影响力，这些重要的时间节点也折射出了先辈们在历史文化进程中总结出的保护生态的智慧。

作为维护传统海洋东亚秩序的纽带，妈祖文化为塑造中国的自我认同以及东亚海洋体系集体认同发挥了不容忽视的作用。在21世纪海上丝绸之路的建设过程中，昔日的东亚海洋体系支撑的朝贡秩序显然已经不适用于当今地区或国际体系。如今的国家间交往中，国家间主权平等是第一要位。然而，妈祖文化曾在构建东亚海洋体系认同中所发挥的历史作用依然值得我们借鉴与思考。未来的海上丝绸之路沿岸国家构建何种新型海洋秩序与规范，如何保护海洋生态环境、确立海洋管理秩序，皆

---

① （清）程顺则：《指南广义》，转引自赵庆华：《天妃信仰与明、清海洋东亚世界秩序的构建——以中国册封琉球国王为中心》，《妈祖学刊》2015年第1期，中国文史出版社2016年版，第63页。

② 谢重光：《妈祖文化：建构东亚共同体的重要精神资源》，《中共福建省委党校学报》2004年第2期。

能够从妈祖文化中得到启示。而这种秩序一旦成功构建，妈祖文化将会反过来强化新的海洋秩序认同。

四、妈祖文化的“和平”理念是地域认同的核心

“和平”是人类共存的愿望。中华文化源远流长，博大精深且卓越辉煌，几千年来，“和”一直是中国人追求的终极目标，在中华文化中一直处于核心的地位。在哲学体系中，儒家讲究“和为贵”，“和而不同”，道家强调“冲气以为和”，佛教强调“六和”，儒释道三家强调的核心均为“和”，“和”的地位，由此可见一斑。儒释道三家在中国古代长期得以和平相处，这与三家所强调的相通的核心价值息息相关。妈祖文化是中华“和”文化在海洋交往中的传承者。

“和”是妈祖精神的最终目标，也是中华文化千百年的终极指向。之所以妈祖能够区别于其他的神，是因为“和”才是妈祖文化的核心。妈祖文化的许多典故都强调妈祖不用暴力手段制服海上兴风作浪的妖魔，而是以德服之，感化之，这无一不体现了“和”。妈祖这样的形象可以用“和平女神”来概括。“和平女神”形象地体现了中国海洋文化的“和平”精神，中华文化中“和而不同”的理念与妈祖精神的“慈悲”“大爱”不谋而合。

妈祖文化的“和”理念对于构建“和平中国”以及“和平东亚”的个体和集体认同产生了重要影响。早在唐宋时期，中国沿海居民就逐渐开展海上对外贸易。在商业往来的过程中，中国商人始终秉持“以和为贵”的理念，尊重当地的秩序和风俗。这种“和”文化在妈祖信仰体系中得到传承。在妈祖文化的影响下，中国商人未曾逾越和平的边界，从未主动借助或鼓动官方力量挑起战火。海上扩张与征战等背离妈祖文化的理念的主张在中国并无市场。

明代洪武时期，朱元璋提出“远迩相安无事，以共享太平之福”的外交战略。明成祖继位之后，继续奉行太祖的外交策略，实行“锐意通四夷”“四夷顺则中国宁”的政策，这便促成了郑和下西洋这一和平外交壮举。根据《湄洲屿志略》的记载，郑和多次亲临或派人到湄洲祖庙祭拜妈祖，妈祖文化也随着郑和的船队传播到了东南亚、印度和东非。作为妈祖天妃的忠实信仰者，郑和始终奉行“共享太平之福”，推行与邻为善的外交政策，大力宣扬妈祖信仰与精神，对沿线各国以礼相待、以“和”动人。借助强大的国家实力，郑和船队七下西洋的舰载规模皆列世界首位，尚无任何其他国家能够与之匹敌。然而，即使拥有强大的综合国力与成熟的航海技术，与西方海洋文明不同，浩浩荡荡的郑和船队，没有侵略与征服行为，而仅仅是传播文化、展开贸易，为所到国家提供帮助，甚至主持正义。郑和下西洋的28年间，成功树立了其他国家对中国友好和平形象的认同，也协助其他国家共建和平的政治与外交关系。

郑和船队到达暹罗（泰国）之时，暹罗地广人众，兵强马壮，与周边各国多有摩擦。郑和赠其中国图书历法，传播文化礼仪，阐述和平共处的道理，国王深为感动，并与他国交好。①

由此可见，在妈祖文化的精神支撑下，郑和船队并未走上一条对外扩张和称霸的道路，而是实现区域的共同繁荣与和平。妈祖文化的“和平”理念与理念指导下的郑和下西洋是一次成功的外交实践，不仅消除了周边地区对于强国必霸的怀疑，还成功构建了“和平东亚”的地区认同。与之相对，数百年后，欧洲的航海家扬帆起航，秉持截然不同的文化理念与利益诉求，欧洲国家踏上了伴随着掠夺与战火的殖民扩张的道路。

① 孔令仁、赵志华：《伟大的航海家、外交家——郑和画传》，晨光出版社2005年版，第21页。

时至今日，中国的妈祖文化已经成为世界海洋文化长河的重要组成部分。妈祖已经成为和平的象征之一，表达的是中国人民对和平的渴望，也是世界人民渴望和平、远离战争杀戮的决心。国际体系发展至今，已经基本确立了主权平等的原则。一国毫无理由出兵侵略另一国是不为国际法与国际规范所接受的。然而，即使如此，国际社会依然受到领土争端、民族矛盾、宗教冲突等问题困扰，人类对和平的渴望不减。在这样的时代背景下，妈祖文化蕴藏的和平精神依然有存在与宣扬的意义。对于“一带一路”建设而言，沿线国家和地区虽然经过千百年的发展，走上了不尽相同的政治发展道路，但对于和平和发展的愿望始终是一致的。

海上丝绸之路的最终目的就在于促成不同经济发展模式、不同政治制度和不同民族与国家之间的经济合作，实现共同繁荣。作为一种跨文化与跨地区的共同信仰，妈祖文化与“一带一路”建设逻辑是符合的。妈祖文化具有广泛的影响力与辐射圈。不论肤色、种族、语言与文化，妈祖是东北亚、东南亚和南亚多数国家共同的文化信仰，也是少数澳大利亚、新西兰、美国和加拿大等国家商人的共同信仰。因此，在新时期“一带一路”建设过程中，作为这样一种普世性的和平文化，妈祖文化的传播将会有助于缓和中国与东南亚各国的海洋领土争端，有助于消除“一带一路”沿线国家和地区对中国崛起的疑虑，有助于各国形成对“和平与繁荣丝路”的集体认同。

2008 年金融危机之后，以美国为首的西方国家实力相对下降，以中国为首的新兴国家实力相对上升，在亚太地区，突出体现为中美力量对比的变化。借助中国与东南亚等国的南海争端，美国等西方国家意欲抹黑中国国家形象，构建国际社会对于“中国是具有进攻性倾向的崛起中大国”这一认同印象。一些“一带一路”沿线国家和地区，尤其是与中国有领土争端的国家对中国建设“一带一路”的动机也存有疑虑。东亚地区甚至形成了“经济上靠中国、安全上靠美国”的复杂局面。

面对这样的国际形势，为了顺利推进“一带一路”倡议，中国需要获得沿线国家和地区的信任，需要与沿线国家和地区构建“和平丝路”的集体认同。西方扩张型的海洋文化造就了欧洲的殖民与扩张。依据西方海权理论代表学者马汉的相关观点，海权就是为了获取海洋利益。由此可以看出，马汉的海权概念充斥着对于武力以及霸权的宣扬，夸大了用武力维护海权所带来的收益，忽视了海洋暴力与霸权背后所要支付的高昂成本。实则，维护海洋主权与海洋利益不仅需要提供国防、外交、司法等公共服务，并且尤其需要关注国际社会对于国家宣示拥有某海域主权时所持的基本立场，当这种立场不利于国家的主权宣示行为时，各方的阻挠、反对和抵抗都会增加维护海权的成本。当一国无视维护海权所面临的各种敌对势力以及反对情绪，并期望反复利用武力解决海洋争端时，不仅会高估维护海权带来的收益，而且低估了使用武力达到目的造成的巨大损耗。

就此而言，妈祖文化体现的“和平”理念不仅是仁爱的体现，更反映了中华文化的深层智慧。只有维护与他国的和平局面，抛却零和博弈的思路，才能实现共赢繁荣局面。中国“一带一路”建设的目的不仅仅是经济共同体，最终目标应该是构建命运共同体，实现睦邻友好，坚持和平共处五项原则，坚持与邻为善、以邻为伴，坚持睦邻、安邻、富邻，与邻近国家实现政治上、经济上和文化上的全面互联互通。作为中国海洋文化的代表，妈祖是中国的软实力来源之一，中国可以借用妈祖文化的影响力与信仰力量引发各国共情，藉此有效缓和海洋领土争端，增强政治互信，消除不必要的猜忌，构建“和平海洋丝路”的集体认同。

千百年来，海上丝绸之路的精神一直通过妈祖的海洋文化得以传承和延续，也可以说，妈祖海洋文化中包含了海上丝绸之路的精神，两者互通相连。妈祖文化的“探险”精神有助于构建“中国是具有探险精神的海洋国家”这一身份认同，妈祖文化又是维护东亚海洋秩序认同的文化纽带，妈祖文化的“和平”内核则成为古代中国树立自身和平大国形象、塑造“和平之海”集体认同的文化输出力量。

时至今日，据统计，世界上有 43 个国家和地区建成了妈祖宫庙，供奉妈祖为海神。这些国家在位置上均位于海上丝绸之路沿线，他们经常通过祭祀妈祖或者其他与妈祖相关的活动来延续海上丝绸之路的精神。妈祖已经成为新时期海上丝绸之路的最佳“文化代言人”。作为中华海洋文化重要代表，可以预见，发扬和传播妈祖文化精神定将有利于增强新时期“一带一路”沿线国家和地区与中国的共有政治认同，而各国将在集体认同与规范的指导下，共建新秩序，维护新和平。

第四章　妈祖文化在“一带一路”建设中的经贸合作价值

妈祖文化作为中国海洋文化的代表，其自身所蕴涵的伸张正义、广施仁爱、不畏艰险、舍身救难和造福他人的精神和所拥有的文化资源，不仅可以深刻影响信众的行为，成为凝聚信众的力量，而且可以有效促进经济的发展，推进区域间的经贸合作与交流。[①] 因此，全面了解妈祖文化在“一带一路”建设中的经济价值及其在推进“一带一路”建设中经贸合作的制约因素，提出实现妈祖文化在“一带一路”建设中经贸合作价值的方向构思与路径选择是非常有必要的。

第一节　妈祖文化在“一带一路”建设中的经济价值

一、妈祖文化的经济功能

1. 妈祖文化的内涵

文化是人类在社会历史发展过程中所创造的物质财富和精神财富的

---

① 卫庶、李舫：《研究妈祖文化，传承传统美德——访陈寿朋教授》，《人民日报》2008 年 4 月 22 日。

总和，其核心意涵是一个群体对存在方式的描述，包含群体的表述方式、行为方式和认知方式。妈祖文化是基于妈祖的生平与传说，以崇奉和颂扬妈祖的“立德、行善、大爱”精神为核心，以妈祖宫庙为主要活动场所，以祭祀、进香、巡安、庙会为主要信俗活动，具有海洋文化特色的一种民俗文化。[①] 妈祖文化传承至今，已经形成一个相对完整、内容丰富的文化体系，拥有诸多的文化因子，如庙宇建筑、风土人情、传统习俗、生活方式、文学艺术、思维方式、价值观念等。这些文化因子是妈祖信众在世代相传的过程中逐步形成的。[②]

所有文化都是由不同的要素和层次结合而成的，这些要素和层次之间相互影响、相互作用，共同构成了整体意义上的文化现象。关于文化层次的划分，有物质文化和精神文化的两分说，也有物质、制度与精神的三层次说。西方学者霍夫斯泰德提出著名的“文化洋葱”理论，将文化分为表层文化、中层文化和核心层文化。[③] 根据霍夫斯泰德的理论，可以把妈祖文化比喻成一个多层次的“洋葱”，由从内到外的三个部分组成，即作为表层文化的象征物、作为中层文化的仪式和作为核心层文化的价值观（如图 4-1 所示）。

（1）象征物（Symbols）：表层妈祖文化

表层文化是通过人们平时能观察到的外在物品来表现的。这些象征物是个体能直观察觉或体验到的，就像洋葱的皮，是妈祖文化呈现在外面的最直观的表现。典型的妈祖文化象征物，即“妈祖符号”包括宫庙、雕像、艺术作品、饮食、服装、文献资料等。

---

① 林国良主编：《妈祖文化简明读本》，海风出版社 2014 年版，第 12 页。

② 朱方长、李红琼：《乡土文化传统的经济功能分析》，《求索》2005 年第 12 期。

③ G.Hofstede, *Culture and Organizations: Software of the Mind*, London Norfolk: Mc Graw-Hill Book Company（U. K.）Limited, 1991.

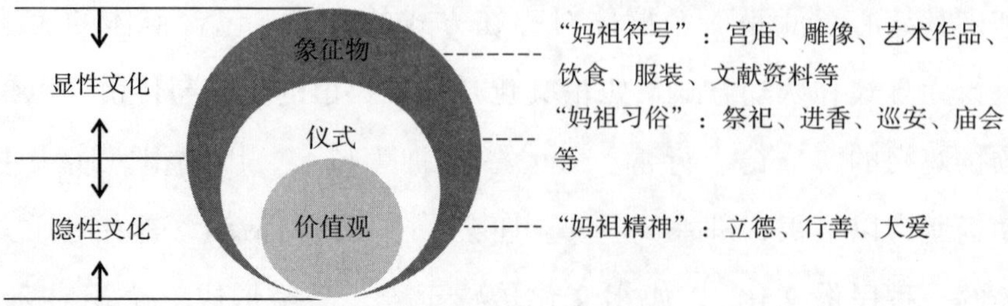

图4-1　妈祖文化的三个层次

（2）仪式（Rituals）：中层妈祖文化

仪式是一系列的行为规范，表现为人们在祭祀和信奉妈祖时所展示出来的一系列独特的行为方式。仪式是个体践行文化的一系列活动，主要反映在个体的行为举止和生活方式上。典型的妈祖文化仪式，即“妈祖习俗”包括祭祀、进香、巡安、庙会等，这些文化仪式是信众群体所共同认可和奉行的。

（3）价值观（Values）：核心层妈祖文化

价值观是一种文化体系中最为核心和深层次的要素，也是妈祖文化最重要的组成部分。典型的妈祖文化价值观，即“妈祖精神”包括立德、行善、大爱。

在上述妈祖文化所包含的不同层次中，作为表层妈祖文化的象征物和作为中层妈祖文化的仪式具有显性的文化属性，而作为核心层妈祖文化的价值观则属于隐性的文化属性。

2. 妈祖文化的经济价值

实践活动是指人类在一定的价值观念指引下对自然、社会和人类自身所进行的一系列改造。在实践活动的过程中，精神活动一直都是经济活动、政治活动的先导和反映。[①] 当前，我国经济发展进入了新的时

① 阎孟伟：《社会文化的实践哲学诠释及其意义》，《学术研究》2013年第1期。

代。随着社会经济的转型发展，文化已经逐渐成为社会经济发展的关键因素。妈祖文化日益凸显其重要的经济价值。具体而言，妈祖文化对经济的影响主要包括以下两个方面：一方面是妈祖信仰深刻影响信众们的日常行为，这种影响会进而延伸到对人们从事经济活动的影响。西方学者迪马吉奥曾经提出文化具有“约束”和“促成”的作用，认为文化不但可以约束人们的行为，而且可以促成人们的行为。[①] 妈祖文化本身具有一整套完整的礼仪和行为禁忌，这些非正式的制度规范既约束着信众的行为，降低人们在经济活动中可能产生的交易成本，也通过增强信众“立德、行善、大爱”的精神力量来促进经济的发展。另一方面，妈祖文化本身就是一种丰富的文化资源，可以很好地带动文化创意产业和旅游业等相关产业的发展。在新经济时代，文化与经济的融合越来越趋于紧密，经济的文化化与文化的经济化已经形成良性互动的机制，我们可以通过挖掘妈祖文化的现有资源，设计全新的妈祖文化创意产品，来充分开发妈祖文化的经济价值，促进经济的发展。

妈祖文化的经济价值具有如下特征：

（1）地域性

文化是在一个相对稳定的空间范围内，在自然地理环境和人文社会因素等多种要素作用下的结果，因此文化传统本身具有相对的稳定性和一定的地域性。[②] 妈祖文化的传播是以福建莆田的湄洲岛为起点，沿海岸线一直深入到内河港埠，从中国大陆及港澳台地区扩张到五大洲四大洋的海域，在空间上表现出典型的海洋文化特性，是我国海洋文明的重

---

① P.Di Maggio, “Culture and cognition”, *Annual Review of Sociology*, 1997, Vol.23, pp.263-287.

② 朱方长、李红琼：《乡土文化传统的经济功能分析》，《求索》2005 年第 12 期。

要象征。妈祖文化是我国沿海地区发展海洋经济的重要载体，妈祖信仰吸引了港澳台地区及东南亚妈祖信众的投资兴业，大量外资的引入，极大地促进了当地经济的发展。同时，妈祖文化在促进“一带一路”沿线国家和地区经济发展方面也具有强劲的推动力。

（2）独特性

文化是一个民族或社会群体的精神家园，是各个民族或社会群体赖以区别的根本标志。妈祖文化作为中华文化的重要组成部分，既有中华传统文化共同的特性，又有其独特的文化基因。在长期的发展和传播过程中，妈祖文化在文化象征物、仪式活动和核心价值观等方面都具有其鲜明而又成熟的个性。这种不可复制的文化独特性是妈祖文化的品牌底气，通过持续发展的文化效应，妈祖文化以其形象力、感召力和亲和力博得社会的广泛认同。具有独特个性的文化本身是一种不可替代的资源优势，拥有巨大的商业潜力，可以为文化旅游业、客运业、文化创意业、会展业等创造良好的商业机会，提供广阔的商业市场。

（3）双重性

妈祖文化是在特定人文环境下，妈祖信众在长期实践中所形成、积淀并传承的一种意识形态。妈祖文化的外延十分丰富，既包括全体信众所共同遵循的价值观念、共同意识、精神风貌，也包括信众的行为规范及与此相适应的各种活动，涵盖了文化精神和文化行为两大部分内容，兼具显性与隐性双重特征。妈祖文化的双重特征意味着其对经济发展的影响力是多维的，同时具备隐性价值和显性价值。在隐性经济价值方面，妈祖文化不但可以为信众在参与经济活动时提供精神驱动力，也可以成为连接信众的精神纽带，为跨区域的经济合作提供人文基础。在显性经济价值方面，妈祖文化可以提供个性十足的文化产品、文化景观和文化活动，成为一系列丰厚的经济资源。

二、妈祖文化的隐性经济价值

文化是发展经济的精神支柱和智力保障，一定风格的区域文化可以对区域经济发展产生强大的推动作用。① 在妈祖文化传承与传播中，那些重要思想、观念在信众头脑中会产生潜在内化的作用，它们约束信众的行为，塑造企业家精神，凝聚人心，逐步形成影响信众生活与工作的特殊精神和力量。

1. 妈祖文化约束信众的行为

人类创造了文化，同时文化又塑造着人类。妈祖信仰提倡“真、善、美”的文化精神，作为一种民间信仰，妈祖精神已成为一种文化积淀植入信徒的深层心理中。信徒对妈祖产生了敬仰和畏惧的双重情感，敬仰妈祖为良为善的高尚，又惧怕自己的不良行为遭到妈祖的惩罚。在这种心理的驱使下，妈祖信徒约束自己的行为，不做违背道德的事情，使得自己的行为与社会规范相一致。例如，在交易活动中，信仰妈祖的商人会恪守诚信的信条，市场上欺诈与恶意违约的行为就会大大减少，整个社会的交易成本也会有效降低。此外，信仰妈祖的企业家会善待他的员工，给员工们更多的关爱，信仰妈祖的员工也会在工作中表现得更尽职尽责，这些正面行为都可以很好地提高经济活动的效率，促进经济的发展。

2. 妈祖文化塑造企业家精神

“企业家”一词源于法文，指的是从事组织、管理并承担经营风险的人。“企业家精神”则是企业家所拥有的精神与技能的集合。或者说，“企业家精神”指企业家组织建立和经营管理企业的综合才能的表

---

① 俞黎媛、彭文宇：《妈祖文化的精神内核和海峡西岸经济区建设》，《莆田学院学报》2007 年第 1 期。

述方式，它是一种重要而特殊的无形生产要素。弘扬优秀的企业家精神，才能不断激发企业家的活力，推动社会经济的发展。2017 年 9 月，中共中央、国务院印发的《关于营造企业家健康成长环境弘扬优秀企业家精神更好发挥企业家作用的意见》。《意见》中从个人、社会和国家三个层面勾勒了新时期优秀企业家精神的核心内涵：弘扬企业家创新发展、专注品质、追求卓越的精神，即个人层面的企业家自我修养；弘扬企业家履行责任、敢于担当、服务社会的精神，即社会层面的企业家社会责任；弘扬企业家爱国敬业、遵纪守法、艰苦奋斗的精神，即国家层面的企业家家国情怀。

“立德、行善、大爱”的妈祖精神与现代企业家精神是高度契合的。“立德”指的是个人层面的自我修养，妈祖以她短暂而又神奇的一生行为，受到广大信众的拥戴和景仰，既得益于她自身高尚的道德追求，更在于她始终如一的道德实践。“德”是人们日常生活及行为的准则和规范，妈祖的高尚品德主要体现为开拓进取、勇敢坚毅和慈悲善良。妈祖信仰是一种正向的力量，它依靠自身的神格魅力感染广大信众，推动他们去战胜航行途中的种种艰险，激励他们勇往直前、开拓进取。此外，妈祖文化强调的“慈悲善良”也是对企业家的道德要求。崇尚善与爱，是妈祖文化的题中之义。企业家的善良是企业的第一资源，善良的积累和培育，并逐渐内化成为每个妈祖信众的自觉行动，汇聚成为一种精神力量，支撑企业经营的长期发展。因此，可以说妈祖文化促进了企业家精神的培育。

“行善”是妈祖精神在社会层面的集中体现，代表着诚实信用、体恤关爱和扶危济困，是企业家应当承担的社会责任。妈祖文化中扶危济困、扬善抑恶的核心品质符合中华民族的主流精神和当前宣扬的社会主义核心价值观，是促进社会和谐进步的正能量。弘扬和发展妈祖文化，有助于构建一种既符合时代精神，又能合理继承传统美德精华的道德体系，规范企业的经营行为，并引导企业更好地践行社会责任。具体而言，“诚实信用”要求企业在经营的过程中坚持实事求是，尊重客观事实，践约守信，企业家群体率先垂范，不弄虚作假、欺公罔法；“体恤关爱”要求管理者爱护企业的员工，保障员工的生命和健康，确保员工的工作与收入待遇；“扶危济困”要求企业家不忘初心，回馈社会，热衷慈善，践行公益，承担起保护环境、维护自然和谐的责任，参与社会的扶贫济困，保证经济的可持续发展。

“大爱”是妈祖精神在国家层面的集中体现。如果从妈祖精神内涵的本质核心角度，可以进一步浓缩提炼为“大爱无疆的精神”，妈祖精神代表着一种福佑万民、护国庇民的爱国爱民精神。从历代中国皇帝对妈祖的封号及妈祖的神州传说中，便可以看出妈祖文化的一个显著特点是“护国”和“庇民”。如元世祖忽必烈褒封妈祖为“护国明著天妃”，永乐七年朝廷赐予“护国庇民妙灵昭应弘仁善仁天妃”封号，清朝对妈祖的 16 次褒封，封号中有 12 次出现“福佑群生”。信奉妈祖精神的企业家必然拥有深厚的家国情怀，对国家和民族具有高度的认同感、归属感、责任感、使命感，表现出强烈的国家认同、赤子情怀和精忠报国。“家国情怀”是一个人对自己国家和人民所表现出来的深情大爱，是对国家富强、人民幸福所展现出来的理想追求，是对自己国家一种高度认同感、归属感、责任感和使命感。中国人向来奉行“修身、齐家、治国、平天下”的人生信条，企业家对国家和人民所怀有的这种责任感和使命感可以驱使他们在诚信经营的同时不断回馈社会、造福人民，为国家、为民族尽到一份自己的微绵之力。

3. 妈祖文化凝聚人心

妈祖作为海上和平女神与海上丝绸之路的庇护神，在海内外媒体的积极传播下，其“立德、行善、大爱”的精神已深入人心。如今，妈祖文化已成为在外华人华侨的精神家园和“一带一路”的文化标志。长期以来，许多侨胞外出谋生，他们漂洋过海，足迹遍布世界各地。在这些侨胞们的心目中，妈祖不仅可以保佑他们平安，信奉妈祖也寄托了他们对故土的深深眷恋。在海外许多地方，侨胞在定居点筹资修建妈祖宫庙，并把妈祖宫庙充当会馆，作为侨胞们交际和联络感情的理想场所。无疑，作为一种身份认同的重要依托，对妈祖的信仰不仅是海内外华人生存奋斗的精神支柱，更具有凝聚感情、加强人际亲缘关系乃至充当海内外华人文化认同纽带的功能。

文化认同是区域合作的基础。文化本身具有强大的吸聚力，可以有效整合各类经济要素，当前各类区域经济一体化格局的形成大体上都需要共同或相似的文化传统作为支撑。从我国的渔业、航海业、港口到沿海经济带的发展历程来看，妈祖信仰和我国沿海经济相辅相成。许多沿海地区妈祖宫庙所在城市的发展，都与妈祖宫庙的演变有关。借助妈祖宫庙提供的聚集机会，海内外的人们互识、互通、互动、互信，达成经贸往来。因此，把妈祖文化打造成为“一带一路”的重要文化纽带，搭架我国与“一带一路”沿线国家和地区经济文化交流的桥梁，是极具操作性和现实性的。

三、妈祖文化的显性经济价值

妈祖精神作为妈祖文化的核心层，在经济发展中展现出其独特的价值与作用，而作为表层妈祖文化的象征物和作为中间层妈祖文化的仪式，也可以通过有形的、显在的方式来展现它们的经济价值。具体而言，妈祖文化产品和妈祖文化景观作为妈祖文化的“象征物”，可以带动文化创意产业、文化旅游业、演艺产业等多个产业的发展，而妈祖文化活动作为“妈祖习俗”的表现形式，也为文化旅游业、会展业等提供了重要的载体。

1. 妈祖文化产品

这里的“文化产品”是指妈祖文化中无形的审美观念、思想观念等精神形态资源，通过特定的物质载体而形成的用于交换的实体性产品和服务。[①] 其中，实体性文化产品包括妈祖工艺美术产品、妈祖文化祭祀产品、妈祖宫庙建筑产品、妈祖服饰产品、妈祖食品等，以及具有知识产权的妈祖影视、舞蹈、音乐、文学等艺术作品、妈祖动漫游戏产品。服务性文化产品包括妈祖新闻出版发行服务、妈祖文化艺术表演、妈祖文化艺术培训、妈祖餐饮服务等。与其他普通产品不同的是，人们在使用妈祖文化产品时，不仅关注其实用价值，更在意文化产品本身所蕴含的文化价值及其给使用者所带来的精神上的愉悦或寄托。

利用妈祖文化产品，大力发展妈祖文化创意产业，可以充分发挥妈祖文化的显性经济价值。近年来，莆田市接连涌现出湄女工坊、默娘文创等多家文创企业，纷纷推出了各自的拳头产品。国资背景的湄洲岛旅游服务公司与德化县明龙极品瓷研究所深入合作，推出了妈祖白瓷雕像、全套妈祖白瓷茶具和餐具等新产品，土生土长的莆仙印象文化传播有限公司在湄洲岛开设“文创+餐饮”主题门店，不仅有红团、五彩团、枇杷膏等本地特色小吃，而且推出了以妈祖文化为主题的玩偶、如意 U 盘、手机壳等一系列创意产品。未来，莆田市可以进一步发挥妈祖文化的优势，建设妈祖文化创意产业园，充分展示妈祖文化创意产业的各种业态，打造妈祖文化产业链，将妈祖文化创意产业园区打造为休闲、餐饮、娱乐的文化创意旅游步行街。使游客全面认识妈祖信俗，乃

---

① 朱方长、李红琼：《乡土文化传统的经济功能分析》，《求索》2005 年第 12 期。

至莆仙文化，认识莆仙的特色建筑、民俗技艺、信仰仪式、戏曲歌谣、习俗典故等莆仙文化资产。

2. 妈祖文化景观

妈祖文化景观是存在于特定的地域范围内的文化景观类型。它是在特定的地域文化背景下形成并留存至今，是当地人们活动历史的纪录，具有独特的乡土气息和浓郁的地域特色。妈祖文化景观既有规模宏大的寺庙建筑景观，还有丰富的妈祖碑文、题刻、诗词、楹联、祭祀法器、刺绣工艺、各种雕塑、书画古籍等其他人文景观。[①] 其中，妈祖宫庙建筑景观、妈祖服饰、妈祖饮食民俗景观是极具文化特色的景观要素，这些景观要素与同样具有高识别度的妈祖文化活动相结合，可以形成一系列丰富的文化旅游资源。

近年来，“妈祖故乡”福建莆田市凭借这一优势资源和品牌号召力，以妈祖文化作为旅游名片，大力提升软硬件服务能力，拓宽客源市场，做足全域旅游这篇文章。湄洲妈祖文化旅游节已经成为弘扬妈祖文化、宣传推介妈祖文化旅游的重要平台。湄洲岛是妈祖文化的核心所在，也是妈祖文化旅游的中心所在，但如果从全域的角度来审视，妈祖文化旅游不能仅限于一个岛，应该放眼更大的空间范围。未来，莆田市可以在妈祖文化旅游的内容、载体和形式上进行持续创新，发挥海上丝绸之路核心区的区位优势，利用妈祖文化旅游资源区带结合、相对集中的空间组合特色，整合各地妈祖文化旅游资源，加强妈祖信仰文化旅游圈之间的联系，在统一认识的基础上开发旅游线路，共同拓展市场。同时联合全省、全国的特色文化旅游资源运作，以整体合力联合“一带一路”沿线城市开展区域旅游合作、线路设计等，实现互利共赢。

---

① 黄秀琳、陈琴琴：《妈祖文化景观乡土元素的解读与表达——以妈祖故乡莆田市为例》，《莆田学院学报》2013 年第 6 期。

3. 妈祖文化活动

妈祖文化活动是以妈祖文化为主题而举行的各类活动，典型的民间妈祖文化活动包括祭祀、进香、巡安、庙会等，而官方组织的妈祖文化活动有妈祖文化旅游节、妈祖文化论坛及各类妈祖文化表演、竞赛等。在“妈祖故乡”福建莆田市，妈祖的诞辰日和羽化日是两个非常重要的节日，每年都会吸引大量的海内外信众和游客前来湄洲岛朝觐和游玩。近年来，当地政府也意识到妈祖文化活动所具有的强大吸引力，举办了一系列的妈祖文化主题活动，如中国·湄洲妈祖文化旅游节、世界妈祖文化论坛等，这些活动的成功举办既可以为莆田市树立良好的地方形象，也能很好地带动当地旅游的发展。与此同时，当地政府还充分利用举办妈祖文化活动的契机，积极开展经济交流与招商引资工作，在信众和游客当中寻找商机，争取重大项目落地。这些举措成效显著，大大促进了当地经济的发展。

四、妈祖文化在“一带一路”建设中的经济作用

自宋代以来，妈祖文化在我国对外开拓海洋、经贸往来和移民迁徙等实践活动中发挥了重要作用。明代郑和七下西洋，将妈祖奉为全体航海人员出行的精神寄托，历经 28 年，途经 30 多个国家和地区，向海外诸国传播了中华文化，加强了东西方文明的交流，同时也推动了妈祖文化在海外的传播。明代张燮在《东西洋考·祭祀》中，记载了妈祖文化伴随着海上移民和经贸往来在南中国海地区广泛传播的情景，其中就有妈祖文化与当地文化融合的描述。可见，妈祖文化的传播史，既是我国海洋文明发展的见证，也是包括妈祖文化在内的中华文明与其他国家文明交融互动的体现。

如今，中国与“一带一路”沿线国家和地区在基础设施、产业对

接、海洋经济、投资贸易等领域展开了进一步合作。东盟已成为福建第三大贸易伙伴、第三大外资来源地和第四大对外投资目的地。因此，“一带一路”不仅激活了“和平合作、开放包容、互学互鉴、互利共赢”的丝绸之路精神，更是弘扬了“立德、行善、大爱”的妈祖精神。妈祖文化是“一带一路”沿线国家和地区民心相通的载体，是21世纪海上丝绸之路的文化交流纽带，其所追求的和谐共荣与全球治理目标高度一致。因而，妈祖文化在“一带一路”中的独特价值应进一步得到彰显。我们可以通过妈祖文化交流进一步推动这种国际合作，充分发挥妈祖文化在贸易全球化中的作用，并以此来探寻21世纪人类共同价值体系，建设人类命运共同体，展示全球治理的东方智慧。①

1. *发挥纽带交流作用，促进民心相通*

妈祖文化不仅是中国的，也是世界的。据不完全统计，目前全世界共拥有妈祖宫庙近一万座，妈祖信众有三亿多人，其中以海上丝绸之路沿线国家和地区为甚。由于独特的历史发展条件和传播范围，妈祖文化具有很强的包容性和生命力。虽然许多华侨加入了侨居国的国籍，但不少华人聚集地，仍因为对妈祖文化的认同，而把天后宫作为社群活动的组织核心和主要场所，形成了具有显著地域色彩的妈祖文化圈。妈祖信仰与世界三大宗教信仰容易沟通、理解和融洽，无形中也促进了华侨与所在国人民之间的感情联络，达到“世界妈祖同一人，天下信众共一家”的大同境界。②

妈祖文化在“一带一路”沿线国家和地区间的传播，也在向外宣扬

---

① 宋建晓：《全球治理视野下妈祖文化的独特价值》，《光明日报（学术版）》2017年12月22日。

② 宋建晓：《21世纪海上丝绸之路中的妈祖文化》，《光明日报（学术版）》2015年7月22日。

中华民族优秀的传统文化，使海外各地的民众对中华民族的价值观有更为全面、深刻的认识，从而加强他们对中国文化与价值观的认同。习近平总书记在“一带一路”国际合作高峰论坛圆桌峰会上的开幕辞中指出，“民心相通是‘一带一路’建设国际合作的重要内容。我们要深入开展人文领域交流合作，让合作更加包容，让合作基础更加坚实，让广大民众成为‘一带一路’建设的主力军和受益者”①。文化作为一种无国界的交流符号，是各国联系沟通的纽带和桥梁。妈祖文化不仅是海外华人华侨的精神旗帜，也是他们融入当地社会、协同当地民众打拼的精神支柱，成为他们与其他国家和地区民众进行有效沟通、促进全球治理的交流载体。因此，以妈祖文化为对外交流的先锋，加强“一带一路”沿线国家和地区民众的联系，可以进一步凝聚全球妈祖文化机构和人士的共识，强化华人华侨与中国的精神纽带作用，展示和平发展合作共赢的真诚愿望，推动“一带一路”沿线国家和地区的民心相通、民心交融。②

2. 推动区域经济合作，吸引侨胞来华投资

妈祖文化作为文化交流的先锋，在促进经济文化协调发展和区域经济深度合作方面发挥着重要作用。随着妈祖文化在广泛传播，已经在海内外形成一大批信奉妈祖的虔诚信众，这些信众虽然分散在世界各地，但他们都对中华文化具有强烈的认同感。在妈祖文化的熏陶和感召下，这些信众都有着浓厚的家乡情结。以妈祖文化为纽带，通过邀请海内外侨胞参加妈祖祭祀和其他妈祖文化活动，可以增加他们对家乡的认识，使他们感受到亲情的温暖。在频繁的交流中，有一定经济实力的侨胞们

① 习近平：《论坚持推动构建人类命运共同体》，中央文献出版社 2018 年版，第 446 页。

② 宋建晓：《全球治理视野下妈祖文化的独特价值》，《光明日报（学术版）》2017 年 12 月 22 日。

必然会萌生回乡投资创业的意愿。与此同时，各地政府也可以充分利用妈祖文化交流、学术探讨、妈祖祭祀等相关活动，搭建交流与合作的平台，积极向海内外侨胞推介自己，以成熟的投资项目和优越的投资环境吸引他们来华投资，不断扩大投资规模。

妈祖文化是我国推进“一带一路”建设的重要文化交流纽带，具有广泛的品牌影响力。各地政府可以充分依托妈祖文化的品牌优势，加强推广和宣传活动，通过打响妈祖文化品牌，调动海内外妈祖信众参与投资的积极性，以此为契机，在基础设施、产业对接、海洋经济、投资贸易等领域与“一带一路”沿线国家和地区展开合作，通过民间交流，促成项目合作，以项目带动投资，从而实现“文化搭台，经贸唱戏”。目前，福建已在东盟建有7个远洋渔业综合基地，沿海港口业已开通至东南亚的51条海上航线，同时面向东盟国家发展跨境电子商务及物流信息共享平台，促进沿线地区信息互通、货物通关和人员往来便利化。

3. 打造“一带一路”沿线妈祖文化产业链

妈祖信仰源远流长，留下大量有形的和无形的文化资源。由妈祖文化搭台，消弭不同国家与地区间的文化差异，通过妈祖文化的带动和联结作用，可以实现“一带一路”沿线国家和地区在多个领域的经贸往来与经济合作。当前，地方政府可以从挖掘妈祖文化资源入手，通过妈祖文化创意、文化旅游等产业的融合发展和带动作用，促进区域经济的发展。以文化旅游为例，妈祖文化的深厚底蕴吸引广大海外游客前来妈祖起源地及国内著名的妈祖宫庙参观，促进了当地旅游业的发展。据统计，2018年上半年湄洲岛接待境内外游客共370.32万人次，同比增长20.53%，实现旅游社会总收入22.26亿元，同比增长16.54%；天津市修复后的天后宫和古文化街从1986年开幕以来，已有80多个国家和地区的游客包括国家元首来参观。从这些数据可以看出，妈祖文化带来的经济效益和社会效益是非常可观的。①

构建妈祖文化产业体系是发挥妈祖文化在海上丝绸之路建设中经济价值的重要载体。当前，各级政府要着力打造妈祖文化产业基地，以申请国家级妈祖文化生态保护区为契机，建设一批有利于妈祖文化遗产保护的基地和设施，切实改善妈祖文化遗产保护的环境。同时依托妈祖宫庙联盟，通过祭拜护照、分灵仪式等形式推动妈祖祖庙与分布在世界各地的妈祖宫庙建立紧密联系，强化祖庙的中心地位。推动妈祖文化与旅游相结合，把妈祖文化生态保护区建设成为世界范围内展示、传承、弘扬和体验妈祖文化的中心区域及滨海旅游休闲胜地，使福建特别是莆田成为世界妈祖的朝拜中心、交流中心、学术研究中心和文化创意中心。

此外，各地政府应大力培育国际性的妈祖文化产业市场，构建“一带一路”沿线妈祖文化产业链。立足福建21世纪海上丝绸之路核心区及妈祖文化发源地的特殊地位，充分调动海外华侨华人的资本力量，以妈祖文化为精神纽带，以“一带一路”沿线国家和地区为区域分布，以福建特色产业为主导，打造“研发创新在国内、生产加工及市场在国外”的沿线特色产业链。②

第二节 妈祖文化在推进“一带一路”经贸合作中的制约因素

基于建构主义观点，国际合作的产生主要是由国家共有的观念而不

① 宋建晓：《文化自觉视野下的妈祖文化与“一带一路”建设》，《福建论坛·人文社会科学版》2018年第6期。

② 宋建晓：《21世纪海上丝绸之路中的妈祖文化》，《光明日报（学术版）》2015年7月22日。

是物质力量决定的，即文化认同决定了国际合作的产生和发展。[①] 文化认同是国际合作的基础和前提。文化是国际合作的重要影响因素，其影响作用有积极方面和消极方面。文化合作理论认为，导致集体身份形成的主变量主要包括相互依存、共同命运、同质性等，它们能够减弱利己身份，帮助创建集体身份。[②] 这种集体身份的建构是基于习俗、信仰、以及使用共同的符号等，相关因素属于文化范畴。《推动丝绸之路经济带和21世纪海上丝绸之路能源合作愿景与行动》明确提出，以人文交流为重点，突出务实合作，形成更多鲜活的合作范例，相关合作涉及人文、经济、政治和其他领域等，其中人文经贸合作是重要类型。

经贸合作的基础在于市场资源、要素、人才等流动及由此产生的各种关联，形成更加紧密、更加稳定的合作关系。文化资源作为经贸合作的重要资源之一，既是经贸合作关系建构的重要基础，也是人文经贸合作的重要内容。文化交流推进或促进了经贸合作，世界价值调查数据（World Value Survey）被广泛用来研究文化与经济的相关问题。该数据库从信任、尊重、控制和服从等4个方面构建两个国家之间的文化接近程度。许多西方学者利用这些维度研究文化对经济发展的影响。[③] 根据世界价值调查数据及相关研究，文化对经济发展影响深远，尤其是对不同国家的经贸关系或国际贸易合作。文化认同对经贸合作的影响主要来自文化属性和文化认同的相关影响。

一是文化属性影响经贸合作。文化既是经贸合作的基石，还具有经济价值。文化是经贸合作的重要资源，文化创意产业、文化旅游产业等

---

① 郑伟：《拓展金砖国家经贸合作的理论基础与路径选择——基于中国的视角》，博士学位论文，对外经济贸易大学2015年，第17页。

② 宋秀据：《美国国际合作理论研究综述》，《国外社会利学》2005年第3期。

③ 施炳展：《文化认同与国际贸易》，《世界经济》2016年第5期。

都是选择特定的文化资源进行运作，并发生各类经贸关系。此外，文化特性影响经贸合作的质量、效益、范围、程度等。经贸合作的具体方式及合作深度、广度很大程度受到合作双方的文化观念、文化资源等影响。

二是文化认同影响经贸合作。国内起步较早、比较系统地研究“文化认同”的学者郑晓云认为，文化认同是人类对于文化的倾向性的共识和认可。① 也有学者提出，“文化认同是指对一个群体或文化身份的认同感，或个体受其所属的群体或文化影响，而对该群体或文化的认可或赞同，其指标是人们的社会属性和文化属性，甚至利益取向性”②。这个概念揭示了特定群体对特定文化的认可程度。文化认同主要包括共同的文化认知、文化情感、文化信仰、使用相同或同一的文化符号等。有学者提出，“文化认同虽然对运输成本和国内零售批发分销成本作用有限，但可以降低边界成本。比如，共同文化背景会降低语言成本，包括翻译成本、由语言差异导致的额外成本等；共同文化背景也会降低信息成本，包括信息搜集、信息分析成本；共同文化背景更容易产生信任，从而降低契约执行和安全性成本”③。

三是文化传播范围影响经贸合作。文化认同与文化传播紧密相关，甚至很大程度上文化认同依赖文化传播的持续、反复，达到相互增进了解。文化传播范围影响文化认知程度，文化传播的效果影响文化接受程度，从而影响共同的文化观念或共同的文化心理，这会反作用于经贸合作开展的紧密度和持续度。文化认知的偏差、文化差异、文化障碍、文

① 郑晓云：《文化认同与文化变迁》，中国社会科学出版社 1992 年版，第 4 页。

② 涂浩然、卢丽刚：《全球化时代文化认同建构中的中国国家文化安全》，《前沿》2011 年第 7 期。

③ 施炳展：《文化认同与国际贸易》，《世界经济》2016 年第 5 期。

化争议等问题，对文化经贸合作及发展带来了一定的挑战。

一、妈祖文化特性的内在性制约

相比其他宗教文化，妈祖文化的特性主要有：妈祖文化不仅仅局限于是一种神明，作为一种民俗文化或优秀民间文化的属性日益被更多群体接受。作为一种民间文化，妈祖信俗是妈祖文化重要的构成部分，民间信俗属性是妈祖文化的重要属性。基于妈祖文化特性的认知，妈祖文化在推进“一带一路”建设中经贸合作受到这种内在特性的制约和影响。

1. 妈祖文化资源的开发及利用受到一定限制

从妈祖文化在经贸合作中的应用及资源挖掘来看，妈祖文化祭祀产品生产性行业是重要的开发方向。例如，妈祖服饰业（妈祖服装、鞋、帽、挂饰等）、妈祖食品业（妈祖宴菜、妈祖糕点、妈祖面、妈祖茶、妈祖酒等）等。其他相关产业由妈祖新闻出版发行服务业、妈祖影视产业、妈祖动漫游戏产业、妈祖工艺美术产业、妈祖音乐、舞蹈产业、妈祖文化新媒体产业、妈祖文化艺术服务业、妈祖文化旅游产业、妈祖民俗体育文化产业等组成。[①] 从这些产业规划方向可以发现，妈祖文化在“一带一路”沿线国家和地区经贸合作的应用，主要以妈祖文化资源为依托，以产业化运作为手段，为信众及其他社会公众提供妈祖文化产品和妈祖文化相关产品的生产活动。由于妈祖文化特殊属性，作为妈祖文化的重要组成部分——妈祖信俗不能纳入产业运作层面，妈祖祭祀活动不能纳入妈祖文化产业范畴。妈祖祭祀活动是妈祖文化的重要部分，是信众分享、参与、传承妈祖文化的重要方式。这些祭祀仪式是一

---

① 帅志强、曾伟：《妈祖文化产业发展的意义、机遇及策略——以 21 世纪海上丝绸之路为背景》，《徐州工程学院学报（社会科学版）》2017 年第 7 期。

种集体记忆，具有完全公共产品性质，不能实施产业化运作。例如与祭黄帝、祭孔并称中国三大祭典的妈祖祭典，福建莆田湄洲湾北岸港里村的“妈祖海祭”“妈祖回娘家”“妈祖元宵”、台湾地区的“妈祖绕境”等习俗活动不能加以产业化运作开发。妈祖文化相关的仪式活动仅仅作为以东南亚等为主的国家间人文交流和民心互动，而无法从市场资源流动及交易等环节驱动真正意义上的经贸合作。由于妈祖文化的特性，对妈祖文化资源的开发受限，特别是在各地妈祖文化在地化的过程中，妈祖文化的理解及定位方面还存在一些分歧，例如在泰国、新加坡、马来西亚等地区更多从狭义角度理解妈祖文化，大多数场合使用妈祖信仰。在妈祖文化认知方面，“一带一路”沿线国家和地区还存在一定的偏差，对妈祖文化资源开发及应用的理念有所差别，这导致妈祖文化在经贸合作方面受到限制。

妈祖文化包括物质文化层面和非物质文化层面，其物质文化主要由不可移动的宫庙建筑及其他实物构成，这些物质文化在经贸合作中可以较大程度地挖掘及利用，相关物质文化资源与文化旅游产业结合，其资源的可利用价值及可消费的潜力比较有限。因为宫庙建筑大多数在建筑风格方面存在较大的同质性，其他相关实物在促进文化旅游产业方面具有的消费因子比较有限。作为非物质文化层面的妈祖文化，上文分析了其主体内容，体现了较强的儒释道思想。妈祖文化在经贸合作中的张力有所受限，不是物质消费性质的“硬”产品。作为一种“软”文化，妈祖文化不同于大众文化、流行文化等，在吸收年轻群体消费方面不具有较大优势。

2. 妈祖文化作为文化纽带的辐射功能受到限制

前文相关理论提出，人文交流及民心相通是促进“一带一路”沿线国家和地区经贸合作的重要前提，正如“文化搭台、经济唱戏”，以文化为媒，以文化为桥，通过文化交流，促进民间、政府、团体、企业等机构及个人交往，通过文化辐射功能，推动经贸合作。

所谓“有海水处有华人，华人到处有妈祖”，这是关于妈祖文化的分布和传播的形象说法。妈祖文化已经成为世界文化，但妈祖文化依然是区域性质的文化，主要分布在沿海区域，主要依托妈祖宫庙集聚妈祖文化信仰群体，尤其妈祖文化主要以海上丝绸之路沿线的东南亚、东亚国家为主要流播区，国外妈祖文化传播的地域性和区域化特点更加清晰，妈祖文化在其他区域的传播及影响还是有一定限制的。表 4-1 结合相关研究者的研究成果，列举了部分国家的妈祖宫庙，这些宫庙主要与商会组织存在一起，相关宫庙主要作为凝聚华人华侨的主要场所。根据实际调研情况，目前有些宫庙并不存在，这表明近年来妈祖文化在国外传承和发展面临一系列的严峻挑战，妈祖文化的区域辐射功能有限，这也对经贸合作产生一定的制约。

表 4-1　部分国家妈祖宫庙数量一览表①

序号	国家	妈祖宫庙数量
1	印度尼西亚	有福安宫、慈灵宫、福善宫等 40 多座
2	马来西亚	有 60 多座，主要分布在马六甲、槟城。其中马来西亚海南会馆联合会有 49 座会馆奉祀妈祖
3	菲律宾	据不完全统计有 100 多座
4	新加坡	有天福宫、粤海清庙、兴安会馆天后宫等 50 多
5	越南	南部有 60 座，北部有 5 座（目前只有 3 座有活动），中部有 3 座
6	泰国	据不完全统计有田素叻府天后圣母庙、洛神府天后宫等 10 来座

① 妈祖宫庙数据来源说明：印度尼西亚、马来西亚、菲律宾、新加坡、泰国来源宫庙数量来源林明太主编的《妈祖文化研究论丛（Ⅱ）》，越南宫庙数据来源范氏香兰《越南华人祭祀天后信仰研究》，《2014 年台中妈祖国际观光文化节妈祖国际学术研讨会论文集》，第 361 页。

目前，妈祖文化作为文化纽带主要体现在海外妈祖宫庙之间的交流，依托妈祖文化作为载体，推动“一带一路”沿线国家和地区的华人侨商与中国互动。妈祖文化在地化传播的影响有一定限制，尤其“一带一路”沿线国家和地区宗教问题异常复杂，宗教种类多样，伊斯兰教、基督教等宗教信仰影响力较大，妈祖文化与这些宗教之间存在博弈，相互有一定的矛盾和冲突。国内学者刘再起、王曼莉提出，“一带一路”沿线国家和地区众多，民族、宗教、文化和社会结构复杂，各种冲突不断，加上大国的角逐，使得沿线国家的利益和意识形态纠葛更为尖锐，“一带一路”倡议的实施面临着较大的“软阻力”。妈祖文化在“一带一路”建设中的桥梁及纽带作用也较为有限，通过妈祖文化交流向经贸合作延伸的空间受到一定限制，妈祖文化带动经贸合作主体及组织向特定区域的拓展有限，借助妈祖文化的纽带作用，吸收或加强更多的经贸合作伙伴受到一定的限制。

3. *妈祖文化代际传承断层*

妈祖文化作为一种民间文化或民俗文化，其传承主要依赖家庭代际传承。延续这种生活仪式，积极履行仪式，践行妈祖精神，真正深入人心，才能生根发芽。时至今日，侨二代、侨三代大多数接受西方文化教育，在世界观、人生观、宗教观等方面影响深远，较少参与妈祖文化活动。当前，华人华侨家庭父辈通过口耳相传方式，给下一代传递妈祖故事的方式日益衰微，通过代际传承履行妈祖仪式的家庭氛围日益冲淡，妈祖文化代际传承面临断层、断代等危机，这些危机直接影响经贸合作及关系建构。

通过对海外妈祖宫庙的实地调查，发现妈祖宫庙组织人员年龄偏大，中青年参与者极少，尤其华人华侨的后代群体对妈祖文化认知度、关注度较低，共通文化延续受到限制。由于妈祖文化代际传承面临断层，妈祖文化在当代华人华侨中的接受和认同存在较大的问题，华侨后代对妈祖文化的接受及文化实践参与积极性较弱，妈祖文化在经贸合作中的可持续性作用受到限制。

二、妈祖文化认同过程的时间性制约

文化人类学者认为，“文化认同是一个与人类文明发展相伴随的动态概念，是人类文化存在与发展的主位因素”①。可见，文化认同是一个动态发展过程和建构过程，涉及文化认同的形成、发展、涵化、延续等阶段。文化认同也是符号载体表达意义被接受的过程，受传者同样要经过感知、接收、接受、解释的符号化过程。从符号学视角来看，感知只是符号载体被识别和觉察，这个感知必须在接收者那里成为一种被识别被解释的体验，也就是有可能被“符号化”，才成为符号。② 文化认同也要经过符号化过程，感知是符号认同最初阶段，感知要被受传者认可和接受，才能进行完成符号化。因此，文化认同是一个过程性的建构和意义交流及互动的过程，涉及符号的外在形式及内在意义的理解、契合等，尤其对于文化意义的内在思想理解达成契合，这是文化认同的关键，也是文化认同实质性达成的重要评价。特别在全球化语境下，文化认同（Cultural Identity）是“身份”（Identity）概念的延伸，一个可辨识的、清晰的、统一的文化身份对于个体、群体和民族国家均具有不可替代的重要意义。③ 文化认同是某一特定的族群和民族特有的一系列文化特征，它包括认同与建构两个方面。它既是一个国家、阶级、民族、

① 郑晓云：《文化认同与文化变迁》，中国社会科学出版社 1992 年版，第 4 页。

② 赵毅衡：《符号学》，南京大学出版社 2012 年版，第 7 页。

③ 石义彬、杨结、贺程：《文化认同视角下中华文化对外传播的危机与策略》，《湖北社会科学》2013 年第 10 期。

种族、性别在文化交流中形成的特有身份特征，也是处于这种文化中的主体建构的文化特征。因此它具有稳固的“特征”和流动的“建构”双重意义，而不仅仅是一个民族或国家固有的静态文化特征。① 因此，文化认同建构是一个过程，需要时间累积，需要时间浸透，需要时间维系和巩固。妈祖文化在“一带一路”沿线国家和地区的认同建构中要承受差异较大的外部语境，这些语境的差异短时间内不可能消失或消除，相关文化差异极大影响了认同的建构。同时，妈祖文化发展到今天，妈祖文化的在地化趋势越来越明显，妈祖文化的意义分化不断加大，妈祖文化的当代认同需要时间建构。

1. 妈祖文化语境差异较大，需要时间弥合

人类学家马里诺斯基最早提出“语境”这一术语，有的研究人员也称“情境”。所谓“语境”就是文化变化发展的外部环境。国内外专家学者对语境与认同的思考给予了持续关注。学者赵毅衡认为，文化接收及认同的语境就是文化外部语境。文化表意和文本接收都离不开语境，接收者可以依据语境理解不完整文化的意思，尤其当全球化、信息化、网络化等大语境出现时，文化认同问题广受各国重视，各国专家学者思考文化发展中遭遇怎样的裂变，又将面临文化认同的建构、维系等问题。这些过往研究都提示我们，语境极大地影响文化生成和文化认同建构。本书的“语境”主要指妈祖文化受到影响的外部环境，妈祖文化在“一带一路”沿线国家和地区传播过程受到不同语境影响，这些语境对妈祖文化认同具有深远的影响，尤其这些语境差异较大，妈祖文化的全面认同，妈祖文化圈的全面构建需要较长时间。这里的妈祖文化圈主要指弗里茨·格雷布内尔的文化圈理论。该理论认为，文化圈主要

---

① 石义彬、熊慧：《文化身份认同演变的历史与现状分析》，《中国媒体发展研究报告（2007 年卷）》，武汉大学出版社 2007 年版，第 182—204 页。

是指具有相同和相似的物质文化和精神文化的空间分布范围。他提出“文化圈”这个概念，主要是基于文化是极难创造的，一旦在一个地区形成，必然会逐渐向四周传播开来。① 妈祖文化圈的建构及延续主要建立在妈祖文化观念及妈祖文化共同信仰的传承基础上，在妈祖文化传播发展过程中，由于区域的文化、政治、经济等语境差异，对于海上丝绸之路文化带中的妈祖文化圈建构产生了许多障碍因素，消除这些因素需要时间磨合。

参与“一带一路”建设的100多个国家和国际组织存在众多差异。东亚、西亚、南亚、中东欧等地区在文化方面差异比较突出。这些地区的华人华侨受到具体区域的文化影响，特别华侨后代接受在地性的教育、传媒、习俗等影响，相关差异非常明显，这些差异对侨后代的文化观念具有重要影响，相关影响涉及妈祖文化接受及理解，尤其这些区域的当地居民深受基督教、伊斯兰教影响，在妈祖文化当代传播过程中，不同宗教之间的博弈及对话需要时间消解，而中东欧国家深受西方文化影响更加深远，特别西方文化思维强调的个性中心主义，这与妈祖文化作为东方文化思维有较大的差别，这些差异在交流及互动中要不断增加公共意义需要时间。

2. 妈祖文化当代认同建构，需要时间形塑

妈祖文化历经千年传承和发展，妈祖文化的意义发生了较大的变化，当然妈祖文化的主体依然是妈祖信俗，妈祖文化具有一定的宗教文化色彩。当前，中国传统文化在推动创造性转换和创新性发展，妈祖文化作为中国优秀传统文化，妈祖精神是当代认同极力建构和弘扬的主体内容。但是由于妈祖文化在海外传播中文化语境的差异，同时由于妈祖

① 杨庭硕、罗康隆、潘盛之：《民族文化与生境》，贵州人民出版社1992年版，第87页。

文化本身的属性特征，妈祖文化当代意义在海外要获得认可和接受，需要更多的时间交流。

一方面，“一带一路”倡议实施过程中，部分国家和地区错误指出，该倡议具有文化掠夺和经济入侵性，尤其在一些宗教文化色彩深厚的国家和地区，部分人士对妈祖文化的性质及宗教属性不了解、不理解，相关宗教文化在这些国家和地区都有特殊意义，宗教文化在这些区域的意识形态和文化管控中具有突出的地位，因此，对妈祖文化深入这些区域并获得广泛认同带来了一定的挑战。我们提出以文化为媒，通过妈祖文化交流带动经济资源及经济人士的互动，这需要更多的交流积淀，通过民心相通，才可以进一步促进经贸合作。

另一方面，“一带一路”沿线国家和地区在文化建制、意识形态、政策限制、文化差异等方面存在较大的分歧，而且还包括部分地区将中国文化的输出误解为文化的“入侵”，对“一带一路”提出加强民间文化交流，以此促进民心相通等倡议，相关国家和地区表现不够积极，尤其部分区域的宗教问题特别复杂，妈祖文化交流的语境差异在短时期内很难消除。此外，在海外华人社会的信仰者心目中，狭义地把妈祖理解为超物质的力量，强调其迷信色彩，这极大地缩小了妈祖文化的外延，尤其是妈祖文化的当代意义还没有得到有效阐释，其“立德、行善、大爱”的妈祖精神内核还需要在海外大力传播。因此，海外信仰群体对妈祖文化的当代意义理解、对妈祖文化的仪式阐释等还存在不同声音，这决定妈祖文化当代认同需要时间形塑。

三、妈祖文化传播地域的空间性制约

关于中国传统文化国际传播，不少专家学者提出具体见解，学者陈力丹指出，成功的跨文化传播对“一带一路”建设很重要，目前我国对外传播方式有待进一步创新，需要多研究外国人看待中国的视角和传播心理。姜飞认为，“一带一路”下中国需要树立大传播理念，构建区域内国际社区对中国文化的认同。在跨文化大传播理念指导下，“一带一路”的难点和重点集中在传播基础结构建设。中华优秀传统文化的传播受到具体空间限制，从历时性和共时性角度来看，妈祖文化是通过地理媒介传承和发展的海洋文化，空间会制约妈祖文化的传播。

1. 妈祖文化传播受到华人华侨聚居区的制约

古代海上丝绸之路是中国古代海外贸易往来以及对外交流的通道，这个通道先起于中国东南沿海，后经南海、印度洋直至红海、东非和欧洲，推动了海上丝绸之路沿线国家互动交流。随着海港商业的发展，妈祖文化也随着海上丝绸之路广泛传播。妈祖文化通过古代海上丝绸之路传播到海外，并且在海外落地生根，主要分布在海外华人华侨区域，妈祖文化要进一步扩散、传播，必然受到华人华侨聚居区的制约。

据不完全统计，全世界约有6000多万华人华侨，亚洲是华人华侨传统聚居区，其中东南亚是世界华人、华侨分布最集中的地区。这些区域的华人华侨随着海上移民迁入，并且在华人华侨的聚居区建立会馆或会所，凝聚和团结华人华侨，妈祖文化依托这些会馆和会所得以传承和发展，相关华人华侨的聚集区域成为妈祖文化落地生根的主要区域。例如，日本、新加坡、马来西亚、印度尼西亚、菲律宾、越南等地都有数量众多的妈祖宫庙、天后宫。这些区域是华人华侨的主要聚集区。除此，华人华侨在北美洲也有近600万，在欧洲、非洲华人华侨分布数量相对比较少，因此妈祖文化的传播及传承必须发挥华人华侨的作用，这也说明妈祖文化传播受制华人华侨分布区域的限制。随着共建“一带一路”倡议的推进，中国同东盟、非盟、欧盟、欧亚经济联盟等国际和地区组织展开了多方位的合作对接，妈祖文化可以在参与国获得更大范围的传播，这与华人华侨在这些国家和地区的分布情况有重要关系。相关华人华侨在这些国家和地区聚集度越高，华人华侨的民间团体组织化程度越高，妈祖文化在这些区域的传播必然效果更好，反之，妈祖文化传播速度和接受程度受到抑制。

2. 妈祖文化传播受到区域特征的制约

妈祖文化既是海洋文化，也是区域文化。妈祖文化传播不仅与海员水手、林氏族人、官员、信众等有密切联系，而且与具体地域特征紧密相关，一定程度上受制于相关区域。妈祖文化主要属于沿海地区的区域性文化，这种认识已获得专家学者的认可。这些特征主要包括特定区域的地理特征和文化特征，相关特征影响了妈祖文化传播。

一方面，具体区域的地理特征制约妈祖文化的传播范围。地理特征涉及地形、地貌、区位等因素，从区域来划分，沿海和内陆对妈祖文化传播的影响有所不同。沿海地区更能接受妈祖文化，同时也促进了妈祖文化传承和延续。由于沿海地区崇尚海洋文化，弘扬海洋精神，海洋文化是该区域的重要区域文化，妈祖文化在“一带一路”建设中主要的沿海地区具有广泛影响，这些区域在传承及发展妈祖文化方面具有良好的合作基础，同时也有更加强烈的需求，有利于促进妈祖文化传播。在陆地文化为主的区域，妈祖文化的接受度和传播的主动性不及沿海区域，不少内陆地区对妈祖文化缺乏认知，甚至存在一定的认知偏差，对妈祖文化有一定的抵触或排斥，妈祖文化在相关区域被错误地理解为一种“迷信”，妈祖文化在内陆地区传播的障碍因素比较突出。因此，妈祖文化在印度、巴基斯坦、孟加拉国、斯里兰卡、阿富汗等地传播的可操控性手段比较有限，传播效果还不理想。通过妈祖文化为纽带，推动中国与这些区域的民心交流及经贸活动的效果还不太显现。

另一方面，具体区域的文化特征影响妈祖文化的传播。从世界文化谱系来看，主要以西方文化、东亚的汉字文化、伊斯兰文化、南亚的印度文化等为主，在不同区域建构了不同的文化圈，这些文化圈构成了较强的文化壁垒，妈祖文化在进入特定的文化圈时必然受到一定的制约因素。在“一带一路”沿线以海洋文化为主的地区，由于东西方海洋文化信仰观念存在差异，比如西方海神波塞冬是力量、征服的象征，是挑战自然，是个性张扬的象征，这些观念极大影响了相关区域文化价值观。以妈祖为代表的东方海洋文化观念追求和平、安宁、友好，这些观念与西方国家的文化价值观极为不同，妈祖文化在这些区域的传播受到一定制约。

3. 妈祖文化传播受到偏向空间媒介的制约

媒介环境学开创者乔治·英尼斯在《传播的偏向》和《帝国的传播》中多次强调，根据时空与媒介的关系，媒介可以分为偏向时间的媒介和偏向空间的媒介。文化的传播和文明的延续必须借助媒介，英尼斯特别提到媒介对于文化传播的重要影响。空间偏向促进妈祖文化跨地域传播，推动了妈祖文化的空间传播。偏向空间的媒介往往体现了权力中心的观念，与政治、经济、文化等因素紧密相关。社会权力的竞争离不开寻求新的传播空间的扩张。因此，偏向空间的媒介往往引起权力主体的关注，甚至认为这些媒介表彰了特定权力。

英尼斯关于传播的空间媒介和时间媒介并没有严格的区分，妈祖文化传播中的空间媒介主要分为两大类。一类是地理空间为主的媒介，主要包括妈祖宫庙、妈祖主题公园、妈祖博物馆、妈祖纪念馆等。另一类是占据一定传播空间的媒介，包括妈祖有关的书籍出版物、妈祖有关的工艺美术作品等。这两类媒介在妈祖文化传播过程发挥了重要作用，一定程度承担了妈祖文化传播的空间扩散功能。当前，妈祖文化传播在空间的拓展主要延伸到了网络空间，利用各种类型的网络工具传播妈祖文化。这种由物理、地理空间向虚拟空间传播，极大地拓展了妈祖文化传播的工具。然而，这些工具和载体的功能发挥在妈祖文化传播中依然受到一定的限制。一方面，妈祖宫庙、妈祖建筑及其他妈祖传承载体在千年传承中日益破损，尤其是“一带一路”沿线国家和地区的部分妈祖宫庙没有列入文物保护范围，甚至部分妈祖宫庙遭遇拆迁、毁坏等。同时，新建妈祖宫庙受到批地、立项、申批等重重把关，在海外新建妈祖宫庙受到多种因素限制，因此，妈祖文化在海外的传播受到一定的制约。特别部分国家和地区视中国崛起为威胁力量，干扰和阻止中国传统文化的跨地域传播。同时文化传播及交流容易受到国际关系或局部不稳定因素的影响。正是因为这些特殊语境，妈祖宫庙、妈祖主题公园、妈祖文化的其他附属建筑物的兴建极为困难，通过妈祖文化的建筑媒介传播妈祖文化受到限制。同时，由于妈祖文化在出版发行、工艺美术产品、影视节目交易等具体项目合作及交流方面，还没有形成有效的产业交易机制，这导致利用妈祖文创产品建构和传播妈祖形象的功能受限，通过妈祖文创产品推进“一带一路”沿线国家和地区的文化认同很难推进。另一方面，妈祖文化在虚拟空间的传播也受到多种限制因素影响。网络交流及传播并非完全开放，世界传播秩序依然存在封闭与开放的博弈，网络信息的流通并非绝对自由，妈祖文化的网络及新媒体传播比较局限于海外华人华侨，很难覆盖到海外的本土居民。根据媒介内容的选择性接触，海外本土居民受到宗教观念、文化传统等因素影响。因此，这些本土人士在妈祖文化的内容接触方面具有选择性，同时由于语言因素差异，妈祖文化在海外传播通过网络渠道受到一定限制。

综上所述，妈祖文化在空间范围的传播受到限制性的因素较多，尤其以华人区域空间作为主要传播载体，这是妈祖文化传播的重要依托区域，这就导致空间传播的范围狭窄，华人区域分布本身呈现分散特征，妈祖文化在华人区域传播受到这些分布限制。其次，妈祖文化的海洋区域特征分布明显，以陆地文化为主要特征的相关区域扩散面、分布率较小。最后，妈祖文化传播的空间媒介在物理空间载体和虚拟空间载体方面受到制约。因此，妈祖文化传播的空间性较大，这极大影响了妈祖文化的扩散及影响。

第三节　发挥妈祖文化在“一带一路”经贸合作中作用的设想

一、妈祖文化对“一带一路”经贸合作的促进作用

建设“一带一路”是党中央作出的重大决策，它既是一种概念也是一种经济合作方式，文化是其灵魂，时间是其骨架，是用文化串联中国与世界的历史、现实与未来的重要架构。我国历史文化先行的优势可以推动与“一带一路”沿线国家和地区的全方位、多领域的交流与合作，促进沿线国家和地区在各领域的合作共赢和互利互荣。

2009年妈祖信俗被列入世界人类非物质文化遗产代表名录，成为中国首个信俗类世界遗产，标志着妈祖文化不仅是中国的，更是全世界的文化遗产；妈祖文化也不仅仅是“一带一路”沿线国家和地区海洋文化资源重要的组成部分，同时也是沿线国家和地区经贸合作与文化交流的重要媒介。作为海洋文化的一部分，妈祖文化在推进“一带一路”建设中具有较显著的产业价值和经贸价值，当然在推进合作过程中也存在诸多的制约因素，疏通妈祖文化在“一带一路”建设中经贸合作经脉，方能充分发挥妈祖文化产业价值和经贸价值，真正让妈祖文化走入

世界，融入世界。

1. 重点联接，共扩共建国际合作网络

妈祖文化产业要提升其经济价值和产业价值，就要发挥妈祖文化的国际性，考虑妈祖文化的国际合作布局。借助于国家“一带一路”建设良机，重点连接“丝路城市”。“丝路城市”（Silk Road Cities）特指位于“一带一路”沿线范围内，对所在国、所在区域具有重要经济、社会、文化、对外经济交往具有战略地位和影响力的枢纽性城市。[①]“丝路城市”一般位于东亚、东南亚、中亚、南亚、西亚、东欧、北非，其中东南亚、中亚、南亚和西亚，它们在地缘上接近，形成较为连续的空间主体。“丝路城市”具有两大共同的特点：第一是发展中心，第二是通商枢纽。[②]

我们选择妈祖文化合作“丝路城市”应该考虑以下这些基础条件：一是这些城市积聚了各种资源、人员和信息的交换条件，与外部联通联动能力强，是该地区的区域中心和发展节点；二是具有承接文化投资和文化贸易的基础设施，经济集中度比较高；三是要有一定人口基数，能形成比较大的文化消费能力；四是要有有利于文化产业投资宽松的经贸制度，如金融、税收、海关制度等；五是影响力强，能辐射周边地区乃至全国。如妈祖宫庙比较密集的东南亚，包括 11 个国家，即东盟（ASEAN）10 国和近年独立的东帝汶。

近年来，在全球经济增长放缓的形势下，东盟国家经济仍保持稳定增长的态势，成为世界经济最活跃的地区之一。目前东盟国家人口总数

---

① 苏宁、杨传开：《“丝路城市”：“一带一路”沿线城市节点的特征与发展意义》，《世界经济研究》2017 年第 8 期。

② 花建：《“一带一路”倡议与提升中国文化产业国际竞争力研究》，《同济大学学报（社会科学版）》2016 年第 11 期。

超过6.3亿人，其中占60%的人口年龄在35岁以下，15至64岁的劳动人口占65%，劳动人口数量仅次于中国和印度，位居世界第三。2020年东盟国家中产阶层人口预计将增至4亿人，这是消费的中坚力量。此外，到2020年东盟国家家庭可支配收入的年增长率将达5%左右，将催生大量的消费需求（包括文化娱乐休闲需求）。[①] 联合国贸易和发展会议的专家指出，东盟2030年有望成世界第四大经济体，GDP总量将达到4.7万亿美元。妈祖文化产业要提升其经济价值和产业价值，未来十年东盟将是其重点考虑的战略性市场空间。

2. 合力打造，共商共建妈祖文化国际产业基地

妈祖文化产业主要指以妈祖文化资源为依托，以产业化运作为手段，为信众及其他社会公众提供妈祖文化产品和妈祖文化相关产品的生产活动的集合。[②] 根据国家统计局规定的文化产业详细类标准，结合妈祖文化资源特点，妈祖文化产业可分为核心妈祖文化产业和外围妈祖文化产业。核心妈祖文化产业包括妈祖新闻出版发行服务业、妈祖影视产业、妈祖动漫游戏产业、妈祖工艺美术产业、妈祖音乐、舞蹈产业、妈祖文化新媒体产业、妈祖文化艺术服务业、妈祖文化旅游产业、妈祖民俗体育文化产业、妈祖创意文化产业等，如作为妈祖文化新媒体产业的代表，中华妈祖网提供网络广告位置，参与策划商业活动等就较好发挥经济作用。外围妈祖文化产业主要指妈祖文化相关产品的生产产业，包括妈祖文化祭祀产品生产（妈祖贡品、香具、灯具、蜡烛用品等）、妈祖宫庙建筑产品生产、妈祖宫庙内设物品生产和妈祖文化有关联的延

---

① 数据来源：《香港贸易发展局报告：东盟掀起现代消费主义》，引自 http://www.6czp.com。

② 帅志强、曾伟：《妈祖文化产业发展的意义、机遇及策略——以21世纪海上丝绸之路为背景》，《徐州工程学院学报（社会科学版）》2017年第7期。

伸性产业（妈祖服装、鞋、帽、挂饰等妈祖服饰业、妈祖宴面茶酒等食品业）、妈祖文化相关的海洋文化产业等等。

“一带一路”沿线国家和地区拥有大量的历史遗迹、建筑和丰富的宗教文化、民俗文化、民族艺术等旅游资源，它们社会文化、经济、人文迥异，发展侧重面不同，可根据沿线国家资源和国情情况，实现资源互相渗透与融合，找到产业互通有无的共同点，遴选条件成熟的国家集中力量合力打造妈祖文化国际产业基地，每个基地都有产业品牌和产业引领，成为展示、传承、弘扬和体验妈祖文化的重心，以推动产业的后续衔接和贸易发展。

3. 区域联动，共促共推妈祖文化经贸活动

妈祖文化具有民间性、社会性、广泛性等特点，其带动性十分明显，可作为对外文化交流的先锋，有利于促进经济文化协调发展和区域经济深度合作。“一带一路”沿线国家和地区妈祖信仰广泛，只要区域有效联动，妈祖文化经贸活动必然活跃。

首先，“妈祖文化旅游节”节事产品已较为成熟，可借助于“妈祖文化旅游节”彼此互推妈祖文化旅游精品线路，通过举办“妈祖文化研讨会”“天下妈祖回娘家”“妈祖下南洋·重走海丝路”“妈祖游轮寻亲”等活动，吸引大批国内外游客前往妈祖文化旅游地朝圣和观光旅游，促进旅游经济的发展。其次，通过妈祖文化搭台，在基础设施、产业对接、海洋经济、投资贸易等领域与“一带一路”沿线国家和地区展开合作。

4. 品牌引领，共建共享妈祖文化经贸成果

在以“品牌连通丝路”为主题的2018丝绸之路品牌国际论坛上，专家们一致认为中国品牌要“集群化”发展，形成集群品牌，方能产生品牌集群效应。而妈祖文化品牌就是这品牌“集群化”中的一颗明

珠。妈祖文化极具品牌价值，是人类文化品牌，应当发挥妈祖文化品牌优势，开发妈祖文化相关的子品牌，如妈祖海洋文化品牌、妈祖旅游文化品牌、妈祖大数据品牌等。现阶段“湄洲妈祖巡天下”“天下妈祖回娘家”“妈祖下南洋·重走海丝路”“世界妈祖文化论坛”“两岸妈祖文化活动周”等品牌建设都取得了较好的国际效应。

妈祖文化在全球45个国家和地区都有不同程度的影响，先后巡安马来西亚、新加坡、菲律宾等国家的相关城市，促进了民心相通。妈祖文化与其他国家和地区合作形成“湄洲倡议”，达成一系列合作共识，特别是与南太平洋13个岛国在产业对接、海洋经济、投资贸易等方面开展合作，经贸交流得到进一步的深化。充分发挥妈祖文化品牌的国际效应，将大大提升“一带一路”沿线国家和地区的经贸合作能力，彼此共享经贸发展成果。

二、发挥妈祖文化在“一带一路”经贸合作中作用的路径选择

1. 投融资路径

首先，要充分利用妈祖信徒中有产业优势信徒的资金，发挥他们民间资本的先导作用，完善妈祖产业链的融资体系。

其次，要有政府性基金的投资保障。妈祖文化具有较大的产业价值和经贸价值，政府投资引导不仅对妈祖文化产业有意义，也可以对妈祖文化的传承、保护和发展投资起到良好的示范作用，同时对“一带一路”沿线国家和地区区域经济的转型升级有很大带动作用。妈祖文化可以与很多产业结合发展，带动其他产业附加价值的提升，形成“妈祖文化+”的产业效应，这就需要政府资金的引导，可以成立“妈祖文化产业发展基金”，由政府来主导建设妈祖文化主体产业。

再次，选择性发展妈祖文化产权交易，创新平台型投融资。妈祖文化特色性明显，资源丰富，可以考虑遴选一些不影响文化生态的资源，注册成公共知识产权，转化成特色文化产权，放在产权交易所进行交易对接，同时寻求资本合作。[①]

最后，积极拓展适合妈祖文化产业消费的互联网金融。妈祖文化属于小众文化，但全世界2亿左右的信众是潜在的大众需求。在互联网环境中，不仅仅有海量的大众需求，也有小众的文化创意，两者的碰撞可以无缝对接，从而产生规模化消费。通过大数据应用，形成金融信用，推动妈祖文化产业（尤其是外围妈祖产业）由众筹走向文化众创。

2. 品牌启创路径

“一带一路”倡议下要发挥妈祖文化的产业和经贸价值，妈祖文化品牌的启创是关键，而启创妈祖文化品牌，首先要打造妈祖文化 IP（Culture Intellectual Property）。文化 IP 指的是文化产品之间联接融合的文化符号，这种文化符号穿透力强、辨识率高[②]，有流量有粉丝，可以被市场化、商品化。

发挥妈祖文化产业价值和经贸价值，需要开发和拥有其独特的文化IP，并作为其品牌的象征和代名词，以简洁明了的文化元素迅速传播妈祖文化，在“一带一路”沿线国家和地区信众心中塑造鲜明形象，提高妈祖文化的沉浸度和广播度。为此，打造妈祖文化 IP 需立足妈祖文化本身独有的文化资源和文化优势，挖掘妈祖文化内在稀有独特的艺术价值和产品价值，采取创新驱动、科技创新的方式，将妈祖文化与现代生活创意相结合，创造出实用与艺术兼有的价值含量更高的妈祖文化精

① 魏鹏举：《“一带一路”背景下特色文化产业的投融资路径》，《中国文化报》2015年4月11日。

② 鲁元珍：《文化 IP 如何实现高质量发展》，《光明日报》2018年11月7日。

品，以传播妈祖文化品牌。

妈祖文化已经具备优质 IP 的特质，启创妈祖文化品牌首要的是构建妈祖文化 IP 品牌矩阵，形成妈祖文化 IP 系列，打造妈祖文化 IP 名品。妈祖文化品牌传播及其产业发展不能按照常规文化产业发展思路，需要有创新思维，可以用创新创业的思维方式来推进妈祖文化资源的打造，让全社会都参与进来。不仅要有学术界的研究，更要有年轻人的研究力量。因为年轻人的创造力是无限的，新思维新思路将进一步激活妈祖文化，比如妈祖文化主题乐园可以发展成“迪斯尼”的样式，应当有现代化的观念和生活化的理念。与此同时，还应该有一种协同发展的思维，成立文化联盟、产业联盟、艺术联盟、金融联盟来共同推动妈祖文化平台的建设。

3. 发展模式路径

第一，妈祖文化产业园发展模式。文化产业园区是一系列与文化关联的、产业规模集聚的特定地理区域，是具有鲜明文化形象并对外界产生一定吸引力的集生产、交易、休闲、居住为一体的多功能园区。园区内形成了一个包括生产—发行—消费产供销一体的文化产业链。[①] 妈祖文化产业园的发展模式要选择妈祖文化资源比较丰富的地方，可以在妈祖文化产业基地采用该发展模式，以达到规模经营和产业集聚目的。该模式运作以土地为手段，以妈祖文化资源为驱动要素，吸收社会资本和文化专项资金，以海内外信众和游客为主要消费群体，以妈祖旅游朝圣、妈祖文创、商贸、科研、教育等为一体的妈祖文化综合区域为主要建设宗旨，相对集中性地从事妈祖文化产品生产和服务，以达到妈祖文化产业上游、中游、下游产业联动效应，实现妈祖文化社会效益和经济

① 樊盛春、王伟年：《文化产业园区理论问题探讨》，《企业经济》2008 年第 10 期。

效益目标。

第二，“政府引导，企业主导，信众参与”的发展模式。妈祖文化产业的健康发展依托于良好的文化创意、创新、创业生态环境，需要政府深化文化管理体制改革，建立健全规范、竞争、有序的文化市场体系，为产业发展提供优质政策引导和公共服务；企业作为妈祖文化产业的主力军，需要树立文化产业意识，加大对妈祖文化产业的投入与研发，减少对其他文化知识的模仿与抄袭，增强企业的文化产业竞争力；信众不仅是妈祖信仰的践行者，同时也是文化产业尤其是文化创意的来源，信众们更需要发挥自身的知识才能，投入到妈祖文化产业的建设之中，不仅为妈祖文化产业提供独特的创意灵感、创意设计，也为妈祖文化产业提供投资支持。

第三，生态文化旅游发展模式。发挥妈祖文化经贸价值，可以择地择期采用生态文化旅游发展模式，该模式以妈祖文化为基础，以发展人与自然和谐、生态平衡的生态旅游业为目标，集合生态经济、生态制度、生态环境、生态空间、生态文化和生态人居等“六位一体”之力，促进“丝路城市”生态文明建设，发展低碳旅游、绿色旅游、智慧旅游，融入建立妈祖国际公园或妈祖文化产业基础体制的大背景，培育符合生态文明理念的生态文化旅游产业。通过“妈祖文化大旅游”打造“一带一路”妈祖文化国际生态旅游与文化旅游带，以旅游为先导产业，替代传统产业，联动一、二、三产业，优化产业结构，建设以旅游业为节点、依靠产业链连接的大旅游产业体系。[①] 最重要的是以妈祖精神为核心，在“一带一路”沿线国家和地区中充分呈现思想指引作用，进行生态文明教育、生态文明宣传和生态文明创建。

---

① 董锁成、赵敏燕、郭鹏等：《“一带一路”生态旅游带发展模式与对策》，《中国科学院院刊》2016 年第 6 期。

4. 市场营销路径

首先，要充分利用“互联网+”和大数据时代，传播妈祖文化。要充分利用微博、微信、互联网、手机 App、推特等工具进行宣传营销，同时要与谷歌、百度、360 等境内外搜索引擎合作，将妈祖文化旅游产品置于抢眼的位置加以推广以吸引全世界的眼球。①

第二，推送介绍妈祖文化旅游目的地的软文到各新闻网站和旅游网站，或者以抖音等现代年轻人乐于接受的方式宣传妈祖文化旅游地，激发读者了解和前往妈祖文化旅游地的欲望。

第三，重视资源整合性营销。要注重妈祖文化与“一带一路”沿线国家和地区特色旅游资源的融合，植入妈祖文化旅游精品，将整合后的景点资源开发成免费电子游戏，让“游戏消费军”在游戏中接受妈祖文化的宣传和营销。

第四，采用“粗暴简单式”精准营销。现代人阅读的可忍性有限，喜欢简单短频的浏览方式。所以可制作形式多样通俗易懂的宣传图片或动漫视频，结合互联网，在微信、抖音、今日头条乃至学习强国平台等新式媒体上进行精准营销。

第五，重视视觉营销。可精选妈祖文化精品旅游地，选取经典旅游景点，挖掘妈祖文化主题，邀请著名电影公司或导演进行量身定做，以植入电影情节或电视剧情节的方式产生视觉冲击，激发观众前往的旅游欲望。

第六，要尊重文化差异，有效营销。对不同文化区域，要尊重各国文化差异，在宣传营销过程中要区别对待，保留文化差异形成的旅游吸引力，采用各国受众能够理解和接受的形式进行推介。如采用所在国所用的官方语言进行宣传，尊重所在国家的民风民俗等。

---

① 黄金洪：《“一带一路”文化旅游发展的基本路径》，《两岸创意经济研究报告》2017 年 10 月 1 日，第 139 页。

随着社会经济不断进步和发展，人们的消费需求也变化多端，要综合运用不同营销模式，不断开拓营销渠道，创新营销模式，才能让妈祖文化在“一带一路”文化旅游中发挥其最大的产业效益和文化效益。

5. 人才培养路径

发挥妈祖文化在“一带一路”建设中的经济价值和产业价值，人才的培养是首要保障。

首先，要构建妈祖文化专业人才培养的版图。依托我国妈祖文化传播和传承集中地所在高校，加强妈祖文化产业人才培养力度。政府可以同部分高校合作建设妈祖文化产业人才培养基地，号召相关高校开设妈祖文化培训课程，培养更多优秀的妈祖文化产业人才，进而将这些优秀的人才输送到“一带一路”沿线国家和地区；鼓励、号召年轻人重视妈祖文化非物质文化遗产的传承，创造条件多举措鼓励年轻人将传统文化能够传承下来并发扬光大。

从专业知识、文化素质、外语水平、服务技能和管理能力等层面加强妈祖文化从业人员的培训，努力提高妈祖文化从业人员的就业水平。创造条件，加大力度，吸引不同层次从事旅游服务和产业管理的专业人才投身妈祖文化产业建设。强化“产、学、研”合作，依托全国乃至全球大专院校、研究机构协同开展“一带一路”妈祖文化产业研究，增强“一带一路”妈祖文化产业的科技支撑能力。

其次，要充分发挥妈祖信仰圈里华侨华人的桥梁作用。华人华侨包括侨商、侨社、侨校、侨媒等，在所在国具有一定的社会地位，或具有一定经济作用，同时他们又了解、熟悉所在国的习俗、语言、法律、宗教等，通过他们凝聚侨心、汇集侨智、发挥侨力，维护侨益，[①] 直接参

---

① 隗斌贤：《“一带一路”背景下文化传播与交流合作方式及其对策》，《浙江学刊》2016 年第 3 期。

与妈祖文化产业运作，可以规避或者至少可以有效减少政治性障碍，有助于消除或减少所在国对妈祖文化“走出去”所产生的不安和恐惧，使得妈祖文化对外沟通和文化产业的外输变得更为通畅，更好地发挥华人华侨在妈祖文化传播与经济合作中的独特作用，共同推动妈祖文化产业的发展。

再者，要充分发挥驻外机构力量。包括驻外使领馆、海外中国文化交流传播机构以及双边或多边合作机构，利用这些机构的力量，创造条件培养“一带一路”人文交流传播与妈祖文化传播、文物、文博等对外文化软援助专业人才，同时要加大人才引进力度，尤其是熟悉国际惯例、能适应国际文化交流传播竞争需要的外向型文化人才，为妈祖文化产业的国际化提供智力支持和人才储备。[①] 随着互联网的普及应用，人才的培养还要侧重网络人才的培养和储备，以适应互联网带来的人文交流机遇与挑战。如可与“一带一路”沿线国家和地区合作，创办妈祖文化产业学院或联合校企庙建立产业创新联盟，构建丝路院校和企业、妈祖宫庙合作平台，培养高质复合型跨文化交际的专用人才。

---

① 隗斌贤：《“一带一路”背景下文化传播与交流合作方式及其对策》，《浙江学刊》2016 年第 3 期。

第五章　妈祖文化在“一带一路”建设中的社会发展价值

在国家“一带一路”倡议下，2015 年 11 月，福建省出台了《福建省 21 世纪海上丝绸之路核心区建设方案》，提出发挥妈祖文化的纽带作用，拓展与海上丝绸之路沿线国家和地区的经贸合作与民间信俗交流，促进经贸人文融合发展。妈祖文化在“一带一路”沿线国家和地区间的精神纽带作用日益凸显，在中国与“一带一路”沿线国家和地区的区域合作中发挥更加突出的作用，在“一带一路”建设中的社会发展价值也越来越明显。这不仅体现在妈祖文化与促进社会文明和社会和谐的关系方面，也体现在妈祖文化与“一带一路”建设的关系之中。

第一节　妈祖文化与社会发展

“有海水的地方就有华人，有华人的地方就有妈祖”。妈祖从人而神的那一刻起，其“立德、行善、大爱”的精神内涵就被代代传承和广泛传播，历久弥新。随着海上丝绸之路的开辟，其作为海上丝绸之路的保护神，更是被海内外亿万信众尊崇爱戴和顶礼膜拜。通过传承和弘扬妈祖文化，将妈祖文化当代化，不断给妈祖文化注入新的当代内涵，并在具体实践中发挥其巨大的社会功能，必将极大地推动当代社会的发展。

一、妈祖文化的社会功能

妈祖是“真善美”的化身，妈祖信仰是社会的凝合剂，以妈祖信仰为基础的妈祖文化则通过以妈祖文化的核心——妈祖精神，即“立德、行善、大爱”为凝聚力，在社会层面发挥其整合和稳定社会的功能。

1. 妈祖文化具有强大的社会公信力，可以凝聚人心

信仰属于一种人的内在省思行为，它可以超越意识形态的藩篱，超越种族、语言等障碍，取得心与心之间的真正交流。以妈祖信仰为核心的妈祖文化起源于蔚蓝色的海洋文明，但又不仅仅局限于海洋，随着它在全球范围内越来越广泛的传播与发展，它的内涵越来越丰富，外延越来越宽广，必将超越中华民族文化的范畴，成为全人类共享的、具有巨大的普世价值和深远的人文意义的精神财富。“妈祖信俗”成功地入选了联合国非物质文化遗产名录就是一个鲜活的例证。因此，妈祖文化可以充分发挥其桥梁纽带作用，做“一带一路”沿线国家和地区民众文化交流、经济合作的传播者、推动者，进一步凝聚“一带一路”沿线国家和地区华人华侨。

共同的祖先崇拜和神明崇拜，使来自同一个祖籍国的华人华侨聚集到一起，从而唤起了寻“根”的意识。妈祖精神则让远在异乡的华人华侨超越了经济利益和社会地位的差异，为其提供了一个共同的精神生活的信条。比如，马来西亚邦咯岛海南会馆天后宫的建成，即是当地华人华侨精诚团结的见证。会馆礼堂左边一面是于 1965 年 12 月 31 日镌

刻会员乐捐建会基金的铜版，其引言第三段写道：“奈本岛吾籍同乡，经济力弱，势须向外仰求热心公益者之同乡捐助，乃发动本会青年部剧务组，出发怡保、槟城、吉隆坡等埠，公演琼剧等筹募。同时，加以派员向各埠同乡征求特别捐，而各埠热心者同乡，咸以名正言顺之号召，抱公益事业无分畛域之慨，慨解义囊乐捐，或购买剧票，诸多惠子相助，此足见吾籍同乡团结之精神也。”①

2. 发掘妈祖文化中“和”的精神内涵，激励人心，消除分歧

首先，在“一带一路”沿线国家和地区广泛传播的妈祖文化，有助于广大信众增强改造社会、征服自然的坚强意志，艰苦奋斗，以实现国家的繁荣昌盛。在广大信众心目中，妈祖具有大无畏精神，是敢于越千难，涉万险，护国庇民的英雄之神。妈祖生前一直奔忙于惊涛骇浪的大海之上，平息海浪，救护海难，确保人民群众的生命财产安全以及航海事业的发展。在妈祖精神的熏陶下，当地群众自觉树立吃苦耐劳，敢于战天斗地的英雄气概，增强改造自然的能力，建设先进文明富饶的美好家园。当代“一带一路”沿线国家和地区的社会进步巨大，究其原因，妈祖文化的传播起到了不可估量的重要作用。

其次，妈祖文化具有凝聚民众人心的精神力量。当国家、地区和民众遇到困难，发生纠纷时，妈祖精神中包含的“和为贵”的内涵可以帮助人们消弭隔膜，化解矛盾。妈祖文化通过渗入民众的公共生活空间，参与调节乡村公共事务。民间信仰介入世俗社会，自古有之。比如，在妈祖故乡莆田就流行着一句民谚“文峰宫里看总簿”。“总簿”是记载莆仙戏戏班各项条例的本子，戏班一旦遇到有争议的事情，即拿出“总簿”按其中规定的条文来处理，而“总簿”却放在文峰天后宫

---

① 参见李佩珍主编：《马来西亚视觉天后宫（第一辑）》，马来西亚雪隆海南会馆（天后宫）2018 年，第 84 页。

里。说明妈祖信仰对世俗生活的深刻影响，世俗的争端也需要由妈祖宫庙来裁决。

虽然在21世纪的今天，宗教和民间信仰早已退出世俗生活，不可能像欧洲中世纪那样，掌控和管理着世俗社会的政治和经济，但仍然可以辅助性的“软”方式，协助政府调节民众的公共生活空间。有的专家指出，妈祖宫庙董事会在农村民主自治中与村民自治委员会之间是一种权威的博弈关系。董事会控制着农村私域的公共生活空间，而村民自治委员会则控制着农村公域的公共生活空间。[①]

二、妈祖文化的道德建设功能

我国的民间信仰虽然没有高深的教义教旨，也没有系统、严密的组织，却融合了我国历史上制度化宗教的积极因素，在吸收儒家忠孝礼仪的基础上，还吸取了佛教的因果轮回、道教的承负报应等宗教伦理，并更加发扬渲染。与其他宗教道德一样，民间信仰宣扬伦理道德主要是利用两种方式：一是从正面树立榜样，如大多数神明都是“道德楷模”，寺庙的签诗、楹联、壁画大都为忠义节孝的内容。二是从反面利用民众对神鬼的恐惧心理，规劝民众明辨是非、扬善弃恶。[②] 同样，作为中国民间信仰的妈祖信仰，在精神层面上包涵着感化民众，劝善弃恶的积极因素。妈祖作为民间广受尊崇的“道德楷模”，其“行善”维度的精神内涵得以当代化，与社会主义核心价值观相契合，并加以传承与弘扬，发挥道德建设功能。

---

① 朱武雄：《民间宗教的语言与城镇化农村治理——以妈祖信仰为例》，《华南农业大学学报（社会科学版）》2010第3期。

② 王瑞军：《民间信仰的社会功能及作用机制研究——基于社会主义新农村建设视角》，博士学位论文，南京航空航天大学2012年。

1. 妈祖文化有助于广大信众树立真善美的价值观念

在广大信众的心目中，妈祖的形象尽善尽美，妈祖精神包含着真善美的价值和道德内涵。信仰妈祖，意味着认同妈祖所代表的真善美的价值和道德。妈祖生前孝敬父母，热爱兄弟，慈悲济世，热衷于社会公益事业，热爱和平，以慈母般的慈爱情怀，为民众救苦救难，致力于民族团结、祖国统一、消弭战争等等。她公正诚实守信和平，集中华民族优良传统于一身。这些优秀道德品质，对于我们当前深入践行社会主义核心价值观，坚持道路自信、理论自信、制度自信和文化自信，对全体公民进行道德建设与民族精神的重塑，都具有重要的参考价值和实践意义。

子曰：“性相近也，习相远也。”可见广大民众在先天思想品质相差不多的情况下，后天道德教化的重要性。在妈祖精神的陶冶和感召下，广大信众逐步树立了“善”的道德价值观，培育了“孝”“慈”“仁”“爱”“诚”“信”“正直”“和平”的传统优秀道德体系，并在生活中身体力行，形成了家庭和睦、邻里友爱、民族团结、社会和谐的大好局面。

2. 妈祖精神的内核与社会主义核心价值观相契合

“立德、行善、大爱”的妈祖精神与社会主义核心价值观的主要内容“富强、民主、文明、和谐，自由、平等、公正、法治，爱国、敬业、诚信、友善”暗合，原因在于，社会主义核心价值观也是在继承和弘扬中华优秀传统文化的基础上形成的，而妈祖文化是中华优秀传统文化的一个组成部分，妈祖精神也是在扬弃妈祖信仰中属于封建迷信糟粕的基础上总结出来的精华部分，二者相通。

妈祖文化与当代的主流文化相融合，也必须通过一系列新的当代化的阐释，不断地赋予妈祖文化新的内涵，才能适应急剧变革的当代社会。也只有这样，其精髓才能得到不断地弘扬，并在当代文化的重建过程中发挥重要作用。比如，“立德、行善、大爱”的妈祖精神和“爱国爱乡、海纳百川、乐善好施、敢拼会赢”的福建精神，“勇闯天下、团结互携、刻苦耐劳、恋家爱国”的莆田精神相契合。

三、妈祖文化在乡村治理中的作用

党的十九大报告中提出了乡村振兴战略，在实施乡村振兴战略，加强乡村治理的过程中，政府起到制定政策和对公共事务的管理作用。民间信仰组织搭建起政府和民众之间的桥梁，妈祖文化则起到了思想引导和道德规范的作用，即在思想、文化上对乡村治理起到了积极的推动作用。

1. 妈祖文化成为团结乡亲、凝聚族群的“黏合剂”

身居海外，对于漂洋过海的华侨华人来说并不等于与国内断绝联系。相反，宗亲意识和故土意识在华人华侨群体当中得到了前所未有的加强。身处异国他乡，生活条件语言风俗甚异，故土情结愈甚。早期华人漂泊在外谋生，势必会遇见各种各样的困难，他们往往按照籍贯结成社团，常以“帮”来称呼和区隔地缘群体。比如“福建帮”“潮州帮”“客家帮”和“海南帮”等等，所操方言和生活习俗都不一样。他们成立商会，兴建会馆，依靠地缘关系来克服困难，争取更好的生存和发展空间。作为神明的妈祖在所依附的社群内成为凝聚该社群的文化纽带。

在移民时代华人社会的建构中，妈祖崇拜亦具有整合社群之功能。[①] 而这些来自中华大地的帮会都有着他们共同的神明——妈祖。因此，不管是福建会馆也好，海南会馆、潮州会馆也好，其中通常供奉着

① 曾玲：《社群边界内的“神明”：移民时代的新加坡妈祖信仰研究》，《河南师范大学学报》2007 年第 2 期。

海神妈祖，让会馆成为既是凝聚乡情的地方，也是妈祖信仰传播的重要场所，而他们祭祀妈祖时也保持着各自籍贯地的文化特色，彰显出浓浓的故土情结。比如，马来西亚雪隆潮州会馆的会员，祭祀妈祖的仪式亦具有潮州人的祭祀民俗特色，包括用潮州人之“金斗”供品，用潮语诵经及点七星灯祈福等。①

在华人华侨走向世界各国之时，也将妈祖信仰带到了全世界。虽然西方海洋文化蕴含着冒险、征服与掠夺等迥异于东方海洋文化的工具理性的内涵，但现代西方哲人也在反思自己文化的局限性，倡导人与自然、人与人之间的和谐相处。因此，东西方海洋文化有了相互融合的契合点。可见，海神妈祖可以是全世界航海者的精神支柱，也可以是全世界人民的精神支柱。比如，在菲律宾吕宋岛东南部描东岸市的妈祖天后宫，神龛正中供奉的却是一尊全然是天主教服饰的女神像，当地菲人视其为地方守护神，而华人则视其为妈祖，华、菲两个民族的人们就这样共同供奉着这二位一体的女神。在这个国家，纪念妈祖的仪式中请天主教神父主持弥撒、举行天主教式的花车游行等事例屡见不鲜。② 再比如，华人华侨在长崎兴建三佛寺，主要力量是负责通商的船主们，他们经年在汹涌的波涛中谋生，基于妈祖的灵应，常常祈求妈祖的庇佑，久而久之，妈祖成了他们的精神支柱。“船主们在长期的航海经商实践中，常年涉履惊涛骇浪，日夜虔诚地祈求天后妈祖的庇佑，天后妈祖航海保护神成了他们的商船航行能否平安抵达目的地的精神支柱。”③

2. 妈祖文化起到促进民众拼搏创业，回馈乡里的作用

华人华侨移居海外来到目的地后，为了在当地立足，勤劳节俭，艰

---

① 参见李佩珍主编：《马来西亚视觉天后宫（第一辑）》，第 61 页。

② 陈衍德：《试论菲华社会的宗教融合》，《世界宗教研究》1995 年第 1 期。

③ 童家洲：《日本华侨的妈祖信仰及其与新、马的比较》，《华人华侨历史研究》1990 年第 4 期。

苦创业，历尽艰辛，当他们功成名就之后，往往感恩于妈祖的庇佑而兴建妈祖宫庙，以供奉共同膜拜的神明。比如马来西亚的森美兰州，以采锡业为主，早在1800年初期，已有华人来到此地垦荒，1815年少数华人开始从事开采锡矿。后期崛起的采矿家谭扬来到森美兰州首府芙蓉发展，锡矿业不如前期发展蓬勃，矿工逐渐离他而去，另谋出路，只有海南籍矿工，不离不弃。谭扬感恩于海南人的忠心，于是慷慨捐地供森美兰州海南矿工兴建天后宫，供奉笃信的神明妈祖，庇佑大家兼建立联谊场所。①

还有一些华人华侨在海外事业发达之后，也会出于感恩，反哺乡梓，回乡捐资兴建妈祖宫庙，如龙岩市东城天后宫、永定下洋汤子阁天后宫、长汀县汀州天后宫、连城县庙前芷溪天后宫等。

3. 以妈祖文化“天人合一”的精神内涵推动践行美丽乡村理念

妈祖文化以海纳百川的气魄将其内涵和外延不断地拓展和丰富，最终生成一种博大精深、泽被众生、信众广泛的世界性文化，传播到世界各地，滋润世世代代。妈祖精神是多元的、开放的，与时俱进的。这就需要对传统的妈祖文化进行现代转换，对传统的妈祖信仰进行扬弃，去芜存菁，祛除封建迷信的元素，融入具有现代性的新观念，特别是坚持以人为本，在妈祖的神格中融入人格，使其更加贴近实际、贴近生活、贴近群众。

对于“美丽乡村”中所蕴含的人与自然和谐相处的理念，首先要从传统文化中去寻找思想资源。传统文化中一个与生态文明关系最为紧密的重要命题是“天人合一”。《易·系辞》中的“生生之谓易”，老子的“道法自然”，朱熹的“理一分殊”等命题，均蕴含着朴素的生态

① 参见李佩珍主编：《马来西亚视觉天后宫（第一辑）》，第43页。

文明思想。其次，要从西方哲学中去借鉴思想资源。自从笛卡尔提出“我思故我在”，近代西方主体性哲学占主导地位，促进了科技的高速发展，其副作用是对大自然的片面掠夺和对自然资源的激烈争夺，引发了两次世界大战，造就了奥斯维辛这样的人间地狱。战后，西方哲学家反思了主体性哲学的弊端。德国哲学家阿多诺说过：“在奥斯维辛后写诗是野蛮的。”而后哈贝马斯提出了“主体间性哲学”，强调人与大自然，人与人之间的平等交往，并把大自然看作与人平等的一个“准主体”。中国学者杨春时等人则将中国哲学注重的审美同情与西方哲学重视的审美理解相融合，提出了主体间性美学的建构方向。通过梳理中外文化思想史，可以发现一个人与大自然从对立到和谐的发展脉络。

妈祖文化之所以作为一个饱经沧桑，仍昂扬向上、雍容大度的文化奇迹，是因为妈祖精神中蕴含着那种为“大我”而牺牲“小我”，以及善行仁义、为国为民的大爱精神，具有广泛的普适性。特别要强调的是，妈祖文化还是“天人合一”海洋生态和谐的象征。其中包含着强烈的自然之子意识，是妈祖信仰的一个重要组成部分。妈祖虽神通广大，但她并不采取大动干戈与大自然“对着干”的野蛮方式，而是凭借“四两拨千斤”的手段赈灾救难，且往往呈现一派红光照耀、鸟翔鱼跃的协调欢乐的和谐气象。① 还有，每年为纪念妈祖羽化升天在福建莆田湄洲岛举行的海祭大典中，就有一个“行放生礼”的环节，内蕴着保护自然资源的环保意识。通过放生仪式，生动地阐释了妈祖文化中人与大自然和谐共生的深刻内涵。

站在当代这个传统文化和现代文化、西方文化交汇、融合的历史门槛上，反思历史，眺望未来。可以发现，妈祖精神与建设美丽乡村所需

---

① 《妈祖文化》，引自 http://www.ptxy.gov.cn/gkxx/zrzy/201709/t20170907_662659.htm。

要的“工匠精神”“天人合一”的理念高度契合，不仅促进人自身的发展，也促进人与人、人与社会、人与自然之间的和谐相处。

第二节 妈祖文化与“一带一路”沿线国家和地区的社会文明

妈祖文化在传承传播过程中，“一带一路”沿线国家和地区以妈祖民间组织和妈祖宫庙为依托，在各个层面发挥重要作用，充分体现出妈祖文化促进社会文明提升的社会价值。

一、妈祖文化在各种事务中的作用

“灵妃一女子，瓣香起湄洲”。作为具有外向型神格特征的民间神祇，妈祖信仰起源于福建莆田湄洲岛，在海上丝绸之路沿线广泛传播。自古以来，妈祖作为“海上平安女神”，具有外向型神格特征，这是自宋代以来中国东南沿海海洋贸易与文化发展变迁的历史过程中逐渐形成的。并且在传承传播的过程中，不断吸收、融合在地文化元素，让妈祖的神职不断扩大，在各种事务中发挥出重要作用。

1. 妈祖的神格不断提升，神职不断扩大

对于妈祖的发祥地——莆田地区当地的普通家庭来讲，一般是身体强壮的男性成员扬帆出海，或捕鱼或经商，留守在家的女性成员则成为家里的顶梁柱，逐渐形成了莆田女性善良温驯、勤劳俭朴、吃苦耐劳、牺牲奉献、顽强保守等人格特征，并被广为传颂，广受尊敬。而妈祖作为女性神祇，其神格批判地吸取了莆田女性人格特征中的优秀元素，因此易于被当地广大群众所接受。而对于出门在外的男性成员来讲，长期在急风恶浪中颠簸，急需有一种心理依靠，妈祖刚好填补了这个空白，逐渐上升为一种民间信仰。

对于封建统治者来讲，则出于政治、经济的目的，不断地予以褒封，并举行官祭活动。“利用了这一系列的赐封将妈祖纳入了自己的统治体系。以封建统治者的身份向民间信仰的神灵赐封爵号，既体现出与民同奉，又极其巧妙地向民众传递出自己才是天地间的至尊。”① 从宋徽宗赐予“顺济”匾额始，到清康熙晋封妈祖为“天后”，达到女神的至尊地位，在众多的封号、敕封诏书和御赐匾额的措辞中，既赋予其“护国”“辅圣”等政治职能，参与国家事务；又有“普济”“庇民”“福佑群生”等关注民生方面的内涵。

妈祖信仰肇始于北宋，迄今一千多年，在最初流传的众多妈祖信仰灵应事迹中，妈祖的主要职能是护航、保平安。如廖鹏飞的《圣墩祖庙重建顺济庙记》中说：“故商舶尤藉以指南，得吉卜而济，虽怒涛汹涌，舟亦无恙。”随着时代的变迁，传播环境的变化，妈祖神格的不断提升，以及妈祖文化传播范围的不断扩大，妈祖的神职也在不断地丰富，已不仅仅局限于海上保平安，由“海上平安女神”到“世界和平女神”，国家层面由护国庇民、抗侮御寇、破敌致胜等到促进两岸统一；民生层面有弘仁普济、福佑群生、护漕运、祈雨、送子、发财、祈雨、祈旸、驱除瘟疫等，成为“万能”之神。如我国台湾地区学者张珣的研究指出，在台湾早期有妈祖救助当地民众免于番害、兵乱、匪徒等人祸及虫害、旱灾、山洪、瘟疫、地震等天灾的灵验事迹记载。② 我

---

①　郁勤：《被规训的信仰：妈祖信仰的封建化史》，《读与写杂志》2008 年第 3 期。

②　张珣：《从妈祖的救难叙述看妈祖信仰的变迁》，转引自林美容主编：《妈祖信仰的发展变迁：妈祖信仰与现代社会国际研讨会论文集》，北港朝天宫，2003 年，第 169 页。

国台湾地区学者卓佳贤更是研究了“妈祖接炸弹”等现代神迹，由此探究妈祖介入现代战争，护卫一方平安的新职能。[①]

妈祖信仰最大的社会功能是护国庇民，维护社会稳定。无论是在保护漕运的安全，出使、平寇、御倭等国家重大事务中，还是在安定民心、慰籍人心、消灾送福等民间事务方面，均屡有灵应。正因为此，妈祖信仰得到朝廷的承认，屡受官方褒封，并获得合法化的地位，为妈祖信仰走向世界打下良好的基础。正如同治《增修酉阳直隶州总志》记载：

> 今凡有闽人在别省居住者，皆建此庙，州属亦然。[②]

在“一带一路”沿线国家和地区广泛传播的妈祖文化，不仅使之成为闽籍移民的精神家园，也与各地移民的信仰相安无事，并且相互融合，共同成为维护社会稳定的精神支柱。比如贵州镇远天后宫山门两侧的那副对联：“四海永清是谓水轮转地，八风从律固知后德配天”，横批“海国安澜”。可见妈祖以其厚德载物，深受当地民众景仰，颂其为“后德配天”；妈祖又因其一直以扶危济世、护国庇民为己任，保当地一方平安、风调雨顺，固谓之“四海永清”“八风从律”。

在中国古代，从朝廷的角度看，神灵设置合法性的被确认实际上标志着封建统治对处于流动状态中的人们管理的加强。[③] 到了现代，妈祖文化也具有促进社会稳定的功效。比如，澳门回归前，湄洲妈祖金身巡

---

① 卓佳贤：《妈祖接炸弹神迹之研究——以日治时期嘉义周边为例》，转引自王实钗主编：《妈祖信仰文化暨在地人文艺术国际学术研讨会论文集》，北港朝天宫，2012 年，第 225 页。

② 同治《增修酉阳直隶州总志》卷 9。

③ 王日根：《论明清会馆神灵文化》，《社会科学辑刊》1994 年第 4 期。

安澳门，为澳门妈祖石雕像落成举行开光典礼，这次活动为澳门回归之前的社会奠定和谐基础。据了解，当时在澳门回归之前，当地的治安处在比较微妙的时刻。当妈祖在澳门巡安期间，治安事件趋于零，原因在于大家都心向妈祖，忙于参加妈祖开光活动。①

2. 妈祖文化在各种事务中持续发挥重要作用

妈祖与历代国家和民间事务都有十分紧密的关系，到了当代，在促进祖国和平统一、人文经贸交流、日常生活等诸多事务方面仍然发挥着重要作用。在国际事务中，妈祖作为“世界和平女神”充当“和平使者”的角色，在文化交流中也发挥着巨大的作用，妈祖文化的接受主体可以细分为国家和地区、国际组织、个人。可以发现，妈祖文化的传播是一个传播者沿着以福建莆田为中心的“海洋文化圈”内传播、发展的过程，妈祖文化的发展、兴盛也与这个“海洋文化圈”内的受众息息相关。只有当妈祖文化的内涵与受众心理高度契合时，妈祖文化才能被接受。而妈祖文化最终成为传播者与受众之间沟通的桥梁，其向心力与凝聚力超越意识形态的分歧，具有普世价值。审视妈祖文化在“一带一路”沿线国家和地区所受的崇尚，反思妈祖文化在中国与欧美、东亚、东南亚、非洲诸国文化交流与经贸合作中如何发挥重要作用，前瞻未来的发展方向，从而发现妈祖成为“世界和平女神”的政治意义、文化意义就在于此。

比如，当前海洋外交的重点领域之一是海上非传统安全合作，如海上救灾减灾、海上搜救、反海盗及其他犯罪、防止生态环境进一步恶化、反海上恐怖主义、反非法捕鱼等等。我们不难发现妈祖这一方面的精神价值，发挥妈祖文化的感召力，努力为本地区提供更多的海上公共

---

①　周金琰：《发挥包容和谐作用》，《湄洲日报》2016 年 4 月 1 日。

产品，促进本地区非传统安全领域合作。例如，我们是否可以考虑在一些岛屿上建立海上救灾减灾的基础设施，或为过往渔民提供躲避风浪和补给的场所，或逐步建立反海盗和反恐怖主义的早期预警系统，通过以妈祖命名以上所说的设施或机制，并辅之以适当规模的妈祖文化设施，进而为本地区营造出更好的合作氛围。①

在当下民众的日常生活中，随着新事物、新情况的出现，妈祖被赋予了其他一些新的功能。如随着经济的发展、生活水平的提高，人们出门旅行的机会也增加了，这样妈祖又成了旅途安全的保护神。由于经济体制的改革、商业的发达、行业的壮大，妈祖又成了企业和行业的保护神。如今，在许多汽车、汽船等现代交通工具上，都挂有妈祖神像或香袋，这是司机们在祈盼妈祖一路同行，保佑其行程安全。妈祖的这些新功能，都是现代人所赋予的。②

二、妈祖文化对促进社会文明提升的作用

随着妈祖文化在“一带一路”沿线国家和地区各种事务层面持续发挥着重要作用，其在促进社会文明提升，治理社会不文明行为等方面也起到了不可代替的作用。

1. 妈祖文化是倡导社会文明的助推器

妈祖文化是中国优秀传统文化的组成部分，传承和弘扬中华优秀传统文化不能是对传统文化的照搬照套，而是做好传统文化当代转换，推陈出新。因此，在建设社会主义和谐社会的条件下，在习近平新时代中

---

① 张云莲、李福建：《论妈祖文化在新时代中国特色海洋外交中的价值》，《第四届国际妈祖文化学术研讨会论文汇编》，2018 年，第 139 页。

② 陈启庆：《福建妈祖信仰的新特点及对台湾的影响》，《莆田学院学报》2005 年第 3 期。

国特色社会主义思想指导下，要赋予妈祖文化新的时代内涵，使其具有与时俱进的品格，培育与建设以社会主义核心价值观相契合的妈祖文化当代新内涵。妈祖文化中的许多内容与社会主义核心价值观相辅相承，譬如以护国庇民、和平大爱为重点的担当精神和家国情怀；以仁义共济、无私奉献为重点的互助理念和社会关爱思想；以扬善去恶、自强不息为重点的修身要求和向善追求，与社会主义核心价值观倡导“富强、民主、文明、和谐”国家层面的价值目标，倡导“自由、平等、公正、法治”社会层面的价值取向，倡导“爱国、敬业、诚信、友善”个人层面的价值准则等，完全可以对接、互鉴和贯通。①

在此基础上，让妈祖文化成为倡导社会文明的助推器。具体的实践主体主要有政府、社会团体和个人，让三大主体融合、联动起来，积极开展“妈祖文化中国行”“妈祖文化在校园”“妈祖文化伴我行”等系列公益活动，建立以妈祖文化推动社会文明提升自上而下的宣传与践行机制。

“一带一路”沿线国家和地区均十分注重发挥妈祖文化在倡导社会文明方面的巨大作用。比如，马来西亚妈祖宫庙就热心支持教育事业，槟城海南华侨教育事业的发展与槟城海南会馆天后宫有着密切的关系。海南会馆天后宫于1920年正式接办益华学校至今。这其中经历过战争被迫停办，也有过资金缺乏经费紧张等各种情况，但海南会馆天后宫的理事们从不放弃，一代又一代的益华领导人鞠躬尽瘁，热心教育，为益华学校的发展作出了贡献。② 天后宫以培养一代又一代妈祖文化传承人

① 《让妈祖文化扬帆“海丝”，打响妈祖文化国际品牌》，引自 https://mp.weixin.qq.com/s?__biz=MjM5OTk4ODEzOA%3D%3D&idx=1&mid=2650017983&sn=ebd0e47bf219d0766deaaf63ca070ab8。

② 刘春燕：《马来西亚槟城华侨华人妈祖信仰的特点》，硕士学位论文，华侨大学2018年，第22页。

为己任，致力于提高全体公民的文明素养，从而为进一步倡导社会文明打下基础。

社会团体作为民间非官方力量可以协助政府，当好政府与群众之间，以及“一带一路”沿线国家和地区之间沟通的桥梁。一是积极开展跨文化交流活动，促进妈祖文化在“一带一路”沿线国家和地区的传播，将妈祖精神与丝路精神有机融合起来，让“一带一路”沿线国家和地区接受并协同传播妈祖文化；二是借助社会团体了解“一带一路”沿线国家和地区的社会状况，总结出社会文明建设中的经验和教训，提高民众自觉抵制不良思想侵袭的能力，借助妈祖文化软实力，推动各个国家和地区社会文明的提升。

对于个人而言，要大力培养妈祖非物质文化遗产传承人。老一辈妈祖非物质文化遗产传承人均为各行各业“身怀绝技”的能人，比如福建湄洲妈祖祖庙原董事长林金榜、“妈祖面”传承人潘金莲、“妈祖贡品”传承人肖玉成等，通过他们以师徒制的方式带动一批又一批年轻人活态传承妈祖文化，培养出新一代妈祖非物质文化遗产传承人。同时将妈祖精神融入各行各业的行规当中去，带动各行各业的从业者诚实守信、热爱劳动、安居乐业，从而带动整个社会文明的稳步提升。

2. 公益慈善方面：彰显妈祖文化扶困救难的精神实质

妈祖集真、善、美于一身，体现出来的高尚精神，如慈悲博爱、无私无畏、救人急难、公平诚信等等，都是令人景仰、值得仿效的道德典范。因此，要让妈祖宫庙成为传播公益慈善文化的场所，让妈祖成为公益慈善事业的形象代言人。让妈祖扶困救难精神得以弘扬，从而在“一带一路”沿线国家和地区民众之中产生强大凝聚力与认同感。

一是利用各地妈祖宫庙雄厚的资产投资兴办各种公益事业，回馈社会，比如从事筹集资金、创置田产、出租收课、修建房子、发展商业、兴办教育、赞襄福利事业等等。比如，2015 年至 2017 年，福建莆田文峰天后宫在莆田学院设立“文峰宫助学金”，连续三年，每年出资 2 万元，用于帮助 10 位贫困学子，每人每年 2000 元。再比如，从 2007 年起，泉州、澎湖岛两地天后宫就开始联合举办“乞龟祈福”民俗活动，并将部分平安米由公益组织和慈善机构赠送给需要的人。据悉，赠送的平安米结合为残疾人送轮椅的活动，一批轮椅赠送给鲤城区、洛江区残联。再比如，马来西亚怡保天后宫与地方政府、佛总、吉隆坡天后古庙、老人院、善信与民众都保持着良好的联系，时有互访与交流，主要内容离不开为善信提供各种义务服务，每年农历七月，天后宫都会施赠贫老及派送物资到特定的老人院。① 在“一带一路”沿线国家和地区的华人华侨社会当中，公益事业往往依托于妈祖宫庙来进行，因此，妈祖宫庙甚至还经常带有丧葬嫁娶、祭祀祖先、赈济洽贷、医院学校等多种功能。尤其在设立学校，支持华文教育和慈善救济事业上更有着无可取代的地位。比如，新加坡的天福宫祭祀妈祖，同时也为闽籍华侨办理婚嫁手续，并为华侨办学提供经费。越南堤岸的阿婆庙（即天后宫），资助公益事业，兴办医院和学校。② 马来西亚马六甲兴安会馆天后宫，设立了马币 100 万令吉的“兴安天后宫教育基金”，为家境贫寒的各籍贯和各种族同胞子弟提供大学奖助学金，同时还每年举办弘扬妈祖信仰文化的祭典（包括神诞及妈祖升天祭典等）、经典学习和历史文化讲座，并不定期出版或流通相关的资料、特刊、画册和光碟。③

二是妈祖志愿服务队伍及其活动如火如荼地在各地开展。比如，妈

---

① 参见雪隆海南会馆编《马来西亚视觉天后宫（第一辑）》，第 81 页。

② 蒋维锬：《清代商帮会馆与天后宫》，《海交史研究》1995 年第 1 期。

③ 刘崇汉：《会馆天后宫与妈祖文化——以马来西亚两座天后宫为例》，《2016 年国际妈祖文化学术研讨会论文汇编（上）》，第 146—153 页。

祖故乡福建莆田市致力于打造莆田市妈祖志愿服务品牌，广泛开展妈祖志愿服务活动，完善市、区、镇乡、社区（村）四级组织体系，实现全市妈祖志愿服务队伍规范化、制度化和常态化运作，打造参与面广、普及面广、影响范围广的妈祖文化志愿服务全覆盖网络，使之成为各地开展妈祖志愿服务的榜样，并将该模式逐步推广到全国其他地区。①

此外，“一带一路”沿线国家和地区的妈祖慈善基金会始终秉承“立德、行善、大爱”的妈祖精神，积极发展以“安老、扶幼、奖教、助学、济困”为重点的慈善事业，致力于救孤助残、赈灾救援、资助孤寡老人及其他生活困难家庭解决基本生活问题、青少年教育及其他社会教育发展等社会公益性慈善事业。汇聚社会各界的正能量，响应当地各级政府有关决策，积极开展多种形式的慈善救助工作，认真细致地将扶贫工作落到实处，充分发挥慈善事业在社会保障体系中的补充作用，共享社会发展成果，进一步促进社会文明的发展。

3. 妈祖文化在治理社会不文明行为方面的作用

随着城市化进程的推进，为积极践行社会主义核心价值观，弘扬文明新风，各地纷纷制定治理社会不文明行为条例。比如，厦门市就把以下行为列为重点治理的清单：（一）驾驶机动车不按规定避让行人；（二）行人通过路口或者横过道路不按规定通行；（三）违规停车；（四）乱扔垃圾、随地吐痰；（五）在公共场所吸烟；（六）不文明旅游；（七）占道经营；（八）携带犬只户外活动违规；（九）违禁燃放烟花爆竹等。

在全面推进依法治国、加快建设社会主义法治国家的当下，当一个人违法犯罪时，会得到法律法规的惩治与处理。而社会不文明行为尚未

---

① 颜青山：《传承中华传统文化　践行妈祖大爱精神》，《湄洲论坛》2018 第 1 期。

达到违法犯罪的程度，则需要利用精神的力量去加以规范与调整。当妈祖精神融入广大信众乃至于普通民众的精神世界，被广泛认同之后，会在民众当中培育出一种自律心理，从精神上规范民众的行为。当他们做了违背妈祖精神的事情时，内心深处会产生强烈的心理冲突，最终“邪不压正”，正能量占据上风，产生自我谴责心理，也提升了广大民众的人格，净化了他们的心灵，从而获得一种“崇高”的审美体验。这种心理反应到行为上，当“知行合一”时，人们即会自觉地拒斥社会不文明行为。那么，从我做起，从小事做起，当人人都自觉做到远离不文明行为时，社会不文明行为就能得到彻底的治理，社会风气就能得到根本好转，文明行为蔚然成风。

人与动物的最大区别是人具有反省自身的能力。曾子曰：“吾日三省吾身。”（《论语·学而》）当前中国社会处于转型期阶段，在全社会践行中国梦，传递正能量的过程中，难免在个别地方夹杂着出现物欲横流、道德失范、诚信缺失等现象。妈祖文化则担当起纠偏的责任，因为妈祖文化有促进信众自省、自律的功能。这缘于广大信众对妈祖有一种敬畏心理，妈祖精神可以帮助人们反思自己的行为，规范自己的行为，促使人们对自己的行为不断地进行自我反省，提升自律能力，从而不断地修正自己的失范行为。

由此可见，妈祖身上所体现的精神，如尊重生命，热爱生活，于“大我”的奉献中寻求“小我”的存在价值等精神。无疑是给当今一小部分道德失范、信仰缺失的人群敲响一声警钟，唤醒被物欲的尘埃所蒙蔽的人类善性，帮助世人走出道德沦陷的泥潭。人类对精神需求的追求远远高于对物欲的沉迷，要寻得永恒内心的平静，就不能停下超越世俗、追寻彼岸的脚步。妈祖文化作为一种信仰文化，从精神层面，水滴石穿，循序渐进地打造民众积极向上的价值观，从而达到辅助政府间接治理社会不文明行为的效果。

4. *存在问题与解决方案*

促进社会文明提升，不能完全靠法制手段来解决，而要靠全体公民文明意识、文明素质的全面提高来实现。文明意识植根于人们的观念当中，需要长期的教育培养才能深入人心，并逐步转化为每一位公民的自觉行动。这不是一蹴而就的，而是一项长期的系统工程。在通过妈祖文化教育提升公民社会文明素质的实践过程中，存在着急功近利、表面化、走过场的现象，必须通过全社会参与，长期的培养教育才能实现。

一是在大中小学设置妈祖文化课程，并通过第二课堂组织“学妈祖，树新风”活动，营造人人争当讲文明的新时代妈祖文化传承人的浓厚氛围，践行妈祖精神，助力文明校园创建。同时广泛培养青少年学生懂礼、知礼、行礼的文明习惯，全面提高学生的文明素质。

比如，在2016年2月，莆田学院开设了“妈祖文化传播人才培养特色班”，在全省乃至全国高校中首开妈祖文化本科专门人才培养的先例。妈祖文化是莆田的文化名片，为了让妈祖文化的基因能代代相传，绵延不绝、历久弥新，需要培养一茬又一茬年轻一代的妈祖文化传承人来弘扬和传播妈祖文化，“妈祖文化传播人才培养特色班”应运而生，影响巨大，迄今已连续办了三届，教学效果良好。2019年3月，在莆田妈祖中学举行了首届“学妈祖，树形象”文艺汇演活动，近百名湄洲岛优秀中小学生，通过诗歌朗诵、快板、小品、礼仪舞蹈等丰富多彩的艺术表演形式，讲述妈祖传说故事，弘扬妈祖“立德、行善、大爱”精神，树立“文明湄洲”良好形象。

二是以乡镇、协会为单位，兴办妈祖大学堂，发动广大群众学习妈祖文化，在群众中普及妈祖文化。比如，目前在福建莆田的湄洲岛、莆田秀屿区的妈祖文化中心、青岛市的妈祖文化联谊会、深圳市龙岗区、泉州市的晋江池店镇、福州连江县的琯头镇等地均创办了“妈祖大学堂”，乃至跨越海峡在台湾地区的台中金华山妈祖文物馆都开设了各具特色的“妈祖大学堂”，请有关专家免费授课，成为传播、宣教妈祖文化的平台，对于净化社会风气、推动社会文明提升起到了积极的作用。

三是在各地组建妈祖义工协会，以村、社区为单位，以实际行动弘扬妈祖精神，营造文明村、文明社区。让群众常态化地参与各种慈善公益事业，以善为乐、以善为荣，服务于各地的教育、交通、文化、医疗、扶贫等方面的民生事业，争当文明村民、市民。

通过培养教育新一代妈祖文化传承人，并通过他们进一步传承传播妈祖文化；也通过兴办妈祖大学堂的方式，不光是在信众圈内，而是在全民范围内大力传播弘扬妈祖文化；同时通过妈祖义工们的实际行动，把妈祖精神落实在日常生活中的方方面面。这样，水涨船高，当全民文化素养、社会文明素养大幅度提升之后，促进社会文明提升就不是一句空话了。

第三节　妈祖文化与“一带一路”沿线国家和地区的社会和谐

构建社会主义和谐社会，是我们党从中国特色社会主义事业总体布局和全面建设小康社会全局出发提出的重大战略任务。妈祖文化以人为本，蕴含诚信友爱、公平正义等积极向上的内涵，为“一带一路”沿线国家和地区人民所普遍认同，并通过促进人文交流，在契合构建和谐社会原则的基础上，带动国家和地区间的社会和谐。

一、妈祖文化促进“一带一路”沿线国家和地区间的文化认同

“血同缘、书同文、语同声。”经过数百年来华人华侨的艰难奋斗、薪火相传、生生不息的文化传播与文化坚守，如今我们走遍世界各地，都有“唐人街”“中国城”，其充满着中华文化浓郁气息的建构与特征，几乎都是一致性的，这种一致性的建构与特征，正显示了华人华侨强烈的文化认同。而在这其中，妈祖文化的传承交流对促进“一带一路”沿线国家和地区华人华侨文化认同，起到了至关重要的作用。作为华人华侨世界的重要信仰纽带，妈祖文化加强了华人华侨世界的文化认同感。

1. 妈祖文化是界定华人华侨的标志之一

地缘关系在海外华人华侨社会中具有举足轻重的地位，甚至可说是海外华人华侨社会的组织原则之一。那么，在现代社团出现以前，华人华侨唯有以神缘来象征地缘，而神缘的最佳代表就是地方神祇。比如，在新加坡早期移民社会，妈祖崇拜不仅是华人民间信仰的一个重要内容，同时还具有界定华人移民“帮群”的功能。这首先表现在一些崇拜妈祖的重要庙宇如天福宫、粤海清庙以及海南社群的天后宫等，同时也充当华人“帮群”的总机构。[①]

2. 妈祖精神引领了华人华侨精神生活

共同的祖先崇拜和神明崇拜，使来自同一个祖籍的华人华侨聚集到一起，从而唤起了寻“根”的意识。妈祖精神让远在异乡的华人华侨超越了经济利益和社会地位的差异，为其提供了一个共同的精神生活的

---

① 曾玲：《社群边界内的“神明”：移民时代的新加坡妈祖信仰研究》，《河南师范大学学报》2007 年第 2 期。

信条。究其根本原因，从整个中华文化大系统的角度来看，任何外来文化的介入最终都要依附于儒、释、道这一根源深厚的传统主流文化之上，各种本土文化和外来文化尽管相互激荡，但最终依然要受民间传统主流文化尤其是受儒家文化的影响。[①] 具体落实到妈祖文化上面来，就是说，妈祖文化的核心内涵也基本上符合儒家主流文化的思想取向。比如，妈祖的向善与护国庇民等精神内涵，基本上与儒家的“穷则独善其身，达则兼济天下”的入世思想相契合。在儒家主流思想的统率下，妈祖文化具有强大的凝聚力和整合力。

3. 妈祖文化活动和仪式是凝聚华人华侨的平台之一

每逢春节、端午、中秋等华人传统节日，特别是农历三月二十三妈祖诞辰日，农历九月初九妈祖升天日等重大纪念日，当地妈祖宫庙都会隆重举行各种形式的祭祀活动。人们往往凭借祭拜妈祖的机会，举行酬神和欢宴，联络畅叙乡情，彼此交流感情，这就极大地增强了民族及文化的认同感和凝聚力，有效地增进各方言团体乡亲内部的团结和联合，促进早期华侨聚落和社区的形成。[②] “在祭典过程中，人们等级之间、社会地位之间的差异消失了，他们之间的相互依赖、相互认同的关系凸显了。仪式参与者在这里就找回了一种原籍证明的身份，得到一种正宗的名分。”[③]

4. 妈祖宫庙是华人华侨联系接触与进行公共事务的公共场所之一

海外的大多数妈祖宫庙都采取了“宫庙会馆合一”的形式，即妈

---

① 郭宸利：《石门坎地区多元信仰文化互动研究》，《贵州民族大学学报》2012年第5期。

② 李天锡：《试述新加坡华侨华人妈祖信仰的传播及其影响》，《八桂侨刊》2008年第3期。

③ 王光海、高虹：《妈祖信仰与马来西亚华人社会——文化认同的视角》，《河南师范大学学报》2008年第4期。

祖宫庙位于乡帮会馆之中，成为同一个出生地的华人华侨群体的保护神。每逢节庆，妈祖宫庙是当地最热闹的地方，除了祭典等重大仪式外，一系列娱神娱人活动也次第展开，使妈祖宫庙成为华人华侨欢聚的一个重要场所。比如，在新加坡，华人普遍崇拜妈祖，但各个方言群的华人都有各自的妈祖宫庙。在妈祖诞辰和其他节日里，这些庙宇也要祭神，其中少不了演戏这样的酬神娱乐活动。而演出的戏剧，按方言的不同分别是歌仔戏、潮剧、琼剧、莆仙戏，等等。有位学者考察了兴安天后宫某年中元普度（阴历七月十五日）的演戏经过。演出的剧种是莆田目连戏，演出时间为一个小时，地点在兴安天后宫外两条马路的交接处。观众自然是以莆田、仙游籍华人为主。①

此外，对于华人华侨来说，妈祖宫庙除了敬奉妈祖、祈愿颂祝等宗教信仰职能外，更是华人华侨的重要集会地。妈祖宫庙不仅在信仰上具有影响力，更在华人华侨的公共事务中起到重要作用。妈祖宫庙是联络宗亲，团结起来争取华人群体话语权的重要集会地。同时，妈祖宫庙也是华人华侨订立社群内部规矩的地方。比如，槟城琼州会馆 1901 年设立的《琼州会馆迁建碑》中提道：“同馆兄弟，宜循规蹈矩，不许争端。如雀角不平者，投本馆同众公议是非。若恃同群依势力，不遵众断者，当众除名重责，以整玩风。或香公传名，刁抗不到馆者，自知是非，当众仍重责除名……”②

5. 妈祖文化的传承交流提升了中华民族文化的影响力与向心力

历史上，妈祖信仰跟随华人华侨传播至世界各地后，在很长一段时

① 陈衍德：《从澳门民俗看当地居民的妈祖信仰——兼与中外各地妈祖崇拜的比较》，《世界宗教研究》1999 年第 4 期。

② 林希：《论马来西亚妈祖宫庙与华文教育》，《莆田学院院报》2015 年第 1 期。

间内扮演在地华人华侨之间的地缘连接纽带，发挥联系乡谊的作用。华人华侨身处遥远的异乡，在会馆中抑或是单独建庙供奉妈祖，妈祖俨然成为共同地缘的标识，他们希冀藉此信仰强化族群意识，作为彼此认同的力量源，并通过定期或不定期的共同仪式来加强此集体记忆，强调其共同起源，化解身处异乡有可能出现的族群认同危机。同时，华人华侨在将妈祖当作航运守护神的同时，更是将其看作是万能的乡土神，起着精神慰藉、联系同乡的作用。

当下，在推动“一带一路”建设的背景下，海上丝绸之路沿线国家和地区因水结缘，并共同以妈祖为精神支柱。忆往昔，明代郑和在七下西洋的过程中，借助妈祖作为精神支柱来统领整个下西洋的队伍，保证了下西洋过程的顺利进行。在世界格局发生深刻变化的当下，应以和平、发展为主题，继续讲好妈祖传说故事，同时不断丰富妈祖文化的当代内涵，讲好借力妈祖、促进国家和地区之间合作发展的故事，求同存异，携手应对挑战，共谋发展，做“一带一路”沿线国家和地区命运共同体的建设者。

二、妈祖文化促进“一带一路”沿线国家和地区间的人文交流

在文化全球化的当代，保守的民粹主义备受批判，文化多极化理念被普遍接受。“一带一路”沿线国家和地区也进一步接受中华文化。在这种背景下，妈祖文化作为中华优秀传统文化的一个有机组成部分，作为一种兼容儒、释、道文化的开放性文化，恰逢其时，首先在华人聚居的国家和地区得到恢复和发展，然后再传播到“一带一路”沿线各个国家和地区，人文交流日益频繁。

1. 妈祖文化的在地化传播，促进了多元异质文化的互动与融合

关于“在地化”这个概念，有学者作出了精辟的阐释：“在地化是把外来文化实施了当地化的策略，使之成为地道的当地文化。在地化实际上是一种文化的协调、重构。”①

妈祖信仰起源于北宋，诞生于福建莆田湄洲岛。妈祖信仰传播到中国各地后，人们对妈祖的称呼便因地而异，有些许不同，这又影响到各地缘群体移居海外后，其所建妈祖宫庙称呼的不同。闽南及海南人习惯称其为大母或妈祖，广府人则多称其为姑婆祖或天后。因此在海外，闽籍多称妈祖庙，而粤籍多称天后宫。虽然妈祖信仰的发源地是唯一的，但随着传播过程中地域差异性不断突显，妈祖信仰也呈现出不同的地域色彩。随着妈祖信仰进一步向海外传播，在各华人地缘性组织的推动下，其所呈现的海外居住地色彩差异不断增强，这也是导致各地妈祖宫庙在建筑风格、装潢修饰等物质形态差异的根本原因，并间接影响妈祖信仰的在地化进程。

妈祖信仰传入当地之后，与当地其他的异质文化相融合，并加以当代化，形成新的文化内涵。比如，位于黔东南的镇远，素有“滇楚锁钥，黔东门户”之称，镇远天后宫则是当地有名的会馆之一，当地的妈祖文化，融入了河运文化、屈原文化，以及少数民族文化，成为一种新型的在地化文化，焕发出新的生命力。镇远还拥有“龙舟之乡”的美誉，龙舟节在镇远已有600多年的历史，镇远人民在古代繁忙的水运和生产生活中以船相伴、以船戏水、以船竞渡、以船聚会，久而久之就形成了一年一度盛大的龙舟节。② 据有关专家考证，镇远赛龙舟亦可谓

① 彭文宇主编：《妈祖文化研究论丛（I）》，人民出版社2012年版，第7页。

② 《贵州镇远举行传统龙舟赛》，引自 http://news.xinhuanet.com/sports/2012-06/23/c_123321478.htm。

是妈祖文化在地化的一种表现形式。镇远龙舟文化源于龙的图腾，为了纪念屈原，在比赛前有举行祭龙仪式，妈祖传说是龙女化身，妈祖作为海上女神，有水的地方就有妈祖，镇远龙舟赛从另一个方面说是为了纪念妈祖的，是为了弘扬爱国主义精神的。[①] 同时，当地政府也致力于把龙舟节打造成为一个与妈祖文化密切相关的旅游品牌，通过举办活动，进一步带动旅游业、餐饮业、文化创意产业等周边产业的蓬勃发展，推动人文与经贸进一步融合。

然而，异质文化的互动与融合也并非一帆风顺或一蹴而就，需要有接受的文化土壤和思想基础。“在地化”一般以“灵应”为标准，以实用为宗旨，妈祖信仰在当地复杂的民间信仰生态中夹缝生存。比如，越南文化中普遍存在的母神信仰传统为越南人接受妈祖信仰提供了思想基础，而且南部越南人原本就拥有多神信仰传统，由此形成开放的宗教意识，有利于其迅速接受外来神明。

妈祖信仰在东南亚顺利被接纳，则与其在全球所处的地理位置有关。从文化地理的视角来看，东南亚由于地处多文化板块交接，此地信仰宗教兼容并包，多种文化交替或并行均为常事。因此，绝大多数情况下，东南亚的妈祖信仰并不是单独存续于华侨华人社群当中的，而是以同其他神明乃至其他具有中国特色的宗教信仰融合在一起的方式存在的。妈祖信仰常常会与关公、保生大帝、清水祖师等体系相互交杂。如在妈祖宫庙同时供奉观音菩萨，或在清水祖师庙同时配祭妈祖等等。

当然，在妈祖文化在地化过程中，其物质形式、非物质形式经融合、变异，难免发生一些嬗变。在物质形式方面，原有的中国传统文化元素会不自觉地被在地的文化元素所取代。比如，在泰国，妈祖祭品也

---

① 刘青健：《妈祖民俗体育实证研究》，中国文史出版社 2016 年版，第 33 页。

出现了在地化的形态。中国式的祭祀品多为酒、糕点、鸡、鸭等，而在泰国则为饮料以及当地的甜品和零食为主。泰国人拜佛的时候喜欢供奉用黄色和白色的花穿起来的花串，因此在泰国华人供奉妈祖的时候也多会带去鲜花和项链挂在格挡处。据当地人解释，他们认为神都喜欢红色的饮料，因而他们在供奉的时候会摆上红色和黄色芬达饮料，并为他们插上吸管。①

在非物质形式方面也会发生在地化的融合与变异。首先是关于“妈祖”称谓的多样化问题。比如，在贵州松桃县，许多苗家人平时崇拜一个叫林姑娘的，说她是水神婆，是福建小龙女变的，平时总到海上拯救遇难渔船，也常来松桃为苗家保护 74 棵万年茶祖树，……总之，松桃好多苗家喜欢林姑娘，以前还喜欢到天后宫为林姑娘烧香烧纸，都说林姑娘就是天后，也叫妈祖，非常神通广大。② 可见，贵州苗家人亲切地称妈祖为林姑娘。在越南会安古港等华人聚居区，粤籍华人则称妈祖为“阿婆”。而在琉球，“天妃”被称为“菩萨”，如乾隆二十四年（1759）由册封使全魁、周煌启琉球国王代为新建的姑米岛天后宫，琉球人一般称之为“菩萨堂”。③ 据悉，我国西沙群岛的永兴岛，被当地渔民称“猫注”，因与“锚屿”的谐音，上面建有妈祖宫庙，渔民们称岛上的妈祖为“猫注娘娘”。④

其次是多神混祀现象。在中国大陆，除了正统的宗教信仰，如佛教、道教、伊斯兰教、天主教和基督教等；大众化的民间信仰，如玉

---

① 马丽娜：《泰国华人妈祖信仰—跨族群的交际》，硕士学位论文，广西民族大学 2016 年，第 27 页。

② 《铜仁——内地妈祖文化宝地》，引自 http://www.docin.com/p-455825978.html。

③ 谢必震、陈硕炫：《琉球天妃信仰状况及其嬗变》，《莆田学院院报》2005 年第 3 期。

④ 周金琰：《“海丝”路上的妈祖文化》，《中国海洋报》2016 年 10 月 13 日。

皇、观音、关公等；还有众多各地本土化的神灵如保生大帝、陈靖姑、水尾娘娘、钱四娘、飞山公信仰、黑神信仰、文昌信仰、拜石信仰等，因而形成大部分庙殿大都是多神共祀的格局，这是中华民族信仰文化多元化格局的一个缩影。如福建宁德天后宫，主祀妈祖，配祀为两位福建本土化的女神：兴建莆田木兰陂的钱四娘和闽台妇孺保护神陈靖姑，两侧陪神除了千里眼、顺风耳，还有致力于弘扬妈祖文化的历史名人，如宋代抗金名士李富，明代万历年间礼部尚书林尧俞，明代七下西洋屡受妈祖庇护的郑和，清代收复台湾的功臣姚启圣、名将施琅等等。妈祖文化传播到海外之后，在很多地方依然保存着这种格局。比如，在马来西亚吉隆坡旧巴生路天后古庙，信众以广东潮州人为主，天后古庙神龛内有两尊天后塑像，一大一小，一新一旧。前方较小的天后塑像是从吉隆坡十五碑旧址带过来的神像，而后面较大和较新的天后神像则是天后古庙迁至吉隆坡旧巴生路之后才安奉的新神像。天后神像左右是千里眼及顺风耳两尊小神像。其他配祀神明有观音、金童玉女、开天师祖、坐嫦娥（古庙人员本身膜拜的神明）、注生娘娘、孔子、地母、海龙王、包公、财神、老皇姨（天神妹妹）及金花娘娘。若加上古庙前面供奉之大伯公、太岁、南神北斗、唐番地主及后座综合大楼外面供奉之拿督公，天后古庙奉祀的神明至少有 20 种。[①] 这种“混祀”格局生动地彰显了民间信仰的开放性特征，以及中华传统文化、华人华侨祖籍地地域文化与迁入地在地文化的大融合。

再次是祭典仪规方面的混杂。在菲律宾描东岸省，每年举行妈祖诞辰庆典活动时，都会出现多种宗教文化习俗大混杂的现象：既烧香点烛，抽签问卦，祭祀烧金，又请天主教神父主持弥撒；既向妈祖连敬三

---

① 参见李佩珍主编：《马来西亚视觉天后宫（第一辑）》，第 58 页。

天传统中国戏，又在庆典的最后一晚举行天主教式的花车游街；宫中丝竹之乐悠扬，花车游街西乐队开路；善男信女在宫中写香烛钱，神父弥撒也收教会的弥撒钱；签书（按：当为“签诗”之误）写的是华文，神父讲的是菲语式英语，等等。[①] 在越南，祭祀的形式和内容也有越人文化的渗透，各庙求安祭奠典礼完全采用越南人方式来进行，就打鼓的事来谈，越南人都打三回，华人按照古俗规定只打两回，但加了一回，意思是用来感谢越南国土和居民曾很开心地接受他们远方而来。在义润会馆及嘉盛明乡庙，从事各种祭奠事项的老人都穿越式的礼服。祭奠的形式含着浓厚的越人文化，祭文完全是越南文，祭奠后往往有文艺表演，除西贡各庙外其他天后宫都用越语表演戏剧。[②]

最后是妈祖传说故事的变异。妈祖文化主要是通过妈祖祖庙分灵、家族传授和故事传说而传承。那么，妈祖传说故事在沿着海上丝绸之路的路径传播时，也同样面临着“在地化”的转换问题。例如，妈祖“伏机救亲”的传说，在中国是“救父未救兄”，但传入琉球后却演变成“救兄未救父”。究其根源，就在于中国社会是以尊敬长者的“儒教伦理观”为基础，而琉球却是本土固有信仰——姊妹神信仰的影响根深蒂固。因此导致妈祖信仰传入琉球后，从信仰根源上发生了本质的变化。[③] 在传承发展的过程中呈现出丰富多彩的区域特色，是“本土化”与“在地化”的统一。只有与在地受众的文化性格相契合时，才会呈现出良好的传播效果。并且在“在地化”的过程中，不断地丰富、发

① 转引自李天锡：《试析菲律宾华侨华人的妈祖信仰》，《宗教学研究》2010年第1期。

② 阮玉诗：《从越南南部天后宫信仰探讨越南——闽南文化交流》，转引自陈益源主编：《2009闽南文化国际学术研讨会论文集》，成功大学2009年，第755页。

③ 薛曦：《从“救兄未救父”的传说看妈祖信仰在琉球的嬗变》，《福建师范大学福清分校学报》2001年第4期。

展，充满生机与活力。

2. 国家和地区间的多层次、多形式的人文交流方兴未艾

国家和地区间的妈祖文化交流体现为多层次、多形式，有官方组织的妈祖文化交流活动，也有民间组织的妈祖民俗交流活动，各自有不同的主旨，也有不同的主体参与，有的以学术交流为主，有的以民俗、娱乐为主。

一是官方妈祖文化活动。由政府、高校主办的妈祖文化论坛、妈祖文化学术研讨会等妈祖文化交流活动，从“海峡两岸”到“国际范”，规格、规模都在逐步地提升，也让妈祖精神成为助推“一带一路”沿线国家和地区人文和经贸融合发展的巨大正能量，成为构建人类命运共同体的强大推力。

比如，2013 年在莆田学院举行的海峡两岸妈祖文化学术研讨会，邀请到 30 多位海峡两岸的专家学者参加，共征集到妈祖文化研究论文 46 篇。关于妈祖文化在海峡两岸传承发展的历史与现状的梳理与研究，对于进一步加强对妈祖文化的传承与发展，增强全球炎黄子孙的文化认同感，具有深远的现实意义。研讨会紧紧围绕妈祖文化研究的各个层面进行了深入而广泛的探讨，取得了丰硕的成果。研讨会学术交流和探讨的气氛浓厚，与会论文或以资料的翔实、新颖取胜，或以考证功夫的扎实、研究方法的创新、研究视角的独特引人注目，总体的学术含量较高。此次研讨会的成功举办，对深入开展妈祖文化研究，弘扬中华优秀的传统文化，加强海峡两岸和海内外文化交流、推动莆田市经济文化建设的全面发展，产生了积极的影响。① 2017 年 12 月，以“妈祖文化·海洋文明·人文交流”为主题的第二届世界妈祖文化论坛在湄洲岛上

① 孟建煌、许元振：《弘扬妈祖文化精神　架设两岸交流桥梁——2013 年海峡两岸妈祖文化学术研讨会综述》，《国家航海》2013 年第 2 期。

新落成的世界妈祖文化论坛永久性会址盛大启幕，现场视频连线马来西亚、意大利、莫桑比克、阿根廷、加拿大、澳大利亚、新西兰等世界各地代表，共话妈祖文化，展现出妈祖文化日益凸显的“国际范”。①

二是民间妈祖民俗活动。近年来，由中华妈祖文化交流协会牵头，推动打造了“湄洲妈祖巡天下”“妈祖回娘家”“妈祖下南洋 · 重走海丝路”等民间妈祖民俗交流活动，影响广泛。比如，规模盛大的“妈祖回娘家”闻名遐迩，它是指由贤良港妈祖祖祠或湄洲妈祖祖庙分灵而建的妈祖宫庙每年在妈祖诞辰或升天之日回到祖祠、祖庙进行祭拜妈祖的民俗活动。各个国家和地区众多的妈祖宫庙派人参加，特别是我国港澳台的妈祖宫庙广泛参与，形成了妈祖民俗文化交流的大高潮。2015年5月11日即中国的农历三月廿三，为妈祖诞辰日，“妈祖 · 凤凰号”重走海丝路活动在福建莆田湄洲岛举行隆重的启航仪式。“妈祖 · 凤凰号”恭请妈祖圣像在海峡两岸及港澳地区进行巡游后，经日本、韩国、俄罗斯、加拿大等国家，最终到达挪威奥斯陆，航程12000海里。整个活动将途经太平洋、北冰洋和大西洋，历时200天。② 这次活动缩短了“一带一路”沿线国家和地区的情感距离，也产生了广泛的正面影响。

综上，妈祖文化以其形式多样的外在表现形式，呈现出开放性、亲和性、包容性等特性，一千多年来世代传承、弘扬，万众参与，活态传承，既有官方的，也有民间的，既有传统的，也有时尚的，既有学术的，也有民俗的；从仪式化到娱乐化，从酬神到娱人，从信众到一般群众，已与百姓日常生活水乳交融，充分展现出其普及性和深入性，在全世界各个层次的广大群众中广泛传播并被普遍接受与认同，在活动中既

---

① 林爱玲：《浅探莆田妈祖文化国际品牌打造之路》，《福建日报》2018年7月26日。

② 吴伟锋：《“妈祖 · 凤凰号”重走海丝路》，《湄洲日报》2015年4月24日。

弘扬了妈祖精神，又着眼于未来，让广大青年信众、受众积极地参与进来，成为“一带一路”沿线国家和地区文化交流的桥梁与纽带。

三、妈祖文化促进“一带一路”沿线国家和地区的社会和谐

在实现中华民族伟大复兴的新时期，需要和平与发展的世界格局，需要开创与“一带一路”沿线国家和地区合作共赢的局面。因此，必须重视对以妈祖文化为代表的优秀传统文化的传承与弘扬，以推动“一带一路”沿线国家和地区的高度和谐与共同发展。

1. 妈祖文化以人为本，契合构建和谐社会的原则

妈祖文化具有东方海洋文化属性，兼具传统儒、道、释文化的内核，与西方海洋文化崇尚工具理性、暴力与侵略性相反，呈现出和谐、仁爱、以人为本的精神特质，契合构建和谐社会的原则。

只要人们遇到困难，第一时间都愿意来妈祖面前，祈求妈祖的保佑，寻求心灵上的慰藉。在广大信众的心目中，妈祖是一位兼具人性与神性的女神，能够包容一切，也正是基于这种包容性，妈祖信仰能够缓解人的孤独与焦虑，化解内心的不满情绪，满足人的心理诉求。

以社会工作为例，社会工作者尝试着以妈祖信仰作为一种干预手段，去帮助那些饱受疾病困扰的弱势群体，让他们的心灵得到抚慰，走出心理阴影。在后续的服务过程中，社工积极帮助他们亲身参与当地的妈祖大型庙会，深入了解妈祖文化，并在活动中结识新的同辈群体。社工以认知行为理论为理论基础，引导他们通过“香火”的形式在精神层面与妈祖进行互动，并使之成为一种心灵寄托，重塑他们的内心归属。此外，丰富多样的妈祖习俗活动、庙会、书籍、影剧等内容使他们的生活不断得到充实。社工还在他们的身体条件允许的前提下，带领他

们参与妈祖公益活动，肯定他们的人生价值，为其再社会化发展增能。经过一段时间的服务接入，他们的情况得到明显改善。①

2. 妈祖文化蕴含诚信友爱，公平正义的期盼

中华传统文化源远流长，博大精深，诚信文化在其中占据着重要的位置。“仁、义、礼、智、信”在中国传统文化中被称为“五常”，“信”是“五常”之一。中华传统文化的代表儒、道、释三家都高度强调诚信。儒家经典《弟子规》云：“凡出言，信为先。诈与妄，奚可焉。”也就是说，讲话、做事要把诚信放在首位，信守承诺，欺骗和谎言不足取。道家也十分重视“信”，庄子曾经讲述过一个“抱柱信”的故事：“尾生与女子期于梁下，女子不来，水至不去，抱梁柱而死。”（《庄子·盗跖》）相传尾生与女子约定在桥梁相会，久候女子不到，水涨，乃抱桥柱而死。尾生这种视诚信为生命，坚守信约，忠诚不渝的高贵品德也得到了后人的高度传颂与赞扬，李白就曾赋诗赞曰：“常存抱柱信，岂上望夫台。”（《长干行》）同样，佛家也非常推崇诚信，佛教有五戒，即不杀生、不偷盗、不邪淫、不妄语、不饮酒戒。可以与“五常”对应起来理解：“不杀生”是“仁”，“不偷盗”是“义”，“不邪淫”是“礼”，“不妄语”是“信”，“不饮酒”是“智”。俗话说：“出家人不打诳语”，就是从“不妄语”这一戒条衍化而来的，是对佛家弟子讲究诚信的高度赞誉。

妈祖文化是中华优秀传统文化的组成部分。在妈祖传说故事中有“焚屋引航”“种药救人”“红灯导航”等事迹，妈祖舍小家顾大家，立志为民解难的精神流传千年不衰。在海上为呼救民众伸出援手是妈祖许下的承诺，有求必应是妈祖履约践诺的体现。可以说，妈祖这一威灵

① 王信翔、许元振：《妈祖信仰融入社会工作的个案服务探析》，《莆田学院学报》2018 年第 4 期。

诚信正是使得她成为人们所敬仰崇拜的海神的一大原因，妈祖的灵验源于对人们的承诺，人们的信仰也正是对妈祖诚信的回应。①

诚信文化中还蕴含着公平正义的维度。妈祖也是公平正义的化身，代表公平正义惩奸除恶，维护社会秩序，造福一方保平安。比如降服高里鬼，让其弃恶从善并赐名高丽正；妈祖的水阙仙班都是曾经的仇人，像嘉佑、嘉应和晏公等，均在妈祖道德感和正义感的感召下改邪归正，不再为害一方。

当下，在全社会践行“中国梦”的过程中，要把弘扬妈祖文化和大力倡导社会主义诚信文化有机融合起来，从我做起，从小事做起，从个人到企业到国家，让社会主义诚信文化像空气一样无所不在、潜移默化地影响、规范着我们的言行，那么，就会在全社会积聚和传递正能量。

3. 妈祖文化能够促进人民群众安居乐业，社会保持安定团结

妈祖成神之前，孝敬父母，热爱兄弟，慈悲济世，热衷于社会公益事业；并且一生矢志不嫁，把自己的身心许给了大海，专以扶危救难为已任，其终极目标就是能够看到人民群众安居乐业，社会保持安定团结。在妈祖精神的陶冶和感召下，广大信众也逐步树立了真善美的道德价值观，培育了“孝”“慈”“仁”“爱”“诚”“信”“正直”“和平”等具有优秀传统文化内涵的价值观，并在生活中身体力行，形成了家庭和睦、邻里友爱、民族团结、社会和谐的大好局面。

俗话说，平安是福。妈祖信仰肇始于北宋，迄今一千多年，其最大的社会功能是护国庇民，维护社会稳定。有了妈祖的庇佑与保护，政通人和、经济繁荣，人民群众就能够安居乐业，安享改革开放带来的实

---

①　杨晓婧：《弘扬妈祖精神培养莆田市民诚信品格》，《湄洲日报》2017 年 11 月 29 日。

惠，让整个社会保持安定团结。从古至今，无论是保护漕运的安全，还是安定民心、慰藉人心、消灾送福等，均屡有灵应。正因为此，妈祖屡受官方褒封。在“一带一路”沿线国家和地区的妈祖宫庙，最初均是以福建会馆的面目出现的。在社会功能上，会馆最初是作为同籍在京官吏的集聚之所而出现的，其后在不断发展过程中，功能日益增加并规范化，而“祀神、合乐、义举、公约”是其基本功能。公约要求会员遵循规章制度维护集体利益，从而维护社会秩序的安定。[①] 在促进社会和谐，维护社会安定方面，不仅是在我国，在“一带一路”沿线国家和地区，此类的例子也比比皆是。

总之，按照心理学家马斯洛的需求理论可知，人类的需求层次是一个由低级到高级的逐渐发展的过程。“民以食为天”，只有首先解决了最基本的生存和温饱问题才能有条件去创造生活创造美，去更好地实现“人的价值”。而实际的状况是人类与生存的环境间存在许多不安定的因素。战乱、恐怖袭击、争斗、纠纷、未知的难运等随时就可以打破人类最基本的一种生存状态所维持的平衡。对和平的渴望，对安定的诉求，引起全世界人民对妈祖文化“和平”内涵的认同与共鸣。在“一带一路”沿线国家和地区，尽管人群的祖籍不同、语言相异，生活习惯也不尽相同，但在对“人的价值”的认同上，对和平的渴望上是一致的，都希望是生活在一个叫“理想国”或是“桃花源”的地方。时代在变，对如何取得“人与社会”“人与自我内心”和谐的追问不变。同时，人类对妈祖的信仰却始终是一致的，那就是一种对人类终极关怀的追求。

---

① 王日根：《明清时代会馆的演进》，《历史研究》1994 年第 4 期。

第六章　妈祖文化在“一带一路”建设中的全球治理价值

妈祖文化在“一带一路”建设中的重要作用及其全球治理价值主要体现在妈祖文化与世界海洋和平的关联、妈祖文化与新型国际关系及全球伙伴关系、妈祖文化对人类命运共同体共建的文化助推等三个方面。我们需要深入探讨妈祖文化在世界海洋和平中的作用，思考妈祖文化如何推动世界海洋和平；以妈祖文化与中华传统文化的内涵关联作为切入点，分析妈祖文化在构建新型国际关系中的作用，在妈祖文化视角下思考全球伙伴关系；深入学习习近平新时代中国特色社会主义思想，从妈祖文化的视角进行人类命运的历史思考，弘扬妈祖文化、共建人类命运共同体。

第一节　妈祖文化与世界海洋和平

妈祖文化体现着中华海洋精神文明，在推动世界海洋和平层面有着不可或缺的存在价值。“海洋连接大陆，有着比大陆更为自由开放的无限的想象空间。海洋的广阔和变幻特征决定了海洋文明是一种开放性的文明。这种开放性体现在它并非闭关自守，而是在经贸文化、人员交往、宗教信仰和艺术领域等多层面对外来的文化进行着兼容并蓄、扬长补短的汲取和纳入。在政治层面，海洋文明倡导各国以和为贵、以邻为友，寻求共同发展；在经济层面，海洋文明倡导互惠互利、开拓进取；在人员往来层面，海洋文明推动着移民群落的迁徙、生成和发展，并以此激发着各族群文化进行交流。”① 三千多年以来，中国海洋文明依托自身独有的文明形态、文化思维以及物质资源，与世界海洋文明进行着互动与交流。

一、妈祖文化与海洋文明

长期以来，为大多数人所津津乐道的中华文明的历史实质是一部陆地文明史，似乎与海洋文明关涉无多。人们惯用“儒教”“农耕”“游牧”“大一统”“乡土”“亚细亚”等语汇来统述中华文明，而与“海洋”相关的功业及心迹则似乎极少提及。其实，中华海洋文明以其博涵、和平、包容、劲健的特征融入中华文明母液，与陆地文明一道哺育了亿万华夏儿女，并在当代继续发挥着超越时空的作用，历久弥新、催人奋进。② 在海洋文明的视角之下，妈祖文化向世界的传播依托两个主要途径。其一是唐开元年间（713—741）以后，中国开始了大量对外海洋贸易；其二是中国的海外移民。这两个因素构成了中国向世界树立中国海洋文化观念，对外传播妈祖文化的重要传播途径。“海洋文明是源于人类海洋活动生成的文明类型，起源于大陆边缘地带周边被陆地拥抱、半封闭式的海洋地理区域，与农业文明、游牧文明发生的地理基础

① 何索：《妈祖文化契合海洋精神》，《中国海洋报》2016 年 12 月 28 日。

② 闫永春：《对中华海洋文明的新认识——读〈重识中华海洋文明：从山海抒怀到经略海洋〉》，《解放军报》2018 年 5 月 5 日。

不同，海洋文明的出发点与发展舞台在海洋。海洋文明是海洋文化有机综合的文化共同体，是一种长期、综合的海洋文明积累，不同的海上群体和陆上涉海群体，塑造了各具特色以动态发展为基本特征的海洋社会文化。海洋文明是人类文明的一个小系统，不同区域的海洋人群在与海洋结成关系中，海洋文明的发生有先后，发展路径有不同，内部结构有特点，从而呈现出不同的文明样式。中国拥有自己的海洋文明历史，存在于海陆一体的文明结构之中。中华文明以农业文明为主体，同时包含游牧文明与海洋文明，是一个历史悠久、多元一体的文明共同体。中国既是一个大陆国家，也是一个海洋国家；中华文明中大陆文明与海洋文明的关系，是大系统与小系统的关系，中国海洋文明在东亚海洋文明中居中心系统地位。”①

先来讲第一个途径，中国在对外海洋贸易方面的发展。中国的海洋贸易在宋代之前都显得发展滞后，究其原因在于我国是农业社会为基础的国家。早在宋代以前，中国在海洋文明方面就有所发展，《汉书·地理志》中就有记载：“自日南（今越南）障塞、徐闻（广东雷州半岛南端徐闻县）、合浦（广西合浦）船行可五月，有都元国（马来半岛东南）；又船行可四月，有邑卢没国（缅甸南部）；又船行可二十余日，有谌离国（缅甸伊洛瓦底江中游一带）；步行可十余日，有夫甘都卢国（缅甸太公城）。自夫甘都卢国船行可二月余，有黄支国（印度南部泰米尔的康契普拉姆）……平帝元始中，王莽辅政，欲耀威德，厚遗黄支王，令遣使献生犀牛。自黄支船行可八月，到皮宗；船行可二月，到日南、象林界云。黄支之南，有已程不国（斯里兰卡），汉之译使自此还矣。”说明在汉朝，我国的海船已经能航行到印度南部了。②唐开元

① 李庆新：《建构中国海洋文明体系》，《中国社会科学报》2017年9月27日。

② 刘迎胜：《丝路文化·海上卷》，浙江人民出版社1995年版，第19—20页。

以后，我国海洋技术逐渐提高，设立了“市舶使”这一官职，海洋贸易也日趋频繁。“宋代以降，凭借中国发达的农业和手工业、先进的航海和造船技术，中国商人取代了穆斯林商人，主导印度洋和东亚海洋之间的海上贸易，直至欧洲人东来。”①

宋代开始，中国的海洋文明得到了快速的发展。与此同时，妈祖文化也随着统治阶层的认同而得到助推与普及。妈祖文化发端于宋代，而宋代又是一个文化发展环境相对宽松的时期。学者南怀瑾先生曾经在他的《中国道教发展史略》这本书里肯定了宋代宽松的文化环境。他说："宋初立国，关于宗教政治的地位，多承袭唐代的故事，虽无命令规定，但以现代语言之，都是信仰自由，对于道、佛两教，也是并尊共荣的。”②宋徽宗五年，妈祖第一次得到褒封。徽宗皇帝御赐匾额“顺济”。在官方的推动下，当地富豪李振堂兄弟带头出资，重建庙宇，改名“顺济庙”，当时引起了较大的社会反响。后来这件事被当时的福建仙游人廖鹏飞所记载，创作了《圣墩祖庙迎神歌、送神歌》，被认为是现存的妈祖文化诗词的最早的作品。南宋时期，官方对妈祖更是非常重视。

古代中国海洋文明与世界海洋文明之间的联系，要归功于海上丝绸之路。海上丝绸之路主要是指海上的三条商品运输通道。主要包括："北线沿着辽东半岛和朝鲜半岛的海岸线南下，然后经过对马海峡到达日本列岛的北部，或者横渡黄海、东海到达朝鲜和日本；中线是从中国的东部和南部海港经海路到达东南亚诸国；西线是从中国的沿海港口至南亚、阿拉伯和东非沿海诸国。”③“当时通过海上丝绸之路往外输出的

① 庄国土：《论中国人移民东南亚的四次大潮》，《南洋问题研究》2008 年第 1 期。

② 南怀瑾：《中国道教发展史略》，复旦大学出版社 1996 年版，第 75 页。

③ 于光胜：《打造 21 世纪海上丝绸之路的障碍与路径》，《理论月刊》2017 年第 5 期。

商品主要有丝绸、瓷器、茶叶和铜铁器四大宗，往国内运的主要是香料、花草及一些供宫廷赏玩的奇珍异宝，于是海上丝绸之路又有海上陶瓷之路、海上香药之路之称。”①

再来说第二个途径，中国的海外移民。“到鸦片战争前夕，东南亚华人已达 150 万左右。”② 又如林氏家族是福建的望族之一，其移民的足迹遍布世界。民间讲“闽林遍天下”是颇为形象和符合实际的。根据一组数据统计可以窥见一斑：“大陆林姓人口约为 1416 万，林氏排在第 16 位，在中国南方林氏排在第 4 位，福建省林姓人口约为 472 万，占全省总人口的 14.8%，排在第一位；广东省林氏约 311 万，浙江省约 184 万，台湾地区林氏约 200 万，韩国约 100 万，其他地区约 500 万，在全球约 2 千多万。”③ 林氏族人起源于商朝比干一脉，④ 林氏族人一向以对于妈祖文化的传播为己任。这里举几个例子说明：譬如有着“中国太空材料之母”的林兰英院士与妈祖文化就有着剪不断的情缘。据说她在小时候经常随同家人去湄洲岛拜祭妈祖。“每次住在湄洲岛，祖父都让她抄写《妈祖经》《妈祖签枝》，至今湄洲祖庙中还保存着当年林兰英抄写的《妈祖经》。”⑤ 后来时任全国科协副主席的她还曾在百忙

---

① 李文浩：《揭秘历史上的海上丝绸之路》，《智慧中国》2017 年第 7 期。

② 庄国土：《清初到鸦片战争前夕南洋华侨人口结构》，《南洋问题研究》1992 年第 1 期。

③ 石奕龙：《论闽粤内陆的妈祖信仰与航运业及林姓的关系》，《莆田学院学报》2008 年第 2 期。

④ 比干遇害后，其妻陈氏为躲避官兵追杀，逃难于长林石室，生子名坚，因生于林，被周武王赐以林姓，史称林坚。因此，比干不仅被民间敬为文财神，也是天下林姓的始祖。其子孙遍及世界各地，以福建、广东、东南亚国家及台湾地区居多（详见刘长利：《妈祖——林姓始祖比干公的第 87 代后人》，引自 http://www.mazu.name/news/?115.html）。

⑤ 《林兰英：和“祖姑”的不解情缘》，引自 http://www.chinamazu.cn/rw/mzr20130814/17482.html。

之中抽身为《妈祖》邮票揭幕。

还有陆丰市妈祖文化研究会会长林永欣，从1987年开始就多方筹资160多万元兴建了福山天后宫。2004年，他开始带头筹划福山妈祖石雕像项目。“经过1年零4个多月的风风雨雨、曲曲折折，前后投入600多万元巨资，妈祖巨型石雕像终于矗立起来，她由365块精石拼砌而成，寄寓着年年365天平安吉祥，成为陆丰市标志性的新风景。”① 莆田仙游籍台胞、著名诗人林恭祖一直怀有妈祖情缘。2008年赋《湄洲祖庙（三首）》：“瞻望湄洲岛，恩波百丈深。鱼龙竞朝圣，结伴听潮音。”“时逢九月秋，朝圣到湄洲。两岸波相接，长天风自流。鱼龙邀作伴，鸾凤喜同游。更把灵源水，携归洗客愁。”② “九秋真是旅游节，十万人潮压海涛。登上湄洲潮圣地，夜吟频觉月轮高。”此外，林氏族人对妈祖文化的传播还体现在对林氏祠庙天后宫的兴建上。如福建莆田西天尾镇的九牧林开莆总祠、莆田忠门贤良港的妈祖祖祠、莆田秀屿港妈祖祖祠、潮汕的陆丰福山天后宫、台湾的永和林禄公祖庙、新竹林氏忠孝堂、云林林氏家庙、宜兰林氏追远堂、彰化二十四庄共同祭拜的“二十四庄天上圣母祖姑婆”、新加坡林氏大宗祠、马来西亚槟城林氏九龙堂等等。这些由一姓或一族合力建成的妈祖宫庙，都成为该姓该族精神生活和文化活动的中心。③

二、妈祖文化在世界海洋和平中的作用

汤因比认为，“文明是一种运动，而不是一种状态模式，是航行而

① 《林永欣——矗起心中的女神》，引自 http://www.chinamazu.cn/rw/mzr20120905/6657.html。

② 吴颂洁：《林恭祖诗：〈湄洲祖庙（三首）〉》，引自 http://www.fjsen.com/b/2008-08/06/content_1148453.htm。

③ 谢重光：《闽西客家地区的妈祖信仰》，《世界宗教研究》1994年第3期。

不是停泊。”① 世界海洋文明的发展需要各国互相交流，彼此取长补短。“对于东方人来说，以和为贵、与人为善、信守和平，和睦、和谐地相处是生活习惯更是文化认同。”② 从南宋时期开始，妈祖文化在海上丝绸之路的经济助推之下，将其文化的种子一路沿途撒播，实现了文化的穿行与交流，将妈祖文化思想生根丝路，向异域传递了一份文化的礼物。《莆田市外经贸志》中记载：“宋代兴化军与海外通商的国家和地区达 10 多个，主要包括阿拉伯半岛、大食（统指阿拉伯地区）、阇婆（印尼爪哇岛中部）、三佛齐（苏门答腊岛东部）和高丽（朝鲜）、日本、琉球和交趾（今越南北部）、占城（今越南南部）、真腊（今柬埔寨）和中南半岛，以及我国香港、台湾等。特别是泉州刺桐港对外贸易非常兴盛，通商的国家和地区达 30 多个，广大海商在开展对外贸易的同时，也将妈祖文化传播到古丝绸之路沿线的国家和地区。但由于历史久远，史料缺乏，东亚和东南亚各国有关妈祖传播历史文献记载并不多，只有我国港澳台地区的妈祖传播情况记载比较明确。”据我国台湾《林氏族谱》记载：“北宋初，北方流民入莆田湄洲沿岸，林默（即妈祖）造木排渡难民往澎湖定居求食。”③ 日本、越南、泰国、马来西亚、韩国、菲律宾、新加坡、印度尼西亚、加拿大、西班牙等“一带一路”沿线国家对妈祖文化都有所认同。

《福莆仙乡贤人物志》中有言：“明代，自永乐三年成祖派郑和下西洋以后，妈祖行宫从中国走向世界。琉球王国先后创建两座妈祖行

---

① ［英］汤因比：《文明经受着考验》，沈辉等译，浙江人民出版社 1988 年版，第 47 页。

② 贾磊磊、潘源：《中国传统文化的核心价值观：和谐 · 仁爱 · 自然》，《东南大学学报（哲学社会科学版）》2012 年第 3 期。

③ 蔡天新：《古丝绸之路的妈祖文化传播及其现实意义》，《世界宗教文化》2015 年第 6 期。

宫，其中一座就在华裔聚居的久米村，称上天妃宫。另一座在琉球首邑那霸，名下天妃宫，琉球国王尚巴质所建，这是有年代可考的最早的一座外国妈祖行宫。”这座行宫建在天使馆。延宝二年（1674）《重兴分紫山福济寺记》记载，日本正保年间（1644—1646），有道人缚茅以居，奉天妃圣母香火。①

妈祖文化在国外的传播十分广泛，仅仅在马来西亚就有三百多年的历史，同治八年（1869），由龙永传在马六甲建立了琼州会馆，尔后，其他琼籍人士也先后在太平（1869 年建）、槟城（1870 年建）、麻城（1882 年建）、新山（1883 年建）、吉隆坡（1889 年建）、关丹（1891 年建）、巴生（1894 年建）、安顺（1895 年建）、古晋（1898 年建）、永平（1900 年建）等地建立了琼州（琼崖）会馆，馆内几乎都祀有妈祖，且大都另设有天后宫，如马六甲的琼州会馆、吉隆坡的雪兰莪琼州会馆、关丹琼州会馆。新加坡、越南、日本等地的妈祖信仰也十分兴盛，譬如日本的长崎市是日本国内建妈祖宫庙最多的地方之一，这些妈祖宫庙至今香火鼎盛，成为日本人文化生活的一部分。在我国台湾地区，每年的春天时节，台中大甲镇澜宫就会举办绕境活动，活动的时间长达九天八夜。活动范围全长超过 340 公里，横跨台中、彰化、云林、嘉义四个县市，巡经超过 100 间宫庙。成为台湾最盛大的文化活动之一。如今在马来西亚，“一些天后宫另设施诊所，聘请义务中医师前来轮值驻诊，为贫病大众解除痛苦。施诊所中所采用之药物多数是由社会热心人士捐助，对贫苦大众助益不浅”②。足见妈祖文化对世界影响的

① 印度尼西亚兴安同乡会编：《福莆仙乡贤人物志》，福莆仙文化出版社 1990 年版，第 37 页。

② 符家荣：《雪隆海南会馆史料汇编》，马来西亚雪隆海南会馆 2009 年版，第 136—138 页。

持久力。

妈祖宫庙是在政治与文化的双重力量的共同作用下催生而出的建筑，自然也隶属于妈祖文化传播以及世界海洋和平理念的符号体系之中。作为海洋文化立体式传播下所催生而成的典型文化场域，妈祖宫庙形成了一个展示海洋文化气韵的“神圣空间”，是世界海洋文化的一种符号式呈现。而这个圣域由于历史、政治及社会的诸多因素推动下，愈发凸显了其文意指的表征功能。作为传播符号，这种独特的文化建筑通过被表征的方式传播着特定的文化意蕴，这也极大地拓宽了妈祖文化思想传播的路径。

中国传统文化的传播，应动员一切可供利用的文字或非文字性材料，也就是说要将视角放置于皮尔士（Charles S. Peirce）所理解的广义的文化符号范畴（或者叫泛符号系统），而绝非仅仅局限于文字形态的经典文本符号。精英圈层对妈祖信仰主要是在理解的基础之上将其升华为文化形态，一部分学者长期坚持做一些妈祖文化文本的记录和整理工作，这些文本包括经书、碑文、志传等。书写形态标志着文明时代下的文化刻录，大量有关妈祖文化的意识被文字记载下来。从此，文化思想的保存不再受时间和空间的限制，也摆脱了口传文化中记忆的偏差。不过作为一种分享、补充文化记忆的新的形式，记录者在书写形态的传播中凸显了一定程度的灵活性，他们在对文化仪式、传说的复制、抄写的过程中，不可避免地掺入了自己的想法，对文化思想中的部分细节做了局部的增补，使得妈祖文化的内涵逐渐扩大。

时间和文化历史的种种仪式和关键概念被传播者和记录者重新表述。而作为普通民众鲜有去关心妈祖信仰之中蕴含哪些中国传统文化的精华，就像信奉佛教的普通信徒一般也不会有兴趣去研究佛教的“四谛”“八正道”“三十七品”等佛教文化精要。再如道教的普通民众信徒也不会在意道教全性葆真与顺其自然的哲学理念，而会将更多的关注点放在长生久视的层面，渴求能够通过修炼和其他的神异方式获得长生不老的目的。在普通民众的心中，无论是妈祖信仰也好，佛教、道教或其他宗教也罢，都是帮助他们解决现实生活中自身无力实现愿望的一种途径或者说是情感寄托渠道。用一句话概括，在民众自然的妈祖信仰世界里，信众对妈祖文化的仰慕带有明显的世俗性。那么，妈祖宫庙作为“圣域”传播功能便脱颖而出。

卡西尔（Ernst Cassirer）将人类的诸多文化样式归于符号体系。人类秉承文化而创造了各种符号。同时，置身于自己创造的符号场域，又重新对于文化进行编码与译码。卡西尔认为：“人类的全部文化都是人自身以他自己的符号化活动所创造出来的产品，而不是从被动接受在世界直接给予的事实而来。人的哲学就是文化哲学，人只有在创造文化的活动中才成为真正意义的人，也只有在文化活动中，人才能获得真正的自由。”① 藉此而言，妈祖宫庙不仅仅蕴含系统的海洋文化思想精髓，同时作为一种实体化的建筑符号，它还被表征为可以寄托历代妈祖信众精神信仰的一个重要空间。妈祖宫庙为统治者提供了可供利用的文化工具，为精英圈信众们提供了心灵重心的落脚点，也为普通的信众提供了一个对于妈祖文化想象与膜拜的人文场域。“人类的信仰常常会表现在建筑上，都是一个信仰的空间。”② 这正是妈祖宫庙所起到的不同于相关文本典籍的重要作用。“民众的造神心理必须经历一个漫长的过程，在这个过程中由民间信仰到官方助势，形成妈祖文化这一精神宝库。这里要特别指出的是，官方的封赐对妈祖文化的形成起到了推波助澜的作

---

① ［德］恩斯特·卡尔西：《人论》，甘阳译，上海译文出版社 1997 年版，第 6 页。

② 蒋勋：《品味四讲》，广西师范大学出版社 2014 年版，第 192—193 页。

用，使妈祖信仰不仅成为海事活动的重要组成部分，而且获得了合法的地位。”①

文字符号在信息接受过程中存在一定“门坎”，特别是妈祖文化相关的经书、文学作品等典籍，普及程度不充分。作为非文字符号的妈祖宫庙，在妈祖文化思想传播方面具有比文字典籍更加具象化、立体化、神圣化、仪式化等优势而存在并延续。其文化认同性也在政治与文化的共同表征下被不断构建与强化，成为文献资料助益之元素。西方学者斯图尔特·霍尔甚至更进一步肯定了非语言文字符号的传播功用：“各物品常常被描述为来自过去时代的文献和证据，而且被看作文化本质的原始物质化身，可以超越时间、地点的变迁和历史的偶然性。它们的物质性提供了对稳定性和客观性的一种允诺；它暗示了一个稳定的不模糊的世界。”② 人们对于妈祖文化的概念、观念和感情，通过妈祖宫庙这种符号承载和传播显得尤为直观。

民众对于妈祖文化思想的信仰，有时甚至可以抛开文本，直接在实体符号中得到感知。这种情况类似于一个笃定的佛教徒，在现实生活中很可能没有读过《金刚经》《心经》《大藏经》等佛学经典，而是仅仅通过在寺院烧香、膜拜，就实现了自己的信仰上的满足感。妈祖宫庙在中国，从诞生之日起，便承担了重要的“媒介域”之传播使命。在文化意指的运作之下，妈祖宫庙作为一种非文字传播符号，成为民众心中的彰显妈祖文化的“神圣空间”，并具有其传播文化的独特性。妈祖宫庙在“一带一路”的历史长河中，发挥了独特的跨文化传播功用，促

① 陶立璠：《应重视保护妈祖文化的生态环境》，《中国文化报》2011 年 5 月 9 日。

② ［英］斯图尔特·霍尔：《表征——文化表征与意指实践》，徐亮、陆兴华译，商务印书馆 2013 年版，第 235 页。

使了世界海洋和平观念的推进。

“随着人类发展对海洋的依赖程度越来越高，科学认知海洋、合理利用海洋、保护珍爱海洋、实现海洋的可持续发展已经成为全人类面临的重大课题。当前，世界经济已经走出了国际金融危机最困难的时期并出现积极复苏的迹象，但金融危机的后续影响依然存在。同时，应对气候变化问题也是经济和社会发展举足轻重的问题。在这样的背景下，充分发挥海洋在培育新的经济增长点、科学应对气候变化中的地位和作用就更具有重大的战略意义。”① 妈祖文化展示了我国的一种海洋文化气质，即“变革图强思想、探索冒险精神、全面开放理念、吃苦耐劳品格。”② “一带一路”上的人们在从事贸易的同时，也在彼此学习、借鉴着思想，在沟通中得到启发，在文化认同中得到生命的拓展。③

三、妈祖文化视角下推动世界海洋和平的思考

中国作为海洋大国之一，拥有 18 万公里的海岸沿线，有近 300 万平方公里的海域属于我国管辖范围。我国对于海洋的开放、利用以及对于海洋和平的理念，都会对世界海洋和平的状态造成举足轻重的影响。中国一贯倡导“构建和谐海洋、实现科学发展”的理念，并将发展海洋事业和海洋经济作为中国实施可持续发展的重要组成部分。改革开放 30 多年来，中国的沿海省份已成为中国发展最快的区域，以 13%的陆地面积，滋养了 40%的人口，创造了 65%以上的国内生产总值，海洋

① 《国家海洋局局长：世界海洋和平大会强调保护海洋》，中国网，http://www.china.com.cn/news/2010-09/03/content_ 20855846. htm。

② 叶世明：《“文化自觉”与中国现实海洋文化价值取向的思索》，《中国海洋大学学报》2008 年第 1 期。

③ 吉峰、张恩普：《传至异域的文化礼物——妈祖文化生根“丝路”》，《西安电子科技大学学报（社会科学版）》2018 年第 2 期。

生产总值已占国内生产总值的10%。在中国的高度关注和大力支持下，海洋事业蒸蒸日上，进入了历史上最好的发展时期，海洋经济规模不断壮大，海洋规划体系基本形成，海洋法制建设取得重大突破，海域使用和海岛管理力度不断加大，海洋生态环境保护日益增强，海洋科技创新与支撑能力显著提高，海洋公益服务和科研调查成果显著，对外海洋合作取得了重大进展。[①] 而妈祖文化的精神内涵恰恰与我国的海洋发展理念高度契合。妈祖精神的内涵是“立德、行善、大爱”；妈祖文化具有“平安、和谐、包容”的文化特征。正因如此，才有了中国海洋观念中的“和平之海、合作之海、和谐之海”。2013年10月3日，国家主席习近平在印度尼西亚国会的演讲中提到，“东南亚地区自古以来就是‘海上丝绸之路’的重要枢纽，中国愿同东盟国家加强海上合作，使用好中国设立的中国—东盟海上合作基金，发展好海洋合作伙伴关系，共同建设21世纪海上丝绸之路”[②]。习近平总书记指出：中华优秀传统文化是中华民族的突出优势，“要把超越时空、跨越国度、富有永恒魅力、具有当代价值的文化精神弘扬起来”[③]。

以妈祖文化形象为代表的中华海洋文明，与西方相比较而言，最大的区别在于东方文明主张博爱、宽容。具体说来，中华海洋文化崇尚“和平、共享、和谐”。所谓“和平”，这是中华民族和外民族相处的价值标准。“共享”即是在讲我国和世界其他民族共同建立命运共同体所持有的基本原则。“和谐”是代表儒家典型的价值体系。妈祖文化受儒

---

① 《国家海洋局局长：世界海洋和平大会强调保护海洋》，中国网，http://www.china.com.cn/news/2010-09/03/content_ 20855846. htm。

② 《携手建设中国—东盟命运共同体——在印度尼西亚国会的演讲》，《人民日报》2013年10月4日。

③ 《习近平在中共中央政治局第十二次集体学习时强调　建设社会主义文化强国着力提高国家文化软实力》，《人民日报》2014年1月1日。

释道精神的熏染而发端。儒家思想的核心是“仁学”。所谓仁学，包括中庸、孝、弟（悌）、忠、恕、礼、义、知、勇、恭、宽、信、敏、惠等内容。[①] 在妈祖的传说中，她所表现出来的东西也是具备大仁、大爱的。救民报国、扶危济困、为子尽孝、报国捐躯等等，都有着儒家思想延续的印迹。此外，儒家精神较为有代表性的即为“和谐”的观念。李克强总理在2014年6月20日的“中希海洋合作论坛”发表演讲时就曾提到，中国愿与世界各国一道，共同建设一个“和平、合作、和谐”的海洋。随着经济全球化发展和世界经贸格局的深刻变化，海洋作为国际贸易与合作交流的纽带作用日益凸显，在提供资源保障和拓展发展空间方面的战略地位更加突出。中国是陆海兼备的大国，海洋与中华民族的生存和发展紧密相连、息息相关。作为太平洋西岸的海洋大国和国际海洋事务中的重要力量，中国应与国际社会一起，积极构建海洋合作伙伴关系，携手承担维护国际海洋秩序的责任，履行保护海洋健康的义务。[②]

这与西方海洋文明中的某些观点构成了较为明显的区别。西方海神波塞冬是古希腊神话中奥林匹斯十二神之一，代表了欧洲海洋文明的精神。传说中，波塞冬愤怒时海中就会出现海怪，当他挥动三叉戟时，不但能轻易掀起滔天巨浪，更能引起风暴和海啸，使大陆沉没、天地崩裂，还能将万物打得粉碎，甚至引发大地震，当他的战车在大海上奔驰时，波浪会变得平静，并且周围有海豚跟随。因此爱琴海附近的希腊海员和渔民对波塞冬极为崇拜。从以上的神话形象描述中，我们不难看

---

① 刘晓成、顾久幸：《中国传统道德丛书·仁》，广西人民出版社1996年版，第4页。

② 《努力构建和平合作和谐之海——李克强在中希海洋合作论坛上的讲话》，《人民日报》2014年6月21日。

出，掠夺、征服、冒险等精神是西方海洋文明的一个典型特征。事实也正是如此，苗延波总结说：“西欧的海外殖民掠夺，也促进了资本的原始积累，从而为工业革命提供了重要的前提条件。”① 这是西方资本崛起的一个起点，造成了西方海洋文明的强权意识，极端性侵入手法与中华民族以妈祖文化为代表的海洋文明意识形态构成对比。

第二节　妈祖文化与新型国际关系及全球伙伴关系

在这个部分中，我们着力解决三个层面的问题。妈祖文化在中华传统文化中处于一个怎样的位置？妈祖文化在构建新型国际关系中的作用是什么？妈祖文化视角下如何思考全球伙伴关系？

一、妈祖文化与中华传统文化

中国传统文化由儒、释、道三家相融互补而成，同时融摄了其他思想学派的精髓。治心以佛，治身以道，治世以儒。传统文化充满正向力量。华夏文明的“致中和”等思想，在这个交流与竞争并重的时代下，更有着积极的文化探究与推广意义。传统书院中“不愤不启，不悱不发”、自学为主与教学相长等教育理念，仍历久弥新。传统与现代，在很多中国人眼里是非此即彼的两种不同的文化选择对象，国人对于中华传统的文化认同感逐渐消弭。传统文化的精神、逻辑思维方式不断受到国人质疑，其主体内容在现代人的错解与误读中离我们的生活似乎渐行渐远。学者楼宇烈主张要“做传统文化下的现代人”。他直言，一个能

① 苗延波：《公司的历程》，知识产权出版社 2012 年版，第 96 页。

够传承民族文化的中国，才更具有世界意义。

妈祖文化受到儒释道三种中华传统文化的熏陶，具备了极佳的传播价值。“在妈祖信仰的发展、演变过程中，儒释道三教都竞相对妈祖信仰渗透和施加影响，体现了宋代以降三教与民间信仰的互相融合趋势。而妈祖信仰对于儒释道三教思想和宗教因素的兼收并蓄，又是三教合一潮流在民间的具体反映。”① 恰恰是有了三种文化基因的融合，妈祖文化便同时具有了三种文化的精髓，结合自身海洋文化的特点，形成了独特的文化景观。学者李秀梅认为：“妈祖文化从本质上说是一种和谐文化。历代政治家、思想家、文学家都很重视妈祖的教化功能，希望妈祖精神成为促进世界和平、祖国昌盛、民族团结、民生富饶的推动力。其精神内涵归结起来就是伸张正义、广施仁爱、舍身救难。妈祖信仰在国家和民间建构的中外海洋交通网络中，通过政治、文化、经济交往，广泛传播并生根传承于东南亚、东北亚的中国文化圈和欧美华人社会中，已远超一般民间信仰的范围。对于历代海洋社会生活、对外文化交流等我国各领域的发展，对于国家统一、民族认同、社会和谐、文化传承都起到了无可替代的作用。”②

妈祖文化最初作为一种民间信仰，不单纯地隶属于佛教或是道教，但是确受儒释道三教文化的客观影响。佛教的教义是什么？人的生、老、病、死都是苦的，因为苦的根源就在于人有欲望。所以佛教要告诉你，只有你能消除欲望，忍耐顺从，刻苦修行，才能达到极乐世界。道教的基本教义是什么？道教的基本信仰是“道”，以学道、修道、行道

---

① 谢重光：《妈祖信仰与儒、释、道三教的交融》，《汕头大学学报》1997年第10期。

② 《妈祖文化是中华民族优秀传统文化的重要组成部分》，《莆田学院报》2016年3月10日。

为主。修道干嘛呢？简单地说就是要最终修道成仙，以求长生不死。而我们翻开《妈祖圣迹图》，你会发现在关于妈祖众多的民间传说中，始终凸显了两大主题：“保民”“护国”。这可以说是妈祖民间信仰的基本主旨。所以说，如果仔细比较一下佛、道二家的教义，就不难明白佛、道二家和妈祖文化精神中所宣扬的主题并不完全相同。当然，妈祖信仰吸收了佛道的元素，这是毋庸置疑的。从形象上来看，她的形象中金身的銮驾、龙车凤辇、凤冠霞帔、云履朱冠、持剑配印等等，都带有浓重的道家色彩。从宋代开始，一直到明代的《太上老君说天妃救苦灵验经》的出现，道教元素就一直伴随着妈祖民间信仰的发展。在福建的寿宁，道家瑜伽教派的“释教”道坛中，妈祖是作为一个专祀神出现的。在闽东的福安、霞浦、寿宁这些地区的民间道坛之中，妈祖都被奉为道法之神，足见道教对她的认可。在与妈祖文化相关的经书中，带有浓厚道教色彩的《太上老君说天妃救苦灵验经》从道教的角度对妈祖的文化形象给予勾勒。2011 年由上海出版社出版的《道教与民间信仰》一书，也是把妈祖作为道教的神加以介绍的。① 妈祖的形象也受道家文化的感召，其面向世人的宽厚温和与善良慈爱的形象，总能给人以美和欢愉的感觉。

那么，佛教对于妈祖文化又有何影响呢？佛教对妈祖传说的介入从元代开始就初露端倪，到了明代趋于成熟，表现在《三教搜神大全》这本书上，最早收录了妈祖异孕的传说，反映了佛教对妈祖文化的影响。有一个重要的资料，把妈祖和佛教结合在了一起。或许是由于“南海”两个字的关系，妈祖渐渐和观音扯上了某种联系。她的传说也被掺入了大量佛教色彩。就连台湾的北港朝天宫，从创建之初，就一直

---

① 吉峰：《闽台妈祖文化传播研究》，厦门大学出版社 2017 年版，第 29—31 页。

是由和尚担任主持。这在台湾的妈祖宫庙里是一种很普遍的现象，到今天也还是维持这种状态。在香港和澳门，人们一般也是把妈祖和观音供奉在一处的。同时，在这些区域里的妈祖亦被看成是佛教的成员。[①] 足见，妈祖信俗与佛教的关系颇为紧密。

再来看中华传统文化中的儒家文化，儒家文化对于每一个中国人都有着或多或少的影响。一个中国人身上所散发的进取之心、求仕之心，都是儒家文化的直观体现。同样，妈祖文化中的儒家因子也十分鲜明。“在天妃神庙中供奉的道教神明和佛教造像，都已涵容着儒教的品格。从佛教在华传播的历史和发展过程以及道教形成的发展过程来看，佛道二教在与中国社群文化尤其是主导文化——儒家思想相接触中都有了涵化。”[②] 儒家对中国文化和中国人的影响是十分巨大的。儒家对佛道两家自然有着深刻的影响，甚至可以说，缺乏儒家思想元素的宗教是很难在中国这片古老的土地上生根发芽的。先来想想儒家思想的核心是什么？可以简单地概括为仁学。日本企业家稻盛和夫把为社会、为世人做贡献作为其一生“善念”的最高境界，终身加以实践。从某种意义上而言，所有的这些文化精神都是相通的，妈祖精神也是如此，可以帮助人们提升心性，磨炼灵魂。

妈祖文化是集儒释道文化与中华海洋文化大成的一种“活态”文化。中华文化源头是儒道释。妈祖文化由儒释道三家相融互补而成。治心以佛，治身以道，治世以儒。世界诸多国家中的妈祖信众们，受到妈祖的影响颇深。妈祖救难助人的生平传说，让信众对其产生了特殊的敬奉之情。妈祖文化展示了一种创造自我的生命价值，帮助人们实现其人

---

① 吉峰：《闽台妈祖文化传播研究》，厦门大学出版社 2017 年版，第 29—31 页。

② 王文钦：《妈祖崇拜与儒释道的融合》，《孔子研究》1997 年第 3 期。

生理想。同时，信众们也不断推崇妈祖精神之中的济世救人、慈悲仁爱的情怀。

妈祖精神充满了正向力量，譬如“礼”“义”“忠”“勇”“孝悌”等文化因子在现代商业社会尤为匮乏。在这个交流与竞争并重的时代下，更有着积极的文化探究与推广意义。我们推广妈祖精神，是为了以妈祖精神催化人们的“仁爱之心”。“闽、粤、台、港、澳等地华人祭祀妈祖的仪式，和清廷遣官按礼仪规定常常以酒醴致祭的形式不同，是以庙会、唱神戏、献舟许愿、庆圣诞、迎神出游等方式庆祝一番。无论是在中国大陆的农村，还是在南洋群岛的海滨，年复一年举行的迎神、祭神、娱神的宗教庆典活动，都会强化华人的民族意识，增进对传统文化的情感，领受儒家那种亲近天人的互助仁爱精神。儒释道的融会贯通，可以说是妈祖信仰最深刻的文化底蕴。”①

正是由于中国文化中的儒释道精神，才造就了中国文化中崇尚和谐、和平、和睦等文化思想。费孝通在20世纪八九十年代分别实地考察了蒙古鄂伦春族、赫哲族等少数民族，发现少数民族的原生态文化面临灭绝的困境。忧心于此，于是倡导“和而不同”的文化愿景。其最初的理论旨趣在于对弱势民族文化的尊重与保护，呼吁社会各界重视此问题。在谈及保存民族民间文艺遗产时，他甚至还主张用少数民族自己的文字或符号记录其原始材料，力求还原其风格，不能根据自己的口味进行粗暴式的翻译。后来，这个理念渐渐被拓宽了范畴，发展成为中国面向世界时一种互相认知与相处的智慧。

二、妈祖文化在构建新型国际关系中的作用

不可否认，和平与发展仍然是这个时代的主题。和平、发展、合

① 王文钦：《妈祖崇拜与儒释道的融合》，《孔子研究》1997年第3期。

作、共赢是人类应当追求的目标，也是不可阻挡的时代潮流。世界在发生着复杂的变化。中国政府在海洋资源开发问题上，一直坚持“搁置争议，共同开发”的原则，主张谁也不要采取谈判以外的动作，破坏现状。事实上，为了维护两国关系，中国在开采东海资源上一直十分克制。目前，中国从事开采的油气田全部在没有争议的“中间线”以西。在此背景下，其他国家也应认真考虑中国“共同开发”的建议，而不是不分青红皂白地拒绝，或是得寸进尺地要求中国提供数据，分割油气资源。在经济越来越互相依存的时代，相关国家政府只有认清两国之间“和则两利，斗则两伤”的形势，将能源问题也列入扩大合作的领域，才能避免“两输”的结局。[①]

面对这一大批新兴市场国家和很多发展中国家的快速发展，其中不和谐之声仍然存在，不容小觑。譬如说，在海域的问题上，世界上仍有很多区域和邻国在海上存在着各种争议与矛盾。我国的岛屿，被某些国家侵占，严重地挑战了我国的海权。海权不仅仅是海域问题，其意义还在于一个国家利用海洋的权利。国际关系错综复杂，国际法虽有仲裁的作用，但是治标不治本。有学者注意到：“国际社会必须正视当前国际海洋法法庭乃至国际法体制存在的问题和面临的挑战。欧洲中心主义依然猖獗，国际法体制对于主权平等还不够尊重。国际法与国内法不一样，没有宪法所规制的‘天花板’。因此，国际司法的进步，从根本上来说要靠主权平等。比如对于海洋争端涉及强制仲裁，《公约》赋予了主权国家以选择权利，可以就管辖权以声明方式排除管辖，但有时《公约》的条款却遭到了扭曲解释。”[②] 文化的传播与融合，或许是从根本上缓解问题的破解之道。而妈祖文化作为一种比较有世界影响力的文

① 吴南雁：《东海：究竟该是谁的天下》，《中国财经报》2004 年 8 月 5 日。
② 周超：《推动全球海洋争端和平解决》，《中国海洋报》2016 年 10 月 19 日。

化，应当在处理新型国际关系及全球伙伴关系的工作中发挥更多的作用。

妈祖文化为构建新型国际关系提供了一种文化视维。妈祖文化在海外传播十分广泛，这为其在世界范围的影响力奠定了很好的基础。“妈祖文化在海外广泛传播的主要原因，有几个方面。一是积极的海外贸易政策。宋元时期对外贸易发展迅猛，积极的商贸政策和对外贸易的快速发展推动妈祖文化更好地向海外传播。福建地区港口开放程度高，闽商对妈祖信仰极其推崇，在商船出海以及平安返回后都会到妈祖宫庙祭拜。妈祖文化沿着闽商的足迹，在海外广泛传播。二是华侨在海外侨居国大量修建妈祖宫庙。据史料记载，明代中外交流达到顶峰，闽商不仅在琉球地区修建妈祖行宫，在日本、越南等国家也都修建了妈祖宫庙。许多华人华侨将随身携带的妈祖神像放在当地庙宇或者放在自己家中祭祀，一些事业有成的侨商还会带头捐资在侨居国修建天后宫，于是妈祖文化就自然而然地渗透到当地的文化中。”①

作为一个拥有辽阔海岸线的国家，我国对于海洋邻国一直都是友好的相处态度。从汉唐时期开始，我国就与邻国建立了频繁而友善的来往。“日本遣使入隋自 600 年至 614 年的 15 年间，共派遣 4 次。唐朝建立之后，日本自 630 年第一次遣使入朝，到 838 年最后一次，历时 208 年，19 次遣使入唐朝贡，其中有 3 次未成行。日本如此频繁地派遣入唐朝贡使团，主要目的就是向当时东方最为繁荣强盛的唐朝学习典章制度和先进文化。不但其使节每次都利用各种机会积极向唐朝学习，而且每次都带着不少留学生、学问僧来唐，努力与文人学者交往，领会唐朝文化，尤其是佛教文化的精髓，搜集、购买并带回大批汉籍包括佛教经

① 印度尼西亚兴安同乡会编：《福莆仙乡贤人物志》，莆仙文化出版社 1990 年版，第 37 页。

典。正是这些派遣使节和留学生、学问僧的频繁来唐学习，唐代的典章制度和文化才得以在各个方面被大量跨海移植到日本。”①

到了明代，也就是 14 到 15 世纪的上半叶。随着郑和下西洋，我国更是对邻国的关系极为重视。在世界航海史上，郑和下西洋开辟了贯通太平洋西部与印度洋等大洋的直达航线。七下西洋的壮举，展示了明朝前期中国国力的强盛，加强了中国明朝与海外各国的联系，并与所到国建立了和平友好关系。郑和下西洋，向海外诸国传播了先进的中华文明，也兼收并蓄，海纳百川，加强了东西方文明间的交流。在与亚非各国的商贸往来中，互利互惠，互通有无，为开拓亚非国际贸易做出了重大贡献。②

三、妈祖文化视角下对全球伙伴关系的思考

我国不断地在国际上强化伙伴关系网络，为的是营造各国共同发展的大环境，我们致力于与各国一道实现可持续发展。“当前，海洋形势总体趋于和平稳定，但我们也清楚地看到，国际海洋事务中仍存在诸多不稳定和不确定的因素：和平面临严峻挑战，新的安全威胁因素不断出现；海洋权益斗争日趋激烈，部分国家蓄意制造岛礁争端，挑起海上事端，侵犯他国海洋权益；海洋传统安全与非传统安全威胁相互交织、错综复杂。我国倡导与其他国家一道，共同遵循包括《联合国海洋法公约》在内的国际准则，通过对话谈判，解决海上争端，谋取共同安全和共同发展。反对海上霸权，确保海上通道安全，共同应对海上传统安

① 曲金良：《天下一体：“环中国海文化共同体”的历史建构》，《中原文化研究》2015 年第 1 期。

② 白黎璠：《感受中华海洋文明的壮丽辉煌》，《中国海洋报》2017 年 8 月 21 日。

全威胁以及海盗、海上恐怖主义、特大海洋自然灾害和环境灾害等非传统安全威胁，寻求基于和平的多种途径和手段，维护周边和全球海洋和平稳定。”① 妈祖文化所展现的精神与文化内涵，可以为构建全球伙伴关系提供实践与理论方面的文化支撑。可以助推人类命运共同体的营造，也成为中华传统文化传播向世界提供文化借鉴。

妈祖信俗从宋代开始，便向世界各地进行广泛的传播，在各国之间形成了文化的黏合。譬如在亚洲的日本、印尼、泰国、马来西亚、越南、新加坡、菲律宾等国家，对妈祖文化都非常热衷，并将妈祖文化与贸易、娱乐等融合发展。在日本，人们从江户时代就开始了对妈祖的信仰。2018 年 10 月 27 日，在前北港朝天宫董事长曾蔡美佐的引荐下，日本东京妈祖庙的代表连昭惠女士率队一行 15 人，亲赴福建莆田的湄洲妈祖祖庙谒祖进香。连昭惠认为：“妈祖巡安是非常有意义的一件事，不仅加强了各地妈祖宫庙之间的联系，也加深了各地妈祖信徒之间的感情。湄洲祖庙是妈祖信仰的发源地，热切期盼祖庙明年也能组织妈祖金身巡安日本东京。东京现在妈祖宫庙还比较少，妈祖巡安不仅可以为妈祖信徒布施福祉、增进感情，也能让更多的海外人士了解妈祖、了解妈祖文化，这将为弘扬妈祖文化起到积极的作用。”②

在印尼，这个素有“千岛之国”之称的国家，在很多地方都有妈祖宫庙。“印度尼西亚的华侨大约有两百多万人，大约十个印尼人当中就有一个华人。在印尼，宗教信仰很多，佛教、基督教、天主教都有，

① 苗壮：《积极倡导和平、合作、和谐的中国新海洋观》，《中国海洋报》2014 年 7 月 29 日。

② 《日本东京妈祖庙信众赴“妈祖故里”湄洲岛进香》，中国新闻网，http://www.tibet.cn/cn/instant/culture/201810/t20181029_6359508.html，访问时间：2019 年 8 月 2 日。

但很多华侨都信仰妈祖，特别是在爪哇省，妈祖宫庙分布众多，有50多座。”① 在新加坡，比较知名的是天福宫与琼州天后宫。2018年11月8日至10日，新加坡琼州天后宫举办世界宗教和谐文化节暨首届妈祖文化节。新加坡琼州天后宫是一间非营利机构，以供奉妈祖天后圣母为主神。在越南，“仅胡志明市一地就有多处香火旺盛的妈祖宫庙，有海南会馆、琼州会馆、霞漳会馆、沙沥天后庙、义安会馆、福建二府会馆等。这些会馆既是祀奉妈祖的庙宇，也是海南、广东、福建等地侨社侨团的会馆。会馆前身是妈祖宫庙，后面是同乡联谊场所，也是越南著名旅游景点，是旅居越南百万华侨华人朝拜交流聚会地，是华侨华人政治中心及文化、慈善互助的社区中心。妈祖宫庙集中在当地华侨华人聚居的堤岸区，这里整体呈现的是唐人街风格，街上尽是中国商品，能看到很多中外旅游者。最有名的是以广州华侨华人为主兴建的妈祖庙（穗城会馆）和闽南语系福建华侨华人兴建的妈祖庙（温陵会馆），这两座妈祖宫庙被越南政府评为国家级历史文物遗迹。穗城会馆建于清乾隆年间，又名天后宫，内有许多珍贵文物，古色古香，充满了历史厚重感”②。

妈祖文化在促进华人华侨的团结，寄托对故乡的思念起到了重要的作用。菲律宾人对妈祖文化也是虔诚崇拜的，据不完全统计，在20世纪60年代，菲律宾的妈祖宫庙就达到100多座。2018年10月22日，信众护送湄洲妈祖坐上巡境车，有史以来最大的中菲民间文化交流活动

① 《湄洲妈祖分灵印尼！国民“女神”走向全世界!》，搜狐网，http://www.sohu.com/a/229226901_99996630，访问时间：2019年10月2日。

② 《妈祖：“一带一路”的文化使者》，中国和平统一促进会网，http://www.zhongguotongcuhui.org.cn/hwtchzs/201707/t20170714_11819136.html，访问时间：2019年6月9日。

“妈祖下南洋，重走海丝路”巡安菲律宾暨公益慈善系列活动开启。当天上午10时，马尼拉市政府和菲律宾友好基金会在马尼拉国际邮轮码头举行了隆重的欢迎仪式。菲律宾前总统、马尼拉现任市长埃斯特拉达致辞表示，“妈祖信仰是中国文化遗产不可分割的一部分，妈祖受到全球华人水手的敬仰，妈祖巡安菲律宾，我们倍感荣幸！”埃斯特拉达向莆田市政府代表团团长、莆田市政协主席林庆生，莆田湄洲妈祖祖庙董事长林金赞赠送了一把象征菲中友谊和团结的“马尼拉市之匙”。①

在欧美，如美国、加拿大、法国等地，都有妈祖文化的印迹。在美国，2014年成立了美国妈祖基金，这是以弘扬妈祖文化精神为宗旨的公益组织。积极践行妈祖“立德、行善、大爱”精神，参与社区服务、向灾区祈福捐款等公益活动，以及举办巡游等祈福活动，得到了各社团组织、广大侨领以及家乡政府的鼓励和支持。② 2018年2月21日，美国妈祖基金会董事长朱荣斌等一行11人参观湄洲妈祖祖庙莆田会馆。朱荣斌表示，此行的目的是参访学习，将中华优秀传统文化的组成部分——妈祖文化带回美国，进一步传承弘扬，做共同推进“一带一路”践行者、弘扬者。③ 此外，在巴西、非洲、南非、津巴布韦、澳大利亚、新西兰等地，妈祖宫庙的香火不断，这些国家与中国的官方及民间组织的文化交流不断。对于促进各国的关系，建立全球伙伴关系格外重要。

罗素《中西文明比较》有言：“不同文明的接触，以往常常成为人类进步的里程碑。希腊学习埃及，罗马学习希腊，阿拉伯学习罗马，中

---

① 《湄洲妈祖首次巡安菲律宾盛况空前》，中国新闻网，http://www.chinanews.com/gj/2018/10-22/8656784.shtml。

② 《美国妈祖基金会一行参访湄洲妈祖祖庙莆田会馆》，北京时间网，https://item.btime.com/m_901076eca78568953。

③ 《美国妈祖基金会一行参访湄洲妈祖祖庙莆田会馆》，北京时间网，https://item.btime.com/m_901076eca78568953。

世纪的欧洲学习阿拉伯，而文艺复兴时期的欧洲则学习东罗马帝国。”①全球化不可避免地引发文化的对冲与融汇，费孝通当年就深忧各民族文化的生存及发展权，批判“文明冲突论”等观点，企望构建出“天下大同”的世界文明格局。总结费孝通的诸多观点，他的理论推进脉络分四个层次：其一是反思，对自身文化长短的全面审视，尽量做到“各美其美”；其二是尊重，舒展胸怀，展示出“美人之美”的包容态度；其三是学习，以他人之长补己之短，达到“美美与共”；其四是共处，以求“和而不同”的文化愿景。这是推进世界文明进步的大趋势，更是中国传统文化智慧的沿革。在妈祖文化与世界海洋和平的融汇发展中，这种思路同样适用。

妈祖文化在各国的存在、发展是丝路精神的生动写照。妈祖文化千百年以来默默践行着自由、文明、包容、和谐、正义、合作共赢的丝路精神。如今，随着更多的中国人走向世界，妈祖文化的影响势必扩大至世界上更多的国家和地区。从这个意义上说，妈祖文化是21世纪海上丝绸之路的文化使者。②妈祖文化更是协调世界关系的文化纽带。妈祖精神具有慈爱万类的特点，她的造福他人、舍身就难、广施博爱、不畏险阻、充满正义等精神特征，展示了一种丰满而又立体的文化状态。

第三节　妈祖文化与人类命运共同体

人是具有社会性的，不能脱离社会而存在，人类社会发展历史中形

① ［英］罗素：《中国问题》，秦悦译，上海学林出版社1996年版，第146页。

② 黄瑞国：《妈祖文化是海上丝绸之路的文化起点》，《福建日报》2014年9月1日。

成了各种各样的社会共同体、利益共同体。共同体其实是人与社会的基本存在形式，但人类发展历史上的不同阶段，共同体的形式和性质都不一样。

一、妈祖文化视角下对人类命运的历史思考

在“立德、行善、大爱”的妈祖精神感召之下，通过学习，我们发现妈祖的传奇与神迹，处处充满了动人的真诚。在众多妈祖助战解困的传说之中，充分展示了她的勇敢与仁义。正所谓“勇者不惧”，在大旱时行云布雨，在瘟疫流行时治病救人。在民众饥荒时，赈济饥民，其善可表，这些仅仅是妈祖众多优秀品质的侧面。立德、行善和大爱是妈祖精神内涵。妈祖不同于源自任何宗教信仰的人物，妈祖形象滋生在儒释道三教融合的文化背景之下，其本身就不可避免地带有亦佛亦道的烙印。《南宋灵惠妃庙记》里面曾写有这样一段文字：“妃林氏，生于莆之海上湄州，洲之土皆紫色，咸曰：‘必出异人。’”这句话本身就在暗示了这位女神属于道家范畴，因为道家一向崇尚紫色，《清净经》里有“正一真人曰：人家有此经，悟解之者，灾障不干，众圣护门。神升上界，朝拜高尊。功满德就，相感帝君。诵持不退，身腾紫云。”足见紫云是修行有成，是道气的一种显现，与道合真，自然生成。明清时由道家将妈祖编入《太上老君说天妃救难经》，称妈祖为斗中妙行玉女所化，受太上老君之命降生人间救民疾苦。明代由皇帝钦定妈祖为道教神，许多妈祖宫庙归入道观，由道士住持。而佛教也步其后尘，从元代福建莆田黄四如的《圣墩顺济神庙新建蕃厘殿记》把妈祖奉为“普陀大士千亿化身”；再到明代的《观音大士说天妃娘娘经》《天妃显圣录》中也记载着不少妈祖与佛教的渊源。无论有着怎样的宗教归属，妈祖在似道似佛，似儒非巫的形象中，体现出“四海澄清非帝力，千年灵惠

显神威”。这位来自现实社会的普通女子，被世人塑造成为一个人性化的女神形象，成为中华民族古代文化传播的一部分。

妈祖文化所蕴含的哲学精神对民众有着强大的向心力，吸引越来越多的信众去竞相追随。亲善友爱、公平正义，这些都是中国几千年来所传承下来的文化内核。生于海边，长于海边的林默娘具有高超的驾船技巧，且聪明灵惠、乐于助人。纵观其短暂的一生，都在行着善事，积着善德。儒家主张“仁者，爱人”“泛爱众，而亲人”，林默娘一心向善，她生前行善积德的故事无不体现着人们趋善向善的人性本能。除了与人为善、真诚待人之外，惩恶扬善也是妈祖文化所宣扬的核心观念之一。宋朝时期的“紫金山助战”明朝的“拥浪济师”清朝时的“助风退寇”，还有“祷神起椗”“涌泉济师”“荫护册使”等神迹轶事，也无不彰显着这位妈祖娘娘所秉承的疾恶如仇、公平正义的道德原则。①

妈祖身上有四大至“美”之处，能够引导当下我们每一个人去审视自己的心灵，具体说来概括为四个字：“诚”“仁”“勇”“善”。

其一，妈祖之“诚”。妈祖的传奇，充满了动人的真诚。清代著名学者赵翼《陔馀丛考》中记载：“倘遇风浪危急，呼妈祖则神披发而来，其效立应；若呼天妃则神必冠帔，恐稽时刻。妈祖云者，盖闽人在母家之称也。”就是说，如果人们向海神呼救，你呼唤“天妃”，妈祖会梳妆打扮，冠冕堂皇而来，当然，这或许会耽误救援时间。如果你直呼“妈祖”，那么神灵会抛弃繁仪缛节，不施粉黛，毫不滞留前来援救，这是妈祖亲民爱民的形象体现。此谓妈祖之“诚”。

其二，妈祖之“仁”。《敕封天后志》中说：“林氏聪明通达，道心善利。”在“菜甲天成”的传说中，妈祖将其母送来的菜籽倾于地上，

---

① 吉峰：《妈祖精神文化传播渠道管窥》，《南方论坛》2011 年第 4 期。

施法让菜籽死而复生。“灿然青黄，布满山塍。至今四时不绝。”儒家的孟子主张“亲亲而仁民，仁民而爱物”，妈祖身上就具有这种民胞物与的善心与良性循环的大智慧。这是妈祖之“仁”。

其三，妈祖之“勇”。在妈祖羽化成神之前的“化草救商”传说之中，商船遭遇大风触礁侵水，哀号求救。“众见风涛震荡，不敢向前”。林默挺身而出，“排驾至前”勇于施救。此外，在众多妈祖助战的故事中，充分展示了其勇敢与仁义。所谓“衣袍半湿，脸汗未干”。恰如《论语》中所提倡的“仁者不忧，智者不惑，勇者不惧”。此为妈祖之“勇”。

其四，妈祖之“善”。《天妃显圣录》中，记载了妈祖在大旱时行云布雨，在瘟疫流行时治病救人。在民众饥荒时，赈济饥民。《敕封天后志·引舟入澳》中说清代名将施琅舰队航行遇风受阻，“举船皆惶惧。正在危急间……见船头有灯笼火光，似人挽缆至此”。这是妈祖之“善”。“诚”“仁”“勇”“善”是妈祖众多优秀品质的四个侧面，由于年轻美貌、擅于水性又勇于救人，林默娘的出现，缓解了人们的心理压力。于是，在她死后被奉为海神，乞求继续得到她的庇佑，便成了顺理成章的事情。

妈祖文化所崇尚的就是展示大爱、趋向和平。在新的时代背景中，这也是对构建人类命运共同体的一种解读与诠释。荀子说：“积善成德，而神明自得，圣心备焉。”妈祖一生中就是这样积善成德的，她济世救人、扶危助困，对生命的关爱不仅体现在海难的救助，而且还体现在日常生活中的治病救人。林默娘专心做慈善公益的事业，平素精研医理，为人治病，教人防疫消灾，颇得大众称颂。她性情和顺，乐于助人，能管天文、测天气，指导渔民出航。只要能为乡亲们排忧解难的，她都乐意去做，还经常引导人们如何避凶趋吉。所以人们遇到困难，也都愿意跟她商量，请她帮助。妈祖的传奇故事，早已作为一种文化现象以及民族精神的寄托被传承了下来，她“平安、慈悲、护民、奉献”的精神被后世历代传颂。①

法国民族学院谢鲍尔博士曾盛赞妈祖为“国际和平女神”，在法国巴黎建造了一座“真一堂”来供奉妈祖，并且在堂内建立了妈祖史料文物研究中心，用以保存并传播妈祖文化。20 世纪 80 年代，妈祖还被联合国有关机构授予“和平女神”的称号。妈祖文化在其传播的过程中吸纳各派宗教的精华，做到了兼收并蓄，使儒释道三教在自身得到充分地融合，受到世界各宗教信徒的普遍爱戴。特别是在维持两岸和平、稳定方面，更是起到了黏合剂的作用。对于广大信奉妈祖的港澳台同胞以及海外侨胞而言，能够亲自到福建莆田湄洲妈祖祖庙进香祈福，乃是平生的夙愿。多年来，来自美国、加拿大、澳大利亚、新加坡、日本、文莱、泰国、新西兰、马来西亚等国的海外赤子纷纷组团来到湄洲祖庙谒祖朝圣。②

人类处于一个变革调整的时期，国内外形势风云变幻，整个世界都是在曲折中前进。在 2017 年 1 月 17 日，习近平主席在瑞士出席世界经济论坛 2017 年年会开幕式上，发表了《共担时代责任，共促全球发展》的演讲。期间，习近平主席对人类命运共同体进行了阐述，表示各国利益高度融合，彼此的关系愈来愈呈现相互依存的状态。

所谓人类命运共同体是我党重要的执政兴国的理念，也是我国在国际上作为负责任大国的一种担当的意识。这是我国从生态建设、文明交

---

① 吉峰：《传播学视阈下妈祖文化形象建构》，《怀化学院学报》2012 年第 4 期。

② 吉峰：《传播学视阈下妈祖文化形象建构》，《怀化学院学报》2012 年第 4 期。

流、安全格局、经济发展乃至伙伴关系等方面所做出的努力。人类命运共同体的观念，具体说来，是一种共建的合作观、和平趋向的发展观、和谐公正的秩序观、共赢的利益观、普惠的价值观、持续发展的安全观、共商的全球治理观等。从文化角度而言，妈祖文化与这种思想具有文化方面的共性。

妈祖文化在海外诸多国家的传播与接受，并非仅仅是在建构一种崇拜的观念，而是在传播一种中华传统文化的精神。目前，妈祖文化传播到了世界，其精神内涵维系着国家之间的联系，也寄托了人类各种美好的愿望。在澳大利亚，妈祖文化也在联结着中澳两国信众的情谊。2018年9月29日早晨6点，湄洲妈祖分灵澳大利亚悉尼天后宫暨割香掬火仪式在妈祖故乡——福建莆田的湄洲妈祖祖庙天后宫举行。澳大利亚悉尼天后宫代表一行遵循古制，沐手拈香，敬备五果六斋，在通赞的主持下，向祖庙正殿金身妈祖依次行三献礼、割香鞠火礼。湄洲妈祖祖庙董事长林金赞手持香勺，将祖庙的袅袅香火传递给澳大利亚悉尼天后宫，并将分灵妈祖、分灵证书移授予悉尼天后宫。[①]

从另一个层面而言，人类文明的每一次跃进与升华，都伴随着文化历史的不断进步。“妈祖文化中具有建设海洋生态道德、保护海洋生态的理念。妈祖神职在逐渐升格的过程中，反映出中国古代重视海洋开发与海洋保护的事实。在妈祖的历史传记中，诸如献发救鱼、休渔禁捕、海上放生等一系列事件，体现了妈祖文化在保护海洋生态、合理开发海洋渔业资源方面的意识。在当代，中国的福建、海南、浙江等地，每年在农历三月廿三日妈祖诞辰日、九月初九妈祖升天日都会举行祭海仪式、休渔禁捕、开渔节等仪式，这是妈祖海洋生态的重要民俗呈现，体

---

① 《湄洲祖庙妈祖分灵澳大利亚悉尼天后宫》，中国新闻网，http：//www. chinaqw. com/zhwh/2018/09-29/203716. shtml。

现出先辈保护海洋生态的智慧。宣传妈祖文化保护海洋生态的精神，对于保护海洋生态环境、建设美丽海洋、实施海洋强国战略有着积极的意义。”① 妈祖文化是人类沟通对话、文明互鉴的见证，为人类提供了一种人心相同与文化融合的对策与思路。

在国际关系的发展中，文化一直都作为和平、和谐的纽带，发挥着独特的作用。妈祖文化推崇多种文化之间交流互鉴，以互惠互利为主旨促进海上交通与贸易发展。历史上，沿海许多地方正是依托妈祖文化的聚集效应，逐步发展成为繁华的集市商埠。当前，随着 21 世纪海上丝绸之路的深入推进，我国将不断强化与沿线国家和地区在海洋经济、海洋生态环境保护、海洋科技、海洋防灾减灾等方面的合作。与此同时，我国将着力推动妈祖文化在“一带一路”沿线国家和地区的传播与交流，发挥妈祖文化在促进民心相通、情感融通上的独特优势，为营造和平稳定的海洋合作关系贡献力量。②

二、弘扬妈祖文化与共建人类命运共同体

中华传统文化中具有创造与包容性，儒家的仁爱、道家的自然、法家的严谨、佛家的慈爱，这些是中华民族的信念和处世方式。“构建人类命运共同体”这一理念先后被写入党的十九大报告、《中国共产党章程》以及《中华人民共和国宪法》、联合国决议，为中国致力于世界和平与发展的努力又添上了浓墨重彩的一笔。虽然共产主义社会仍然是一个美好的愿景，但是，当今世界全球性相互依存的现实，客观上要求我

① 筱舟：《妈祖文化：海上丝绸之路的文明纽带》，《中国海洋报》2017 年 9 月 20 日。

② 《石青峰在妈祖文化与海洋精神国际研讨会上的致辞》，莆田会馆网，https://mp.weixin.qq.com/s?__biz=MzIzNDczNzU2OA%3D%3D&idx=1&mid=2247484026&sn=4408718ba05e594f644d95d402fdb44e。

们必须站在世界历史的高度审视当今世界发展趋势和面临的重大问题，坚持和平发展道路，坚持独立自主的和平外交政策，坚持互利共赢的开放战略，树立人类命运共同体意识，朝着“自由人联合体”的理想目标共同努力。[①] 这体现了我国“天下大同”的社会理想与“日新月异”的革新精神。

古代的丝绸之路之所以闻名世界，其意义主要是在于东西文明之间的融合与对话。不是长矛和战马让文化交融，而是行走于丝绸之路间的各国人民的善意和友谊。“在海洋文化中，各文化实体为了在竞争中取得优势，都需要不断发展和完善自我。故步自封无法进步，海域民族在自身发展过程中，突破地理阻隔、文化限制，自身形成以契约、协商、民主文化为特点的民族架构，这都是多元开放的海洋文明所积累的文化财富。”[②] 东西方文明实现了对话与交融，“一带一路”也是如此。聚集于“一带一路”上的有商业、政治、智慧与艺术，历史事件与人物显现出了多维的影响与意义。就像是陆地的丝绸之路上，看似穷兵黩武的亚历山大大帝，在面对异质的宗教与文化时，恰恰选择了包容、仁和的策略。海上丝路所遇到的境况也是如此，作为中华优秀传统文化的一部分，妈祖文化得到了世界的认同，被越来越多的人熟知，成为全人类共同的精神财富。妈祖文化传播历久弥新，妈祖信仰从北宋初期到现在已经有千年的传播历史，不断出现新的传播特征。[③]

妈祖文化的传播地域也颇广，从福建莆田向南到达泉州、漳州及广东的潮汕地区，由国内民众向海外大众传播。从中国南端的北部湾到辽

---

① 赵婷：《吸收借鉴人类政治文明成果　积极发展全球伙伴关系》，《中国社会科学报》2018 年 12 月 4 日。

② 何索：《妈祖文化契合海洋精神》，《中国海洋报》2016 年 12 月 28 日。

③ 吉峰：《传至异域的文化礼物——妈祖文化生根“丝路”》，《西安电子科技大学学报》2018 年第 2 期，。

东半岛北端的丹东，都有历史悠久的妈祖信仰。目前，在世界各地有近一万座妈祖宫庙，遍布 20 多个国家和地区，信众也高达三亿人。[①]“妈祖文化先天根基建立在民间妈祖宗教信仰的基础之上，后天又受儒释道三种文化的沁浸，逐渐形成一种具有普世性质的中国传统文化精髓的一部分。”[②] 有学者指出：“任何受众都可以基于自身特定的文化背景和个人理解层面，去感受妈祖文化的魅力，继而接受妈祖文化故事中某些有益的中国优秀的传统文化元素。”[③]

在第 24 届世界海洋和平大会上通过了《北京海洋宣言》，倡导建构新世纪世界海洋的新秩序，试图建构一个平等、公正、合作的管理制度，这也是从共建人类命运共同体的视角下推动海洋管理的可持续发展思路。《北京海洋宣言》包括前言、原则、行动号召，地方、国家、区域以及全球措施、结论等几个部分。《宣言》重申将致力于执行并逐步发展适用于全球海洋的如下原则，即：“人类共同的遗产”原则、公正原则、合作原则、和平解决争端原则。提出十项地方、国家、区域以及全球措施，其中包括执行向沿海社区引进生态技术的项目、分析沿海大城市对海洋环境以及对依赖于海洋环境的人口的影响、适当调整区域性的计划与结构，以及促使区域性海洋计划的单一管理方式发展到可持续发展所需的综合管理方式等内容。”[④]

在历代信众的传承推动之下，妈祖信仰辐射海内外。妈祖的核心精

① 吉峰：《传至异域的文化礼物——妈祖文化生根“丝路”》，《西安电子科技大学学报》2018 年第 2 期。

② 吉峰、张恩普：《妈祖文化如何传播与营造“媒体奇观”》，《传媒》2015 年第 6 期。

③ 吉峰：《闽台妈祖文化传播研究》，厦门大学出版社 2017 年版，第 84 页。

④ 魏红涛：《谱写人类海洋和平的新篇章——第 24 届人类世界海洋和平大会侧记》，《海洋开发与管理》1997 年第 1 期。

神为“立德、行善、大爱”，这既是对妈祖文化的高度凝练，也同时展现着中国海洋文化源远流长的人文内涵，更彰显着中华文化无与伦比的感召力。“一带一路”是构建人类命运共同体的伟大实践。习近平总书记指出，要将“一带一路”建成和平之路、繁荣之路、开放之路、创新之路、文明之路，推动“一带一路”建设行稳致远，迈向更加美好的未来。如此，就需要为“一带一路”插上互联网的翅膀，“挂”在云端上。《二十国集团数字经济发展与合作倡议》等发布，正是铺就一条多边参与、多方参与的“数字丝绸之路”，为沿线的人民送去“福利”和“红利”。信息技术为各个国家和地区发展铺设了一条发展的高速公路，不断助推着世界各国互联互通、互信互助，互联网如磁石般吸引着世界各地的资源、智慧和力量，为世界可持续发展提供不竭动力。在“一带一路”的大棋局中，推进贸易畅通、民心相通等，沿线国家拥有大量未获得充分优化配置的要素禀赋，需要互联网红利来提高整体的资源配置效率。连接数字丝绸之路，由“潜力”转为“活力”，众多的青年数字人才纷纷涌向“一带一路”建设，为国际合作注入新动力。①

随着移动互联网时代的到来，妈祖文化与移动媒介的耦合将有助于推动受众以索绪尔所言及的“多义且善变的结构主义”对妈祖文化进行更加细腻的解读，将有助于促进妈祖文化核心价值观向世界的传递。在移动互联网时代，“互联网在哪里，人就在哪里”的窘迫处境已最大限度被扭转成了“人在哪里，互联网就在哪里”。SoLoMo 模式就是搭乘移动互联网快车而实现飞跃的一种新型营销传播模式。妈祖文化与中华文化具有共通的意义空间，这为拥有相似文化背景的亿万炎黄子孙在社会观念、价值理念方面与妈祖文化产生共鸣提供了现实的解码基础。

---

① 李群：《共建人类命运共同体的数字丝路》，引自 http://pinglun.youth.cn/ttst/201811/t20181107_ 11778019.htm。

中国正在世界的舞台上发挥着日益重要的作用，中国的智慧对于构建和完善人类思想体系有着重大的传播意义。妈祖文化作为中华文化的重要组成部分，符合天下一家、慈爱万类的思想。道御、道统意识的觉醒，这是全人类的高度的理性思维、理性自觉，这是地球村的大幸。我们的文化自信，就是要建立在对以“道”（伟大的妈祖精神是他的具体展开）为核心的中华优秀传统文化——这一文化理想的总体认识和把握基础之上。其公式是：文化理想—文化自觉—文化自信—文化实力。①

“构建人类命运共同体，不是另起炉灶、平地起楼。作为世界和平的建设者、全球发展的贡献者、国际秩序的维护者，中国共产党超越意识形态、社会制度和文化差异，顺应了世界历史进程、经济全球化大势，在全方位对外开放中倡导构建人类命运共同体，积极参与全球治理体系改革和建设，推动经济全球化朝着更加开放、包容、普惠、平衡、共赢的方向发展，为人类社会发展增添了新动力”②。深入挖掘包括妈祖文化在内的中华传统文化的当代价值，对促进文化传播以及建构人类命运共同体有着积极的意义。

---

① 李德建：《论“慈爱万类”是“妈祖精神”之内在的第一要素》，引自《第四届国际妈祖文化学术研讨会论文汇编》，2018 年，第 766 页。

② 徐梦秋、朱彦瑾：《在全方位对外开放中共建人类命运共同体》，《光明日报》2018 年 12 月 28 日。

主要参考文献

1. 习近平：《共圆中华民族伟大复兴的中国梦》，中共中央文献研究室编：《十八大以来重要文献选编》（上），中央文献出版社 2014 年版。

2. 习近平：《决胜全面建成小康社会　夺取新时代中国特色社会主义伟大胜利——在中国共产党第十九次全国代表大会上的报告》，人民出版社 2017 年版。

3. 蔡泰山：《妈祖文化学术论刊》，台北立得出版社 2006 年版。

4. 黄瑞国主编：《妈祖学概论》，人民出版社 2013 年版。

5. 黄秀琳：《妈祖文化与旅游》，吉林大学出版社 2012 年版。

6. 吉峰：《闽台妈祖文化传播研究》，厦门大学出版社 2017 年版。

7. 蒋维锬、郑丽航辑纂：《妈祖文献史料汇编》第 1 辑碑记卷，中国档案出版社 2007 年版。

8. 李露露：《妈祖信仰》，学苑出版社 1996 年版。

9. 林国良主编：《妈祖文化简明读本》，海风出版社 2014 年版。

10. 林明太主编：《妈祖文化研究论丛（二）》，中国文史出版社 2014 年版。

11. 刘伯骥：《美国华侨史续编》，台北黎明文化 1981 年版。

12. 刘红：《台湾“国家认同”问题概论》，九州出版社 2013 年版。

13. 刘克曼、卢梭：《以文化认同促进台湾民众的民族认同和国家认同》，《广东省社会主义学院学报》2014 年第 4 期。

14. 罗春荣：《妈祖文化研究》，天津古籍出版社 2006 年版。

15. 彭文宇主编：《妈祖文化研究论丛（I）》，人民出版社 2012 年版。

16. 任清华：《妈祖文化导论》，厦门大学出版社 2013 年版。

17. 王甫昌：《当代台湾社会的族群想象》，群学出版社 2003 年版。

18. 吴新文：《中国复兴的文化基础的重建及其世界意义》，人民出版社 2005 年版。

19. 许在全：《妈祖研究论文集》，鹭江出版社 1989 年版。

20. 杨庭硕、罗康隆、潘盛之：《民族文化与生境》，贵州人民出版社 1992 年版。

21. 曾小华：《文化、制度与社会变革》，中国经济出版社 2004 年版。

22. 张国栋、柯力：《妈祖文化与当代社会》，厦门大学出版社 2016 年版。

23. 郑晓云：《文化认同与文化变迁》，中国社会科学出版社 1992 年版。

24. ［英］斯图尔特·霍尔：《表征——文化表征与意指实践》，徐亮、陆兴华译，商务印书馆 2013 年版。

25. 蔡泰山：《妈祖文化对两岸关系发展之展望》，《中国地方自治》2004 年第 6 期。

26. 蔡泰山：《妈祖文化遗产对妈祖文化产业发展之重要启示》，《中国地方自治》2006 年第 10 期。

27. 蔡天新：《古丝绸之路的妈祖文化传播及其现实意义》，《世界宗教文化》2015 年第 6 期。

28. 陈孔立：《台湾民意的三个层次》，《台湾研究集刊》2012 年第 1 期。

29. 陈兴贵：《神圣与世俗　妈祖信仰的社会文化功能演变》，《中国宗教》2009 年第 12 期。

30. 陈衍德：《试论菲华社会的宗教融合》，《世界宗教研究》1995 年第 1 期。

31. 陈衍德：《从澳门民俗看当地居民的妈祖信仰——兼与中外各地妈祖崇拜的比较》，《世界宗教研究》1999 年第 4 期。

32. 陈祖芬：《妈祖文化与统一战线工作关系初探》，《福建省社会主义学院学报》2010 年第 4 期。

33. 崔保锋：《两岸统合视野下的“一个中国”认同研究》，《阅江学刊》2011 年第 3 期。

34. 董栓柱、董晓钟：《在加强两岸文化交流中增进中华文化认同与国家认同》，《统一论坛》2011 年第 6 期。

35. 董锁成、赵敏燕、郭鹏等：《“一带一路”生态旅游带发展模式与对策》，《中国科学院院刊》2016 年第 6 期。

36. 范正义：《妈祖信仰仪式与“一带一路”》，《世界宗教文化》2018 年第 5 期。

37. 官品佳、袁书琪：《妈祖文化内涵及其在亚太合作发展中的重要功能》，《资源开发与市场》2012 年第 2 期。

38. 郭艳：《台湾“年轻世代”国家认同的现状及成因分析》，《台湾研究》2011 年第 3 期。

39. 花建：《“一带一路”倡议与提升中国文化产业国际竞争力研究》，《同济大学学报（社会科学版）》2016 年第 11 期。

40. 吉峰：《妈祖精神文化传播渠道管窥》，《南方论坛》2011 年第 4 期。

41. 吉峰：《传至异域的文化礼物——妈祖文化生根“丝路”》，《西安电子科技大学学报》2018 年第 2 期。

42. 吉峰、张恩普：《妈祖文化如何传播与营造“媒体奇观”》，《传媒》2015 年第 6 期。

43. 贾磊磊、潘源：《中国传统文化的核心价值观：和谐·仁爱·自然》，《东南大学学报（哲学社会科学版）》2012 年第 3 期。

44. 李天锡：《试析菲律宾华侨华人的妈祖信仰》，《宗教学研究》2010 年第 1 期。

45. 刘凌斌：《两岸大交流背景下台湾青年的“国家认同”研究》，《台湾研究》2014 年第 5 期。

46. 宁骚：《论民族国家》，《北京大学学报（哲学社会科学版）》1991 年第 6 期。

47. 齐万良：《中华文化认同探微——中华文化、中华民族、中国大一统的辩证》，《新疆师范大学学报（哲学社会科学版）》2018 年第 5 期。

48. 孙晓光、张赫名：《妈祖：中国海洋文化的象征》，《中国宗教》2013 年第 2 期。

49. 单霁翔：《从“文化景观”到“文化景观遗产”（上）》，《东南文化》2012 年第 2 期。

50. 施炳展：《文化认同与国际贸易》，《世界经济》2016 年第 5 期。

51. 帅志强、曾伟：《妈祖文化产业发展的意义、机遇及策略——以 21 世纪海上丝绸之路为背景》，《徐州工程学院学报（社会科学版）》

2017 年第 7 期。

52. 石义彬、杨结、贺程：《文化认同视角下中华文化对外传播的危机与策略》，《湖北社会科学》2013 年第 10 期。

53. 宋建晓：《文化自觉视野下的妈祖文化与“一带一路”建设》，《福建论坛 · 人文社会科学版》2018 年第 6 期。

54. 苏宁、杨传开：《“丝路城市”：“一带一路”沿线城市节点的特征与发展意义》，《世界经济研究》2017 年第 8 期。

55. 王光海、高虹：《妈祖信仰与马来西亚华人社会——文化认同的视角》，《河南师范大学学报》2008 年第 4 期。

56. 王鹤亭：《和平发展与统一进程中的两岸文化整合》，《广西师范大学学报（哲学社会科学版）》2013 年第 5 期。

57. 王秀华：《妈祖文化与海峡两岸民间信仰》，《经济与社会发展》2009 年第 11 期。

58. 隗斌贤：《“一带一路”背景下文化传播与交流合作方式及其对策》，《浙江学刊》2016 年第 3 期。

59. 吴连海、王琪、陈丽红：《妈祖文化的功能探究——基于软实力视角》，《地域文化研究》2017 年第 2 期。

60. 谢重光：《闽西客家地区的妈祖信仰》，《世界宗教研究》1994 年第 3 期。

61. 阎孟伟：《社会文化的实践哲学诠释及其意义》，《学术研究》2013 年第 1 期。

62. 叶世明：《“文化自觉”与中国现实海洋文化价值取向的思索》，《中国海洋大学学报》2008 年第 1 期。

63. 俞明：《妈祖文化与两岸关系》，《南京社会科学》2001 年第 8 期。

64. 张飞帆：《妈祖：“一带一路”的文化使者》，《统一论坛》2017 年第 3 期。

65. 周少来：《台湾民众的国家认同倾向及对两岸政策的影响》，《江苏师范大学学报（哲学社会科学版）》2014 年第 2 期。

66. 朱方长、李红琼：《乡土文化传统的经济功能分析》，《求索》2005 年第 12 期。

67. 蔡泰山：《妈祖文化与两岸关系发展之研究》，博士学位论文，厦门大学 2004 年。

68. 庞志龙：《文化认同：台湾妈祖文化传播与“两岸”关系互动研究》，博士学位论文，苏州大学 2016 年。

69. 王瑞军：《民间信仰的社会功能及作用机制研究——基于社会主义新农村建设视角》，博士学位论文，南京航空航天大学 2012 年。

70. 肖振南：《台湾社会科教科书“国家认同”教育变迁研究》，博士学位论文，华东师范大学 2017 年。

71. 郑伟：《拓展金砖国家经贸合作的理论基础与路径选择——基于中国的视角》，博士学位论文，对外经济贸易大学 2015 年。

72. 钟星星：《现代文化认同问题研究》，博士学位论文，中共中央党校 2014 年。

73. 白黎璠：《感受中华海洋文明的壮丽辉煌》，《中国海洋报》2017 年 8 月 21 日。

74. 何索：《妈祖文化契合海洋精神》，《中国海洋报》2016 年 12 月 28 日。

75. 苗壮：《积极倡导和平、合作、和谐的中国新海洋观》，《中国海洋报》2014 年 7 月 29 日。

76. 宋建晓：《21 世纪海上丝绸之路中的妈祖文化》，《光明日报

（学术版）》2015 年 7 月 22 日。

77. 宋建晓：《全球治理视野下妈祖文化的独特价值》，《光明日报（学术版）》2017 年 12 月 22 日。

78. 王震中：《发挥妈祖文化三大功能，服务我国当前发展战略》，《福建日报》2016 年 11 月 15 日理论周刊。

79. 筱舟：《妈祖文化：海上丝绸之路的文明纽带》，《中国海洋报》2017 年 9 月 20 日。

80. 周超：《推动全球海洋争端和平解决》，《中国海洋报》2016 年 10 月 19 日。

81. 周金琰：《"海丝"路上的妈祖文化》，《中国海洋报》2016 年 10 月 13 日。

82. 符家荣：《雪隆海南会馆史料汇编》，马来西亚雪隆海南会馆，2009 年版。

83. 郭松梵：《论妈祖信仰对消除态度"去中国化"影响的作用》，引自《2017 年国际妈祖文化学术研讨会论文汇编》，2017 年。

84. 李德建：《论"慈爱万类"是"妈祖精神"之内在的第一要素》，引自《第四届国际妈祖文化学术研讨会论文汇编》，2018 年。

85. 林亦翰：《澳大利亚妈祖文化的历史与现状》，引自《第四届国际妈祖文化学术研讨会论文汇编》，2018 年。

86. 刘崇汉：《会馆天后宫与妈祖文化——以马来西亚两座天后宫为例》，引自《2016 年国际妈祖文化学术研讨会论文汇编（上）》，2016 年。

87. 阮玉诗：《从越南南部天后宫信仰探讨越南——闽南文化交流》，引自陈益源主编：《2009 闽南文化国际学术研讨会论文集》，成功大学中文系，2009 年。

88. 张珣：《从妈祖的救难叙述看妈祖信仰的变迁》，引自林美容主编：《妈祖信仰的发展变迁：妈祖信仰与现代社会国际研讨会论文集》，北港朝天宫，2003 年。

89. 张云莲、李福建：《论妈祖文化在新时代中国特色海洋外交中的价值》，引自《第四届国际妈祖文化学术研讨会论文汇编》，2018 年。

90. 卓佳贤：《妈祖接炸弹神迹之研究——以日治时期嘉义周边为例》，引自王实钗主编：《妈祖信仰文化暨在地人文艺术国际学术研讨会论文集》，北港朝天宫，2012 年。

91. Arthur W. Burks, *Collected Papers of Charles Sanders Peirce*, Boston: Harvard University Press, 1958.

92. Di Maggio P., “Culture and cognition”, *Annual Review of Sociology*, 1997, Vol.23.

93. Hofstede G., *Culture and Organizations: Software of the Mind*, London, Norfolk: Mc Graw-Hill Book Company（U.K.）Limited, 1991.

94. Margaret R.Somers, “The Narrative Constitution of Identity: A Relational and Network Approach”, *Theory and Society*, 1994.

95. Mayfair Mei-hui Yang, “Goddess across the Taiwan Strait: Matrifocal Ritual Space, Nation-State, and Satellite Television Footprints”, in Mayfair Mei-hui Yang ed., *Chinese Religiosities: Afflictions of Modernity and State Formation*, University of California Press, 2008.

后　记

“天下妈祖，祖在湄洲”，位于福建莆田的湄洲妈祖祖庙是全世界妈祖宫庙的祖庙，是全世界妈祖文化的发祥地。莆田学院作为妈祖文化发祥地莆田市唯一本科院校，积极服务福建省人民政府在《福建省21世纪海上丝绸之路核心区建设方案》提出的“争取在莆田建立世界妈祖文化中心”的战略决策。多年来，校领导亲自挂帅并集全校力量致力于妈祖文化的“理论化、学科化、时代化、国际化”，致力于“世界妈祖文化研究中心”的建设，完成了一系列具有较大影响的研究成果，成为学校办学特色和优势。编著者于2015年发表的《21世纪海上丝绸之路中的妈祖文化》比较系统地论述了妈祖文化与海上丝绸之路的关系，2017年发表的《全球治理视野下妈祖文化的独特价值》，首次从全球治理的角度探索了妈祖文化在“一带一路”倡议实施中作用，对福建省、莆田市积极融入21世纪海上丝绸之路建设具有较大的决策参考作用。本书的出版，是莆田学院对“妈祖文化与海上丝绸之路研究”作出的新贡献，对进一步发挥妈祖文化在海上丝绸之路沿线国家与地区间民心相通、经贸合作和文化交流中的独特作用及其在全球治理中的独特价值，推进两岸和平发展与祖国统一大业的尽快完成具有十分重要的意义。

本书为2018年度国家社会科学基金特别委托项目“‘一带一路’与妈祖文化传承发展研究”（18@ZH008）资助出版，由宋建晓教授负责拟定写作思路和章节提纲，组织人员撰写，并最后总纂修改形成定稿。各章节的撰写分工如下：第一章——潘剑英；第二章——柯力；第三章——林晶、连晨曦；第四章——黄秀琳、帅志强、陈建武；第五章——许元振；第六章——吉峰。在本书撰写过程中，参考和借鉴了许多学者的著作及相关文献资料，多位专家都为本书提出了宝贵意见，人民出版社编辑们也付出了辛苦努力，在此一并表示衷心感谢！本书是编著者们共同努力的成果，凝聚着大家的心血和汗水。尽管如此，书中仍难免存在偏差和不足，敬请广大读者不吝指正。

编　者

2020年8月18日